KB070315

유능한 심리치료사

·치료 효과를 증진시키는 대인관계 임상 기술과 태도·

William R. Miller · Theresa B. Moyers 공저 | **임성철 · 조성희** 공역

Effective Psychotherapists

Clinical Skills that Improve Client Outcomes

학지사

Effective Psychotherapists: Clinical Skills that Improve Client Outcomes
by William R. Miller and Theresa B. Moyers

역자 서문

임상 현장에서 근거 기반 실천이 강조되면서 전문가들은 본인이 상담하는 내담자에게 가장 효과적인 심리치료 접근을 학습하고 현장에 적용하기 위해서 정말 많은 시간과 비용을 투자하며 노력합니다. 하지만 표준화된 심리치료를 여러 임상가가 동일하게 적용할 때 치료 효과가 모두 동일한지 한번 생각해 보면, 같은 심리치료 이론을 적용하더라도 임상가가 누구인지에 따라 치료 효과가 정말 다르다는 것은 연구 결과를 굳이 찾아보지 않더라도 경험적으로 알고 있습니다. 똑같은 레시피로 요리하더라도 요리사에 따라 요리의 질이 달라지고, 똑같은 악보를 연주하더라도 연주자에 따라 음악적 감동이 차이가 나는 것처럼 심리치료 역시 심리치료를 하는 사람에 따라 치료 효과가 달라질 수 있습니다.

심리치료는 임상가의 개인적 특성, 내담자의 특성, 실천 맥락에 따라 선호되는 심리치료 이론이 다를 수 있습니다. 하지만 이 책에서는 특정한 심리치료 이론을 설명하기보다 심리치료의 또 다른 중요한 측면인 심리치료사의 대인관계 기술과 태도에 초점을 맞추고 있습니다. 지난 70년간의 심리치료 연구를 통해 치료 효과를 내는 유능한 심리치료사의 임상 기술과 태도를 설명하고 있어 그동안 효과적인 특정 심리치료 이론에 집중해 왔던 독자들에게 또 다른 임상적 통찰을 제공해 줄 거라 확신합니다.

유능한 심리치료사의 임상 기술과 태도에는 칼 로저스Carl Rogers가 제시한 심리치료의 핵심 조건인 '무조건적인 긍정적 존중' '정확한 공감' '진정성'과 함께 '수용' '초점' '희망' '유발' '정보와 조언 제공'이 추가되었습니다. 구체적이고, 관찰과 측정이 가능하고, 학습할 수 있고, 내담자의 치료 효과를 예측하는 임상 기술과 태도는 임상가가 유능한 심리치료사로 성장할 수 있도록 도움을 줄 것입니다.

동기면담Motivational Interviewing 개발자인 윌리엄 밀러William R. Miller 박사님과 국제적으로 저명한 동기면담훈련가인 테레사 모이어즈Theresa B. Moyers 박사님이 저술한 책을 번역하면서 유능한 심리치료사의 임상 기술과 태도가 동기면담에서 강조하는 내용과 겹치는 부분이 많다는 것을 확인할 수 있었습니다. 치료 효과를 내고 싶은 심리치료사들은 동기면담을 학습하고 훈련하는 것이 좋은 선택이 될 수 있음을 제안합니다.

번역과정에 함께해 주신 동기면담 스승이신 조성희 교수님, 번역서의 완성도를 높일 수 있도록 초기 번역본을 검토해 준 김기은, 황정아 동기면담훈련가에게 감사드립니다. 또한 좋은 내용의 이 도서가 세상의 빛을 볼 수 있도록 수고해 주신 출판사 학지사 김진환 대표이사님과 영업부 및 편집부 관계자 분께 감사한 마음을 전합니다.

2024년 8월

역자 대표 임성철

한국어판 저자 서문

심리치료에 있어 명백한 것은 치료사가 모두 같지 않다는 사실이다. 치료사가 무엇을 하고 누가 그것을 하는지가 중요하다. 심리치료 연구 결과에서 드러난 명백한 것 중 하나는, 내담자의 치료 효과가 내담자를 치료한 치료사에 따라 다르다는 것이다. 치료사들이 같이 훈련받고, 슈퍼비전을 받고, 같은 기관에서 근무하면서 구조화된 치료 안내서를 똑같이 따라 한다고 해도, 내담자들의 치료 효과 평균치는 종종 매우 다르다.

무엇이 이러한 결과를 설명할 수 있는가? 치료사의 경력 기간은 아니다. 꾸준히 나타나는 결과에서 보면, 외과 의사와는 달리, 심리치료사의 치료 효과는 일반적으로 연습을 통해 개선되지 않는다. 치료사의 연령, 성별, 이론적 배경도 아니다. 사실상, 외관상으로 차이가 있어 보이는 심리치료사들을 무작위 실험 연구에서 일대일로 비교해 보면 내담자의 치료 효과에 의미 있는 차이가 없어 보일 수 있는데, 누가 내담자를 치료했는지는 중요한 문제이다.

이런 결과가 심리치료 분야에서만 나타나는 것은 아니다. 학교에서 학생들이 얼마나 잘 배우는지는 교사에 따라 차이가 난다. 병원에서는 내과 의사의 진료 시 태도가 다양한데, 환자를 치료하는 데 사용하는 대인관계 기술이 치유에 영향을 준다. 스포츠 분야에서는 팀원들의 성과가 코치에 의해서 영향을 받는다. 대인관계 기술은 매우 많은 조력 전문가에게 있어서 치료 결과에 영향을 준다.

심리치료 분야에는 특별히 방대한 분량의 연구 결과들이 있는데, 이 결과들은 치료사와 내담자의 관계가 어떻게 치료 효과를 결정하는지에 대해 이해하게 해 준다. 이 주제는 지난 70년 이상 연구 주제였고, 칼 로저스와 그의 제자들의 연구가 특별히 도움이 된다. 치료사들이 어떻게 더 효과를 낼 수 있을까? 그 질문이 이 책의 요지이다.

이 책의 저자들은 이 책을 번역해서 한국 독자들에게 전해 준 임성철 님과 조성희 님께 감사드린다. 숙련된 번역은 쉬운 예술 작품이 아니다. 각기 다른 두 언어에 대해 잘 알아야 할 뿐 아니라 내용을 깊이 있게 이해해서 전달해야 하기 때문이다. 이런 점에서 저자들과 독자들 모두가 행운이다. 왜냐하면 이 책의 번역자들이 바로 숙련된 임상가이자 훈련가이기 때문이다.

조력 전문 분야에서 배워야 할 것이 매우 많다. 치료를 제공할 때 관련된 기술적인 방법을 넘어서서 이러한 대인관계 기술들은 전문가의 효과를 결정하고, 의도적으로 적용해 보면서 개선할 수 있다. 이 책에서 저자들은 최선을 다해서 상담과 심리치료에 중요한 기술들을 설명했다. 이제 독자에게 달려 있다.

윌리엄 R. 밀러 박사
테레사 B. 모이어즈 박사
미국 뉴멕시코대학교

저자 서문

서문을 시작하기 가장 좋은 방법은 이 책이 어떻게 저술되었는지에 대해 이야기하는 것이라 생각한다. 이 책 저술의 씨앗은 오래전 일련의 우연한 사건을 통해 심어졌으며, 그중 일부는 오리건대학교에서 내(윌리엄 R. 밀러)가 심리학 박사과정 임상수련을 받았을 때 발생했다. 오리건대학교의 임상 프로그램은 행동주의 심리학의 영향이 강했고, 1970년대 초반에는 '인지행동cognitive-behavioral' 개념이 새로우면서 논란의 여지가 있었다. 오리건대학교 대학원생들은 교육과정과 석사논문을 마친 후 임상수련 3년 차까지 일반적으로 내담자를 만나지 않았다. 임상수련 2년 차에는 내담자와의 면담을 준비하기 위해 2학기 세미나가 필요했는데, 행동주의 교수 중 누구도 내담자와의 면담 세미나 강의를 맡고 싶어 하지 않았다. 대신, 교수들은 상담심리학과 교수 한 명에게 대학원생들의 수련 준비를 맡도록 연계했다. 레오나 타일러Leona Tyler 교수의 지도를 받아 칼 로저스의 학문적 손자가 된 수 길모어Sue Gilmore 교수는 우리가 행동치료를 시작하기 전에 내담자 이야기를 경청하고 함께하는 인간중심치료를 소개해 주었다.

3년 차에 임상수련이 시작되었고, 나는 스티브 존슨Steve Johnson의 지도감독하에 가족치료를 시작했다. 스티브의 멘토인 제럴드 패터슨Gerald Patterson은 행동주의적 가족치료의 선구자였으며, 임상 교수직을 수행하다가 오리건연구소로 옮겨 왔다.

나는 대학교 심리 클리닉에서 가족치료를 하면서 패터슨이 저술한 지침을 따르려고 노력했다. 긍정적인 강화와 행동 추적에 대해 부모들에게 가르쳤지만 성과는 크게 없었다. 그 이후에 우리는 일방경을 통해 가족치료를 하는 패터슨을 보기 위해 오리건연구소로 견학을 갔다. 패터슨은 실제로 자신이 설명한 기술을 사용하고 있었지만 지침에서 언급된 것보다 훨씬 더 많은 임상 작업을 하고 있었으며, 그는 따뜻하고, 공감적이고, 인내심이 있고, 재미있고, 매력적인 사람이었다. 나는 '선생님은 **이렇게** 치료하고 계셨군요'라고 생각했다. 대학교 심리 클리닉에 돌아와서 패터슨의 임상 작업을 따라 하며 이전에 학습한 인간중심치료를 통합하기 시작했다. 나는 부모들이 치료과정에 보다 많이 참여하고, 제안한 숙제를 더 기꺼이 하려고 했고, 그들이 바라는 행동변화에 더 성공적이라는 것을 발견했다(Miller & Danaher, 1976). 수십 년이 지나서야 나는 이 인용구를 접하게 되었다. "행동치료 기법을 설명하는 데 사용되는 차갑고 기계적인 언어에도 불구하고, 실제 실천은 종종 따뜻하고, 진실하며, 깊이 이해하는 치료사를 포함한다는 점을 다시 강조해야 한다."(Truax & Carkhuff, 1967, p. 360)

대학원 수련 3년 차 직전에 위스콘신주 밀워키에 있는 재향군인관리병원 알코올 중독 병동에서 여름 인턴십을 했다. 다행히도 나는 알코올 중독에 대해 알지 못했기 때문에 신규 인턴으로서 여름 대부분을 인간중심치료 기술을 활용해 경청했다. 내담자들은 알코올 중독에 대해 가르쳐 주었고, 그들과 나는 모두 대화를 즐겼다. 나는 또한 그해 여름에 몇 가지 행동치료를 배우기 시작했고, 알코올 문제가 있는 사람들의 치료에 대한 논문을 쓰기로 결정했다(Miller, 1978). 논문 결과는 좋았고 예상치 못한 반전이 있었다. 치료가 끝날 때 내담자(무작위 선택)는 치료사가 활용하는 동일한 방법을 설명하는 자가치유도서를 받거나 받지 못했다. 추후관리에서 도서를 받은 내담자는 음주가 현저히 감소한 반면, 다른 내담자는 그렇지 않았다. 이 예상치 못한 결과로, 두 번째 연구의 필요성이 제안되었다. 문제 음주자들을 무선할당하여 한 집단에는 10회기 외래 행동치료가 제공되었고, 다른 집단에는 자가치유도서를 사용하도록 격려하는 1회기 상담이 제공되었다. 놀랍게도 두 집단 모두 알코올 사용이 크게 감소했고, 집단 간에 차이는 없었다(Miller, Gribskov, & Mortell, 1981). 지속되는 치료사의 지지가 있든 없든 두 집단의 오랜 음주 패턴은 변화되었다.

나는 1976년에 뉴멕시코대학교에 임상심리학 교수로 임용되어, 인간중심치료와 행동치료 모두를 치료사에게 훈련시키는 관련 연구를 지속했다. 세 번의 무작위 연구에서 치료사가 치료할 때와 마찬가지로 내담자가 자가치유도서(Miller & Muñoz, 1976)로 스스로 작업할 때도 똑같은 성과가 있었다. 이러한 연구 중 하나(Miller, Taylor, & West, 1980)에서 슈퍼바이저 3명이 일방경(비디오 장비를 구입할 수 있기 전)을 통해 행동치료 기법 순응도와 공감적 경청 기술의 질적 수준 모두를 치료 회기에서 관찰했다(Truax & Carkhuff, 1967). 우리는 정확한 공감 기술에 대해 치료사 순위를 독립적으로 매겼으며, 평가자 간 일치도는 훌륭했다. 후속 데이터가 들어왔을 때 우리는 내담자의 치료 효과에 대한 치료사들 간의 차이를 조사했다. 놀랍게도, 우리는 행동치료사가 내담자의 말을 얼마나 잘 **경청했는가**에 따라서 내담자의 후속 음주를 강력하게 예측할 수 있다는 것을 발견했다. 6개월 후속 조치에서 가장 공감하는 치료사는 100% 성공률을 보였고, 9명의 치료사 중 가장 공감하지 않은 치료사는 25%의 성공률을 보였다. **평균적으로** 치료사의 성공률은

61%였고, 자가치유도서로 혼자 작업한 사람들의 성공률은 60%였다. 이 결과는 치료사와 자가치유도서의 성공률이 크게 다르지 않다는 결론을 내릴 수 있지만, 실제로 5명의 치료사는 75% 이상의 성공률을 보였다. 3명의 치료사의 경우에는 내담자가 좋은 도서를 가지고 집에 가는 편이 나을 것 같았다. 치료가 끝난 지 2년이 지났지만 치료사의 공감은 여전히 내담자의 음주 결과를 유의미하게 예측했다(Miller & Baca, 1983). 치료적 관계가 중요했지만 비교한 특정 행동치료 기법 간에 결과 차이는 없었다. 이후 연구(Miller, Benefield, & Tonigan, 1993)에서 우리는 치료 12개월 후 치료사가 내담자의 알코올 사용 문제를 공감적으로 경청하지 **않고**, 직면을 많이 할수록 내담자의 음주가 증가한다는 것을 예측할 수 있었다.

연구를 통해 명확하게 받은 메시지는 치료사가 상담을 **어떻게** 하느냐가 매우 중요하다는 것이다. 칼 로저스의 인간중심 접근은 1983년 노르웨이 심리학자들과의 토론과 경험적 실습을 통해 처음 설명한 동기면담motivational interviewing 방법의 토대를 형성했으며 그 이후로 계속 발전해 왔다. 박사과정 임상수련에서 30년 동안 필자는 첫 학기에 로저스의 인간중심 상담 기술에 초점을 맞추었고, 이후에는 동기면담에 초점을 맞추면서 내담자와 대화하는 방법을 가르쳤다.

몇 년 후에 내가 퇴임하면서 로저스의 두 제자(Truax & Carkhuff, 1967)가 집필한 고전서를 읽기로 결심했다. 놀라웠던 것은, 제자들이 어떤 경쟁적인 심리치료 기법을 만들려고 하지 않았고, 로저스가 설명한 이론도 사실상 언급하지 않았다는 점이다. 그들은 새로운 치료 학파를 만드는 것이 아니라 더 나은 **치료사**를 만들어 내는 데 관심이 있었고 로저스의 관계적 통찰력이 행동치료와 어떻게 통합될 수 있는지 명시적으로 탐구했다. 나는 이전에는 이것을 이해하지 못했다. 나는 알코올 사용 장애에 대한 근거 기반 치료 방법의 우선적 사용을 주장하며 내 경력의 상당 부분을 보냈다. 나는 로저스가 그랬던 것처럼 과학적 연구에서 무엇이 효과가 있고 무엇이 효과가 없는지 우리에게 알려 주는 것에 주의를 기울여야 한다고 여전히 믿는다. 사실 미국심리학회와 과학적 심리학의 주류에 임상심리학을 도입하는 데 핵심적인 역할을 한 사람이 로저스이다(Kirschenbaum, 2009; Miller & Moyers, 2017). "당신의 연구 결과 데이터를 믿으세요."는 칼 로저스와 B. F. 스키너B. F. Skinner가 동의한 몇 안 되는 것 중 하나이다. 내가 놓친 것은 활용하는 치료 방법에 관계없이 내담자의 치료 효과를 향상시키는 치료사와 치료사 자신의 특성에 대한 부분이었다.

우리의 연구 결과 데이터를 따르는 것이 이 책으로 이어졌고, 모이어즈 교수가 함께 이 책을 공동 저술하게 되어 기쁘게 생각한다. 그녀는 로저스와 제자들의 발자취를 충실히 따라가며, 치료적 관계에서 중요한 과정과 치료 효과에 어떠한 영향을 미치는지 이해하기 위해 체계적인 연구방법론을 활용했다. 우리는 이러한 대인관계 과정이 상담과 심리치료를 넘어서서 교육, 건강관리, 코칭 그리고 많은 조력 관계의 질과 결과에 영향을 미친다는 것을 이해하게 되었다. 우리는 이 책의 주된 초점인 심리치료 맥락에서 그것들을 검토했다.

우리의 임상 연구는 내가 1973년에 밀워키에서 입문한 이래로 나를 매료시켰고, 결코 지루하지 않은 삶과 죽음의 분야인 중독행동치료에 보다 구체적으로 초점을 맞추었다. 중독치료 연구의 확실한 과학적 이점은 명확한 행동 결과를 측정한다는 것이다. 확실한 것은, 회복에 중요한 차원들이 더 있지만 내담자의 약물 사용 또는 다른 중독행동에 영향을 미치지 않았다면 아마도 많은 도움이 되지 않았을 것이다. 조현병을 치료할 때 로저스 학파는 MMPI 척도 및 임상가의 기능평가와 같은 전반적인 치료 효과 측정을 통해 자신들의 노력을 평가했다. 보다 구체적인 치료 효과 측정(예, 물질 사용)은 과정-치료 효과 관계에 대한 면밀한 연구를 가능하게 한다. 이 책의 초점이 되는 치료사 특성은 중독치료에서 시작하지도 않았고, 결코 중독치료에 국한되지도 않는다. 그것은 단지 중독이 변화심리를 연구하고 이해할 수 있는 분명한 렌즈라는 것이다(DiClemente, 2003).

본질적으로 우리는 트룩스Truax와 카커프Carkhuff의 고전서『효과적인 상담과 심리치료를 위해Toward Effective Counseling and Psychotherapy』를 반세기 이후 업데이트한 것이다. 그 후 수십 년 동안 조력 전문직에 많은 변화가 있었다. 두 권(Truax & Carkhuff, 1967, 1976)의 확실한 연구와 경고에도 불구하고, 특히 임상심리학은 특정한 치료 기법에 집착하는 것 같다. 반면 트룩스와 카커프(1967, p. 24)는 상담과 심리치료에서 가장 핵심적인 질문은 "내담자의 건설적인 행동 변화를 이끄는 치료사와 치료사의 본질적인 특징이나 행동이 무엇인가?"라고 주장했다.

임상 연구에서 치료사의 효과는 효과적인 치료에서 중요한 구성요소가 아니라 치료 효과 크기를 손상시키는 성가신 소음으로 간주되는 경우가 많다. 우리는 로저스와 제자들이 그들의 연구에서 올바른 방향을 제시했다고 믿는다. 치료사의 관계적 요인relational factors은 주요 임상 연구와 훈련에서 너무 자주 간과되어 왔다. 우리는 특정한 정신장애가 있는 특정 치료 절차의 잠재적인 중요성을 무시하지 않는다. 동시에 근거 기반 치료는 그것을 전달하는 치료사와 분리될 수 없다. 중요한 임상 연구 주제를 찾고 있는 사람들에게 이 책이 다양한 대안을 제시할 수 있을 것이다.

용어 사용

우리가 논의하는 관계적 차원은 매우 많은 조력 전문가에게 적용되기 때문에, 서비스 제공자를 설명하기 위해 어떤 용어를 사용할지 결정하는 것은 어려운 일이었다. 결국 우리는 대부분 '상담사' '임상가' '치료사'와 같은 일반적인 용어를 사용했지만 교사나 코치와 같은 조력 전문가에게는 덜 적합한 용어이다. 마찬가지로 조력 서비스를 받는 사람을 어떻게 묘사할 것인지 결정해야 했다. 다시 우리는 일반적 용어 '내담자'(또는 명시적으로 의학적인 맥락에서는 '환자')와 때로는 '사람'으로 표현했다. 따라서 로저스, 트룩스와 카커프가 사용한 용어와 가까운 용어를 사용했다.

우리는 이 책의 많은 독자가 행동건강전문가behavioral health professions일 거라 예상한다. 그리고 전문직마다 서로 다른 용어를 사용하는 문제가 있다. 반면에 '행동behavioral'은 한때 행동주의의 철학적 논조를 가진 학습이론에서 파생된 치료법을 의미했지만 지금은 '행동과학behavioral science'으로 더 폭넓게 적용되고 있다. 상담과 심리치료는 일반적으로, 예를 들어 약리학과 구별되는 '행동'으로 표현된다. 보다 일반적으로 심리적 웰빙을 지원하기 위한 노력은 '행동건강behavioral health'이라고 불리며, 초기 용어인 '정신건강'을 대체한다. 이 책에서 '행동'이라는 용어를 일반적인 의도로 사용한 반면, 특히 행동과 학습이론에 초점을 맞춘 개입을 언급할 때는 '행동치료behavior therapy'라는 용어를 사용했다.

이렇게 용어를 사용함으로써, 우리는 이 책이 상담과 심리치료를 넘어 조력 관계를 잘 형성하는 데 활용되기를 바란다. 대인관계 역동은 인간 상호작용의 과정과 결과에 영향을 미친다. 우리는 다행히 대인관계 역동을 심리학 분야 내에서 공부하고 사용할 수 있었다. 하지만 우리가 배운 것이 삶과 관계에 더 폭넓게 적용되며, 치유와 조력 전문가에게 필수적이라는 것을 알게 되었다.

윌리엄 R. 밀러
뉴멕시코주 앨버커키

차례

제2부 치료적 기술

제1부

조력 관계

치료에서 중요한 것은 무엇인가? 특정 기술인가? 아니면 치료 관계의 질적 수준인가? 둘 중 하나여야 한다고 믿을 이유는 없다. 예를 들어, 외과 수술에서 치료 효과는 사용한 특정 처치와 더불어 처치를 한 외과 의사의 숙련도에 따라 달라진다.

제1부에서는 우리는 내담자의 치료 효과에 영향을 미치는 치료사 자신의 임상 기술에 초점을 맞추었다. 제1장에서는 다양한 치료법과 이론적 지향에 걸쳐 치료사의 기술과 태도가 내담자의 치료 효과를 개선하거나 악화하는 데 어떻게 영향을 미치는지에 대해 생각해 보도록 한다. 제2장에서는 이러한 치료사의 특성이 내담자의 치료 효과에 어떻게 영향을 미치는가, 바로 이 질문에 대한 대규모 임상 연구 문헌을 요약하고 논의한다.

제1장

이 책으로의 초대

상담과 심리치료는 서비스를 제공하는 사람과 떼어 놓을 수 없다. 거의 모든 심리적인 치료에서 내담자의 치료 효과는 치료하는 사람에 따라 매우 달라진다. 매우 구조화된 치료를 동일하게 실시함에도 불구하고 일부 치료사가 다른 치료사보다 훨씬 더 효과적인 이유는 무엇일까? 그것이 이 책의 핵심이다.

우리는 내담자 치료 효과의 개선뿐만 아니라 행동건강 서비스 제공자가 업무에서 계속해서 전문적으로 즐기고 성장할 수 있도록 노력해 왔다. 치료사에게 이러한 일은 자동적으로 발생하지 않는다. 심리치료 연구에서 받아들이기 힘들지만 반복되는 연구 결과는, 치료사의 경우 외과 의사와 달리 일반적으로 임상실천practice으로 실력이 나아지지 않는다는 것이다(Budge et al., 2013; Erekson, Janis, Bailey, Cattani, & Pedersen, 2017; Norton & Little, 2014; M. L. Smith, Glass, & Miller, 1980; Tracey, Wampold, Lichtenberg, & Goodyear, 2014). 왜 그런 것일까? 제12장 '전문성 개발'에서는 어떻게 해서 이러한 현상이 임상실천에서 정상적인 조건으로 기능function of the normal conditions하는지 살펴보자(Dawes, 1994). 좋은 소식은 초기 훈련 후 치료적 전문성을 계속해서 개발할 수 있는 무엇인가가 있다는 것이다.

> 상담과 심리치료는 서비스를 제공하는 사람과 떼어 놓을 수 없다.

치료적 기술

만약 심리치료의 주요 이론들 사이에 일치된 의견이 있다면, 그것은 좋은 '작업동맹', 견고한 치료적 관계의 중요성일 것이다(Flückiger et al., in press). 보다 유능한 치료사(내담자가 더 개선되도록 하는)는 특정한 배경이나 치료 접근에 관계없이 특정한 대인관계 특성을 공유한다는 것이다(T. Anderson, Ogles, Patterson, Lambert, & Vermeersch, 2009; Okiishi, Lambert, Nielsen, & Ogles, 2003). 이것은 새로운 사실이 아니다. 1967년에 찰스 트룩스Charles Truax와 로버트 카커프Robert Carkhuff는 획기적인 도서 『효과적인 상담과 심리치료를 위해Toward Effective Counseling and Psychotherapy』를 출판했다. 그들은 특정 심리치료 학파를 장려하지 않았으며, 오히려 더 나은 **치료사**를 육성하는 데 집중할 수 있도록 유능한 치료사가 실제로 하는 임상 작업이 무엇인지 이해하려고 노력했다. 그들은 이미 방대한 양의 연구를 한데 모아 공감, 따뜻함, 수용과 같이 때때로 '공통common' 또는 '비특정nonspecific' 요인이라고 불리는 심리치료의 활성 요소[1)]의 측정과 훈련을 개척했다.

이 요인들을 '공통' 요인이라고 부를 때 오해를 불러일으킬 수 있는데, 왜냐하면 이러한 요인이 모든 심리치료에 존재하고 있음을 암시할 수 있기 때문이다. 사실, 임상가들은 정확한 공감과 따뜻함 같은 관계적 특성의 수준이 매우 다르다. 수용, 따뜻함, 공감과 같은 치료적 요인들은 실제로 널리 퍼져 있거나 보편적인 의미에서 볼 때, '공통'적이지 않다는 사실은 오래전부터 알려져 왔다. 한스 스트루프Hans Strupp(1960)의 연구에서는 5개 도시의 정신건강의학과 의사 126명의 2,474개의 응답 중에서 대인관계에서의 경미한 따뜻함mild warmth이 5% 미만으로 나타났다. 60년 후 사회복지실천 연구에서도 높은 수준의 공감이 흔하지 않다는 것을 유사하게

---

1) 역주: active ingredients는 약학에서 그 성분 자체가 가지는 효능과 효과를 설명하는 '유효 성분' '활성 성분'으로 번역되나, 심리치료 영역에서는 성분이라는 용어가 잘 활용되지 않아 '치료적 요소' '활동 요소' '활성 요소'로 다양하게 번역되고 있다. 이 책에서는 '활성 요소'로 번역했다.

발견했다(Lynch, Newlands, & Forrester, 2019). 게다가 이것을 '비특정nonspecific'이라고 부르는 것은 우리가 해야 할 과제를 하지 않았음을 고백하는 것이다. 왜냐하면 트록스와 카커프가 반세기 전에 충분히 입증했듯이 그러한 요인들은 구체화되고, 신뢰성 있게 측정되고, 연구되고, 가르칠 수 있기 때문이다. 그들은 또한 정확한 공감과 같은 치료사의 요인이 내담자의 치료 효과에 중요하다고 기록했다. 심리학에서 현대 임상 과학의 뿌리는 치료적 메커니즘과 치료 효과에 대한 칼 로저스와 제자들의 초기 연구에 있다(Miller & Moyers, 2017). 우리는 이것을 **치료적** 기술, 요인, 조건으로 지칭하는 것을 선호한다(Frank, 1971; Kivlighan & Holmes, 2004).

이러한 치료적 요인이 다양한 치료법과 상황에 걸쳐 더 나은 내담자의 치료 효과를 촉진한다는 것을 나타내는 광범위한 근거가 있다. 그러한 요인들은 임상에서 실천하는 행동 **방식들**이다. 이것들은 성격적인 특성이 아니라 시간이 지남에 따라 향상될 수 있는 대인관계 기술이다.

> 치료적 조건은 시간이 지남에 따라 향상될 수 있는 대인관계 기술이다.

더욱이 이러한 요인은 치료사가 자신의 업무에 대해 가장 보람을 느끼는 것과 직접적인 관련이 있다(Larson, 2020). 행동건강전문직[2)]은 다양한 사람과 대화하고 알게 되는 것을 즐기는 경향이 있다. 치료사가 된다는 것은 일반적으로 특정 치료 기법에 숙달하는 것을 의미하지 않고, 보통의 사회적 관계를 훨씬 뛰어넘는 깊이와 친밀감을 경험한다는 것을 의미한다. 하지만 임상수련은 특정 치료 지식과 기법을 학습하는 데 초점을 너무 자주 맞추고, 특정 치료 방법 사용만큼이나 내담자의 치료 효과에 영향을 미치는 치료적 기술에 상대적으로 거의 관심을 기울이지 않는다.

2) 역주: 미국에서 '행동건강behavioral health'은 초기 용어인 '정신건강mental health'을 대체하는 용어이다. 이 책에서 설명하는 행동건강전문직은 국내에서의 정신건강전문직, 정신건강전문가를 의미한다.

마음과 마음: 치료적 태도

이 책을 통해, 우리는 대인관계 기술이 어떻게 내적인 **경험** 요소internal experiential component와 외적인 **표현** 요소external expressive component를 모두 포함하는지 설명할 것이다. 로저스(1980a)는 경험 요소를 치료사의 '태도'라고 불렀고, 트룩스와 카커프(1967, 1976)는 표현 요소의 행동 측정과 실천적 적용을 발전시켰다. 실천적 적용은 태도에 영향을 미치며, 그 반대도 마찬가지이다.

상담과 심리치료를 뒷받침하는 중요한 치료적 태도에 관한 설명은 많다(Fromm, 1956; Miller, 2017; Miller & Rollnick, 2013; Rogers, 1980d; Yalom, 2002). 아마도 조력 관계에서 가장 기본이 되는 것은 치료사가 **연민**compassion의 마음을 가지고 상담하는 것이다. 이것은 단지 '동정sympathy'에 대한 감정일 뿐 아니라, 고통을 완화하고 다른 사람의 건강과 성장을 촉진하려는 바람과 의도이다(Armstrong, 2010; Fromm, 1956; The Dalai Lama & Vreeland, 2001). 조력 관계는 도움을 제공하는 사람의 이익을 위한 것이 아니다. 가장 중요한 것은 내담자의 웰빙이다. 이러한 방식으로 조력 관계는 우정이나 친밀한 관계와 다르다. 이상적으로는 두 파트너가 서로의 건강과 웰니스를 증진시키기 위한 상호적인 약속을 하는 것이다. 연민적 선의compassionate beneficence는 이 책 제2부에서 논의될 모든 치료적 기술의 기초가 되며 의학, 사회복지학, 심리학과 같은 조력 전문직의 전문가 윤리 규정에 명시되어 있다.

치료적 기술에 기초가 되는 두 번째 치료적 태도는 **파트너십**이다. 어떤 개입을 보면, 협력자로서가 아니라 전문가로서 환자를 수동적 수혜자로 만든다. 예를 들어, 외과 의사는 마취된 사람을 수술해서 종양을 제거한다. 치과 의사는 충치 조직을 제거하고 교체한다. 사고 현장에서 구급대원은 심폐소생술을 하고 출혈을 막는다. 구조대원은 허우적거리는 사람을 구조한다. 의사는 감염에 적절한 항생제를 처방한다. 이런 서비스를 제공받는 사람이 해야 하는 것은 '참을성 있는' 협력이 최선이다.

대부분의 조력 관계는 이와 같지 않다. 교사, 코치, 건강 교육자, 멘토, 상담사 및 치료사의 작업은 일반적으로 광범위하게 말해서 행동(즉, 사람들이 무엇을 하고, 어떻게 생각하고 어떻게 다른 사람들과 관계를 맺는지)에 초점을 맞춘다. 중독, 만성질환 및 범죄행동은 생활습관과 관련이 있다. 만약 조력의 목표가 사람의 행동이나 생활방식을 변화시키는 것이라면, 치과 의사가 충치를 뽑거나 외과 의사가 악성종양을 제거하는 방식으로 단순하게 그들을 **변화시킬** 수는 **없다**. 인간은 자신이 무엇을 할 것인지, 어떻게 살 것인지에 대해 스스로 선택한다. 그리고 변화를 설득하거나 강요하는 노력은 의도하지 않은 역효과를 가져올 수 있다(Brehm & Brehm, 1981; de Almeida Neto, 2017; Karno & Longabaugh, 2005). 영웅적인 급성 개입의 성공 여부조차도 궁극적으로 그 사람의 이후 행동에 달려 있다. 외과 의사들은 너무 많은 환자가 필요한 조치(예, 상처 관리 및 신체 재활)를 따르지 않아 안타깝다고 한다. 전문가의 기법적 기술technical skills이 얼마나 인상적이든 간에, 행동과 관련된 최상의 결과를 위해서는 거의 항상 환자/내담자의 적극적 관여가 필요하다.

사람들이 그들의 행동이나 생활방식을 바꾸도록 돕기 위해, 전문가는 **내담자의 전문성과 파트너십**이 필요하다. 내담자보다 내담자 자신에 대해 더 많이 아는 사람은 없다. 내담자는 활용할 수 있는 인생 경험을 가지고 있다. 전문가는 전문지식을 가지고 있지만 다른 사람의 삶에 대해 전문가가 될 수는 없다. 조력 관계는 전문가가 내담자에게 무엇을 하거나 기술을 사용하는 문제가 아니다. 그것은 내담자와 **함께**, **나란히**, 내담자를 **위해** 일하는 것이다. 조력 관계는 내담자와 레슬링하는 것이 아니라 함께 춤을 추는 것에 가깝다(Miller & Rollnick, 2013).

제2부에서는 내담자의 치료 효과를 개선할 수 있는 여덟 가지 치료적 기술을 고려해 보도록 독자를 초대할 것이다. 이러한 치료적 기술은 한번에 하나씩 중점적으로 개발하는 것이 쉬울 것이다. 벤자민 프랭클린Benjamin Franklin(2012/1785)은 몇 가지 행동 설명과 자가모니터링 방법을 포함하여 열세 가지 개인적 역량을 설명했다(참고: Brooks, 2015). 그는 역량 모두를 동시다발적으로 강화하기보다는 각각을 일주일 동안 의도적으로 집중하게 했고, 1년에 네 번 반복할 수 있는 13주의 주

기를 만들었다. 또한 역량들을 단계적으로 증진시키기 위해 연습 순서를 선택할 것을 권장했다. 어떤 면에서 저자들도 정확한 공감(제3장)을 제2부 맨 앞부분에 배치하여 수용acceptance과 인정affirmation과 같은 치료적 기술을 학습하는 토대가 되도록 구성했다.

마지막으로 제3부에서는 치료적 기술의 훈련(제12장)과 교육(제13장)에 대해 논의하고, 보다 폭넓은 임상 과학에 대한 몇 가지 시사점(제14장)을 제시했다. 한편, 이에 앞서서 저자들은 제2장에서 이 모든 것의 기저에 흐르는 질문에 대해 검토할 것이다. '치료사는 정말로 심리치료에서 얼마나 중요한가?' 이 질문에 대한 대답은 당신을 놀라게 할 수 있다.

핵심 포인트

- 상담과 심리치료는 서비스를 제공하는 사람과 떼어 놓을 수 없다.
- 심리치료사가 심리상담을 한다고 해서 자동적으로 치료 효과가 좋아지는 것은 아니다.
- (치료적 접근과 관계없이) 유능한 치료사는 구체적이고, 측정 가능하고, 학습 가능하고, 적용할 수 있는 특정 대인관계 특성을 공유한다.
- 치료적 기술에는 내적인 **경험** 요소와 외적인 **표현** 요소가 있다.
- 연민과 파트너십은 치료적 기술에 토대가 되는 포괄적인 치료적 태도이다.
- 사람들의 행동이나 생활습관 변화를 돕기 위해서 치료사는 내담자의 전문성과 적극적 관여가 필요하다.

제2장

치료사 효과

행동치료 효과성 검증 연구에서 보면 종종 치료사가 중요하지 않아서 교체 가능한 것처럼 연구가 수행된다. 구체적인 매뉴얼 기반 치료에서 보면 종종 누가 치료를 제공하든 간에 동일할 것으로 추정한다. 정말 그럴까?

치료사 효과에 관한 연구

치료사 효과는 1940년대 이후 심리 연구의 대상이 되었고, 그 결과는 상당히 일관되게 보고되었다. 새롭게 더 잘 설계된 연구들에서도 역시 이전 연구와 동일한 이야기를 하고 있다. 내담자의 치료 효과(좋은 효과 또는 좋지 않은 효과)는 치료사들 간에 중요한 차이가 있으며, 이러한 차이는 치료사의 대인관계 치료적 기술과 관련이 있다.

임상 현장에서 시간에 따른 치료사 기술의 영향에 대한 한 연구에 의하면, 기준선에서 대인관계 기술이 우수한 대학원 수련생이 **5년 동안** 더 나은 내담자의 치료 효과를 보였다(Schottke, Fluckiger, Goldberg, Eversmann, & Lange, 2017). 이론적 배경, 내담자와 치료사의 특성, 슈퍼비전의 분량 등의 영향을 통제한 후에도 차이는 여전히 있었다. 다른 연구에서는 치료사의 치료적 기술이 내담자의 치료 효과를 예측하는 반면, 임상 경력이나 이론적 배경과 같은 치료사의 다른 특성은 그렇지 않은 것으로 나타났다(예, T. Anderson, McClintock, Himawan, Song, & Patterson,

2016; T. Anderson et al., 2009; Pfeiffer et al., 2020). 토머스 하우그Thomas Haug와 동료들(2016)은 대인관계 기술interpersonal skills과 기법적 기술technical skills이 모두 사회적 불안을 가진 내담자의 치료 효과에 독립적으로 기여한다는 사실을 발견했다. 저자들 역시 치료사의 공감과 행동치료의 구체적인 내용이 알코올 사용 장애가 있는 내담자의 더 나은 치료 효과와 관련이 있다는 것을 발견했다(Moyers, Houck, Rice, Longabaugh, & Miller, 2016).

> 내담자의 치료 효과는 치료사들 간에 중요한 차이가 있다.

치료사가 되는 것이 무엇을 의미하는지에 대한 한계를 확장한 연구(T. Anderson, Crowley, Himawan, Holmberg, & Uhlin, 2016)에서 임상심리학 전공생 11명과 화학, 생물학, 역사학과 같은 다른 학문 분야 전공생으로 사전에 임상 교육을 받지 않은 대학원생 12명을 포함해 총 23명의 대학원생의 대인관계 기술을 평가했다. 모든 중재자는 공감, 사교성, 사회적 기술을 포함한 치료적 대인관계 기술에 대해 평가된 다음, 무작위로 내담자(심리적 고통을 경험하지만 치료를 반드시 원하지는 않는)에게 배정되었다. 그들은 기본 대인관계 기술이 좋은 '치료사'가 학문 분야에 관계없이 모든 결과 측정에서 내담자의 개선이 더 나은 것을 발견했다. 즉, 치료사의 심리학 전공 여부보다 대인관계 기술이 내담자의 치료 효과를 더 잘 예측한다.

치료사 대 다른 요인들

치료사는 치료 효과에 얼마나 큰 차이를 만들까? 한 가지 접근 방식은 치료과정에서 중요한 다른 모든 요인과 치료사가 얼마나 중요한지 비교하는 것으로서 무작위 효과모델random effects model이라고 한다. 요리로 비유하면, 사용되는 재료, 조리방법, 주방 조건, 식당 유형, 고객 및 계절과 비교하여 식단의 질이 요리사에 따라 얼마나 달라지는가이다. 심리치료 효과 연구에서 이러한 다른 요인에는 내담자의 속성(예, 연령, 성별, 문제 심각도, 성격), 치료 자체의 속성(예, 시간, 구조, 매뉴얼 설자, 슈퍼비전 및 질적 보장), 환경 속성(예, 입원 또는 외래, 교정기관, 신앙기관, 상담료 지불 구조), 제공자의 속성(예, 학력, 경력, 성격, 대인관계 기술)이 포함된다.

이러한 종류의 연구는 일반적으로 비교되는 특정 치료 방법에 따라 치료 효과 차이가 거의 또는 전혀 나타나지 않지만, 치료를 제공한 치료사에 따라 유의미한 차이가 있다. 이것은 가장 일반적인 두 가지 행동적 진단인 우울증(Kim, Wampold, & Bolt, 2006; Zuroff, Kelly, Leybman, Blatt, & Wampold, 2010)과 물질 사용 장애(Imel, Wampold, Miller, & Fleming, 2008; Miller, Forcehimes, & Zweben, 2019; Project MATCH Research Group, 1997, 1998)에서 밝혀졌다. 유사하게 밝혀진 것으로, 지금까지 수행된 가장 방대한 자연적 치료 연구 중 하나에서 관리의료 환경의 다양한 문제에 대해 581명의 치료사에게 배정된 6,146명의 내담자의 결과를 조사했다(Wampold & Brown, 2005). 결과의 유의미한 차이는 치료사 때문이었으며, 이러한 차이의 변동성은 치료사의 연령, 성별, 전문적 경험, 학위에 의해 설명되지 않았다. 동일한 연구에서 내담자가 받은 특정 유형의 치료 효과는 전혀 없었다.

치료사와 특정 개입 모두 내담자의 치료 효과에 독립적으로 영향을 줄 수 있다. 38명의 치료사와 700명의 내담자를 대상으로 한 연구에서 알코올 사용 장애의 치료 효과에 치료사와 그들의 기술은 물론 특정 인지행동치료 모듈의 기여도를 조사했다(Moyers, Houck, et al., 2016). 행동 개입의 세 가지 특정 구성요소인 기분 관리, 갈망과 충동에 대처, 사회적 및 레크리에이션 상담은 내담자의 치료 효과 개선과 관련이 있었다. 치료사의 공감적 표현(제3장)이 높을수록 알코올 사용이 더 많이 감소할 것으로 예측하며 결과에 상당히 기여했다. "치료사의 일반적 공감 수준의 상대적으로 적은 증가만으로도 치료 후 음주의 더 큰 감소와 관련이 있었다."(Moyers et al., 2016, p. 226) 이 발견은 모든 치료사가 공감 능력에 대해 최소한 중간 정도의 능력을 갖도록 사전 선별되었고, 그들의 치료 회기(공감 표현 포함)가 임상 시험 내내 면밀히 모니터링되었다는 점에서 주목할 만하다. 치료사와 치료 방법 사이에 중요한 상호작용은 없었다. 즉, 치료사와 치료 절차는 서로 독립적으로 중요했다.

치료사와 특정 개입 모두 내담자의 치료 효과에 독립적으로 영향을 줄 수 있다.

치료사 간의 차이

연구에서 모든 내담자가 동일한 종류의 치료를 받고 있거나 자연스러운 환경에서 평소처럼 치료받고 있을 때 치료사를 서로 비교하는 것은 어떨까? 이를 고정효과모델fixed effects model이라고 한다. 내담자가 다른 치료사보다 특정한 치료사에게 치료를 받는 것이 더 나을까? 아니면 모든 치료사가 거의 같을까? 두 요리사가 같은 재료를 사용할 때 그들의 요리는 얼마나 다를까?

여기에서의 대답은 놀랄 만큼 명확하다. 동일하거나 유사한 치료를 제공하는 치료사들 사이에는 종종 큰 차이가 있으며, 이러한 차이는 내담자의 치료 효과를 예측하고 시간이 지나도 일관되게 나타난다(Kraus et al., 2016; Owen et al, 2019). 이러한 연구가 (심리치료 연구 실험실이 아닌) 관리의료 기관과 같은 자연적 환경에서 수행될 때 효과는 여전히 더 크게 나타나는데, 아마도 실제 환경에서 사용되는 치료사 유형에 더 큰 변동이 있기 때문일 것이다. 치료사 효과의 차이는 빠르면 첫 번째 회기에서 탐지할 수 있으며 내담자의 치료 효과를 예측할 수 있다(Erekson, Clayson, Park, & Tass, 2020).

예를 들어, 대규모 대학교 상담센터에서는 1,841명의 내담자에 대한 결과를 30개월 동안 연구했다(Okiishi et al., 2003). 내담자는 근무 일정에 빈자리가 있는 치료사에게 할당되었다(즉, 실제 환경에서 가능한 무작위 할당). 치료사들 사이에 의뢰된 내담자의 초기 심각도 수준에는 큰 차이는 없었다. 내담자는 매주 설문지를 작성하여 호전 여부를 추적했으며, 91명의 치료사는 내담자의 치료 효과에 따라 순위가 매겨졌다. 상위권 치료사 3명은 평균 2.4회에 걸쳐 내담자를 면담했고, 이 상담센터의 평균보다 8배 이상 높은 개선율을 보였다. 최하위 치료사 3명은 평균 7.9회(3배) 내담자를 면담했고, 증상이 평균적으로 악화되었다. 치료사들 간의 큰 차이는 다른 연구들에서도 공통적으로 나타나고(Kim et al., 2006; Luborsky, McLellan, Diguer, Woody, & Seligman, 1997; Moyers, Houck, et al., 2016), 중독치료 연구에서도 상당히 많이 나타난다(Luborsky, McLellan, Woody, O'Brien, & Auerbach, 1985; Miller, Taylor, & West, 1980; Valle, 1981).

치료사를 서로 비교한 연구의 냉철한 발견은 일부 치료사는 단순히 비효과적이기보다는 실제로 내담자에게 해를 끼칠 수도 있다는 것이다. 심리치료는 내담자가 혜택을 받지 못하는 최악의 결과가 될 수 있다고 종종 가정되었다. 사실 치료사(그리고 치료)는 내담자에게 해를 끼칠 수 있다. 한 임상 연구에서 단 한 명의 치료사가 전체 치료사 효과의 대부분을 차지했다. 추후조사에서 보니, 이 치료사의 거의 모든 내담자가 매일 술을 마시고 있었다(Project MATCH Research Group, 1998). 조현병 내담자를 대상으로 한 일련의 연구(Rogers, Gendlin, Kiesler, & Truax, 1967)에서 공감과 무조건적인 긍정적 존중이 낮은 치료사는 내담자를 개선하기보다는 악화시킬 가능성이 더 높았다. 이러한 결과는 다른 연구에서 다시 한번 확인되었다(Moyers & Miller, 2013). 찰스 트록스와 로버트 카커프(1967)는 "다양한 관련 직종이 높은 수준의 효과적인 치료적 요소effective ingredients를 제공할 수 없고 따라서 사람을 **더 나쁘게** 변화시키는 인간적 만남을 제공할 가능성이 있는 치료사, 교육자, 상담사 등을 선별weeding out하거나 재교육retraining하는 데 적극적으로 나서야 한다."(p. 412)라고 강력히 권고했다. 반세기 이상 지난 후에도 심리치료로 인한 피해는 임상 연구에서 상대적으로 미개척 상태로 남아 있다(Dimidjian & Hollon, 2010). 내담자에게 해를 끼치는 치료사들에 대해서 거의 효과적으로 포착하지 못했다(Castonguay, Boswell, Constantino, Goldfried, & Hill, 2010). 내담자에게 피해를 주는 상담사는 그 자체를 깨닫지 못할 가능성이 높으며, 제공자의 치료 효과를 감시하지 않는 한 그들이 일하는 시스템도 그 피해를 감지하지 못할 것이다. 치료 효과가 가장 좋지 않은 치료사 몇 명을 선별하면 기관이나 시스템의 전반적인 결과를 크게 개선하는 동시에 내담자에게 피해를 줄 가능성을 줄일 수 있다(Imel, Sheng, Baldwin, & Atkins, 2015).

> 일부 치료사는 단순히 비효과적이기보다는 실제로 내담자에게 해를 끼칠 수도 있다.

치료사 개인의 차이

치료사 효과를 뒷받침하는 근거의 강도를 고려할 때, 개별 제공자가 어떤 내담자를 만나든 간에 지속적으로 유익한(또는 해로운) 효과를 가지고 있다고 결론짓기는 쉽지 않다. 이것은 그렇지 않다. 치료사들은 전반적인 효과에서 차이를 보이고(즉, 한 치료사에게 상담받은 각각의 내담자를 비교했을 때 조력 순위를 매길 수 있음), **또한** 치료하는 내담자에 따라 기술과 효과도 다양하다. 심지어 최고의 치료사조차도 모든 내담자에게 효과적인 것은 아니며, 최악의 치료사도 소수의 내담자에게는 도움이 될 수 있다. 치료사의 성공을 설명하는 것 중 일부는 서로 다른 내담자와의 상호작용에 있다.

예를 들어, 치료 회기에서 측정된 전반적 공감 수준은 치료사들 간에 종종 다르며(제3장), 내담자들은 공감 능력이 강한 치료사와 함께 작업할 때 평균적으로 더 나아질 가능성이 높다. 그러나 다른 내담자에 대한 치료사의 치료 회기 간에 공감의 질에도 상당히 차이가 있으며, 이 차이는 결과를 예측하기도 한다. 치료사가 보여 주는 공감의 **평균** 수준뿐만 아니라 어떤 특정 회기에서 얼마나 공감하는지가 중요하다. 실제로, 이러한 사례 내 변동성은 일반적으로 치료사들 간의 차이보다 결과에서 차이를 더 많이 설명한다. 이는 치료사와 내담자 사이의 상호작용이 더 나은(또는 더 나쁜) 결과를 설명하는 데 중요한 '주고받기give and take'가 있다는 것을 시사한다. 치료사(및 슈퍼바이저)는 자신의 치료적 기술이 평균적으로 어느 수준인지 아는 것뿐만 아니라 내담자에 따라 이러한 기술의 표현이 어떻게, 왜 달라지는지에도 관심을 가져야 한다. 치료사의 전반적인 기술이 중요하며 여러 면에서 다양한 내담자에게 이러한 기술을 사용하는 방법을 조정하는 능력도 중요하다.

> 심지어 최고의 치료사조차도 모든 내담자에게 효과적인 것은 아니며, 최악의 치료사도 소수의 내담자에게는 도움이 될 수 있다.

내담자-치료사 매칭

내담자-치료사 매칭Client-Therapist Match은 우리가 제2부의 각 장에서 특정한 치료적 기술을 고려할 때 명심해야 할 질문을 떠올리게 한다. 양심적인 치료사들이 자신의 재능과 기술에 영향을 주는 내담자의 특성을 어떻게 파악하고 이에 대응할 수 있을까? 관련 내담자의 속성 중 일부는 대부분의 치료사 간에 유사할 수 있다. 잘 알려진 격언에서 치료사는 나이가 많고older, 외모가 평범하고plain, 조용하고quiet, 평균적이고average, 생활고로 힘들어하는struggling 내담자보다는 젊고young, 매력적이고attractive, 언어표현을 잘하고verbal, 똑똑하고intelligent, 성공한successful 내담자YAVIS를 선호하는 경향이 있다고 한다(Kugelmass, 2016; Schofield, 1964; Teasdale & Hill, 2006). 치료사는 다양한 내담자와 작업하면서 품고 있는 편견들이 있을 것인데, 연령, 인종, 성역할과 같은 내담자의 인구학적 변수만으로 전체 편견의 내용이 설명되지는 않는다. 경험이 풍부한 치료사라 할지라도 이유를 명확하게 알 수 없으나 다른 내담자보다 일부 내담자와 협력하는 것이 더 쉽다는 것을 안다.

연구에 따르면, 내담자의 특성과 치료사 기술 사이의 매칭이 중요할 수 있다. 예를 들어, 외재화 증상(물질 사용과 같은)이 많은 내담자는 증상에 초점을 맞춘 치료에 더 잘 반응하는 것처럼 보이는 반면, 내재화 증상(불안, 우울과 같은)이 있는 내담자는 통찰력 지향 접근에 보다 순응적이다(Beutler, Kimpara, Edwards, & Miller, 2018). 마찬가지로, 분노와 반응성이 낮은 내담자에게는 보다 지시적인 치료사(및 치료)가 더 효과적일 수 있다(Karno & Longabaugh, 2005; Waldron, Miller, & Tonigan, 2001). 그리나 많은 변수 중에 부분적으로만 인시할 수 있는 변수에 반응하게 되므로 치료사 역시 내담자에 따라서 그리고 동일 내담자라 하더라도 시간의 흐름에 따라서 자신의 치료적 역량을 달리 표현하곤 한다.

심리치료와 치료사

상담과 심리치료에서 중요한 것은 무엇인가? 심리치료에서 사용되는 특정 치료 기법인가, 아니면 치료사인가(Blow, Sprenkle, & Davis, 2007)? 요리 비유로 돌아가서, 무엇이 좋은 식사를 만드는가? 요리사인가 또는 요리 재료인가? 오해는 둘 중 하나여야 한다는 '또는'이라는 단어에 있다. 둘 다 중요하다. 특정 치료 기법은 그 효능에 대한 과학적 근거의 강도에 따라 다르며(Chambless & Ollendick, 2001; McHugh & Barlow, 2010; Miller & Wilbourne, 2002), 사람들은 자신의 의료서비스 제공자가 무엇이 효과가 있는지에 대한 최신 과학 정보에 뒤처지지 않기를 바란다(Miller, Zweben, & Johnson, 2005). "특정 치료적 요소specific ingredients와 공통 요인common factors은 상호 배타적이지 않고 함께 작용하여 심리치료를 효과적으로 만든다."(Wampold & Ulvenes, 2019, p. 69)

이 책에서 저자들은 주로 상담과 심리치료에 어떤 치료사가 기여하는가에 초점을 맞추었다. 이 초점을 너무 자주 간과하는데, 사실 치료사들이 그것에 대해 뭔가를 할 수 있기 때문에 선택했다. 치료사들은 내담자와의 관계에서 실제로 자신의 치료적 역량을 **향상**할 수 있다(제12장). 적어도 피해를 주는 것은 피할 수 있다. 그리고 내담자가 변화하도록 도울 수 있는 긍정적 기회들이 훨씬 많다. 확실한 근거들이 많다. 치료사가 무엇을 하는지와 어떤 치료 접근을 활용하는지가 내담자의 웰빙에 큰 차이를 만든다.

그렇다면 유능한 치료사는 무엇을 할까? 이 내용을 제2부에서 다룬다.

핵심 포인트

- 70년간의 연구는 매우 구조화된 동일한 치료를 제공하는 경우에도 치료사들 간에 중요하고 큰 차이를 종종 보여 준다.
- 이러한 치료사들 간의 차이는 치료사의 연령, 경력, 성격 또는 이론적 배경이 아니라 치료사의 대인관계 기술과 일관되게 관련된다.
- 낮은 수준의 치료적 기술을 가진 일부 치료사는 단순히 효과적이지 않은 것이 아니라 실제로 내담자에게 해를 끼친다.
- 조력 전문직은 내담자의 증상을 악화시킬 가능성이 있는 치료사를 선별하거나 재교육할 책임이 있다.
- 치료적 기술 표현은 치료사들 간에 차이가 있고, 치료사 개인도 내담자에 따라 차이가 있다.
- 전반적인 치료적 기술이 중요할 뿐만 아니라 다양한 방식으로 변화하는 내담자와 이러한 기술을 사용하는 방법을 조정할 수 있는 능력도 중요하다.
- 심리치료에서 치료사가 **무엇**을 하는지, **어떻게** 하는지가 모두 중요하다.

제2부

치료적 기술

제2부에서는 더 나은 서비스를 제공하는 **치료사**를 양성하는 데 중점을 둔다. 즉, 전문적인 조력자 자신의 영향에 대한 부분이다. 만약 치료사 요인이 특정 치료 절차보다 치료 효과에 더 많이 기여한다면, 그러한 차이를 설명하는 것은 무엇인가? 동일한 매뉴얼에 기반한 근거 기반 치료를 제공하는데도 내담자의 치료 효과가 이처럼 크게 달라질 수 있는 이유는 무엇인가? 요리 방법과 재료의 중요성을 인정하지만, 우리는 이곳에서 더 나은 요리사를 양성하는 데 관심이 있다. 치료사가 사용하는 특정 치료 방법이 무엇이든, 우리는 치료사가 무엇을 **어떻게** 해야 하는지에 대해 저술했다.

제3장에서 제10장까지 보다 유능한 치료사의 여덟 가지 치료적 기술을 설명한다.

- 정확한 공감accurate empathy
- 수용acceptance
- 긍정적 존중positive regard
- 진정성genuineness
- 초점 맞추기focus
- 희망과 기대hope and expectation
- 유발하기evoking
- 정보와 조언 제공하기offering information and advice

각 장에서 우리는 기술 자체에 대한 설명과 약간의 배경 설명을 하고, 치료적 기술 이면에 있는 치료적 태도(즉, 내부적 경험 측면internal experiential aspect)를 설명한다. 그 이후에 치료적 기술이 실천에서 어떻게 보이는지에 대한 외부적 표현external expression에 대해 설명하고, 마지막으로 치료적 기술에 대해 연구에서 밝혀진 내용과 치료 효과와의 관계를 요약할 것이다. 제11장에서는 여덟 가지 치료적 기술을 종합하여 공통점과 기술 이면에 더 높은 차원의 '존재 방식way of being'이 있는지 여부를 검토할 것이다.

제3장

정확한 공감

'공감empathy'은 많은 의미를 가진 단어이다. 우리는 공감을 정상적인 인간 발달의 한 부분인 특성trait으로서 간략히 살펴보고, 그런 다음 정확한 공감이라는 치료적 기술을 설명하고, 정확한 공감 이면에 치료적 태도와 대인관계 표현을 살펴볼 것이다. 마지막으로 다양한 형태의 상담과 심리치료에서 치료사의 공감이 내담자의 더 나은 치료 효과와 관련된 오랜 연구의 역사를 요약할 것이다.

특성 공감

공감 능력은 인간에게서 고도로 진화했으며(Hojat, 2007), 뚜렷한 신경해부학적 기초를 지닌 최소 두 가지로 구분되지만 관련된 구성요소를 포함한다. 첫 번째 구성요소는 인지적 조망cognitive perspective-taking이다. 즉, 복잡하고 때로는 상충되는 단서 속에서 타인의 명백한 내적 경험과 의도를 읽는 것이다(Fonagy, Gergely, & Jurist, 2002; Lamm, Batson, & Decety, 2007). 생존을 위해 서로 협력하고 이해해야 했던 진화하는 소규모 인간 집단 안에서 이 능력이 어떻게 이점이 되었는지는 쉽게 상상할 수 있다. 다른 사람의 의도를 예측하는 이 능력은 스포츠, 토론, 게임 또는 갈등 상황에서 경쟁 우위를 제공할 수 있다.

특성 공감의 두 번째 구성요소는 공유된 정서 반응shared affective responding이다. 적어도 부분적으로는 다른 사람의 감정을 인식하고 경험하는 것이다. 특정 유형의 뉴런은 다른 사람의 행동과 감정을 "거울처럼 반영"하며(Gallese, Gernsbacher, Heyes, Hickok, & Iacoboni, 2011), 심박수와 전기 피부 전도도의 변화를 관찰할 수 있다(Critchley, 2009). 예를 들면, 영화를 보는 동안 슬픔이나 공포를 느낀다. 특히 현재 목적과 관련이 있는 이러한 변화는 말하는 사람과 듣는 사람 사이에 일치할 수 있다. 치료적 상호관계의 생리적 반응은 치료 회기 중에 공감적으로 결합될 수 있다(Levenson & Ruef, 1992; Messina et al., 2013). 상담과 심리치료에서 공동-감정이 발생할 수 있는데, 치료사는 내담자가 표현하는 슬픔이나 기쁨과 같은 느낌을 인식할 뿐만 아니라 부분적으로 경험한다.

공유된 정서 반응은 연민 행동을 불러일으킬 수 있지만, 관련된 개인이나 사회의 이익에 부합하지 않은 반응을 불러일으킬 수도 있다. 폴 블룸Paul Bloom(2016)은 정서적 공감에 대한 충동적인 대응을 경계했고, 오히려 연민에 의해 야기되는 편견을 피하기 위해 '합리적인 연민rational compassion', 즉 객관적이고 인간적인 의사결정을 옹호했다. 전형적인 예는 장기기증 대기자 명단에 정서적 공감을 기반으로 특정 아동을 올릴지의 여부이다(Batson, Klein, Highberger, & Shaw, 1995).

특성 공감은 부분적으로 유전될 수 있으며(Hojat, 2007), 아마도 정규분포를 보일 것이다(Gillberg, 1996). 비정상적으로 공감이 높거나 낮은 사람이 있기는 하나, 일부 사람은 다른 사람들이 무엇을 생각하고 느끼고 의미하는지 이해하는 데 예민한 타고난 재능이 있는 것 같다. 사람들은 다양한 방법으로 그들의 기술을 향상할 수 있다. 음악적 능력이나 운동 능력과 같은 재능과 마찬가지로, 삶의 경험(Fox, 2017; Miller & C'de Baca, 2001)이나 의도적인 연습(Miller, 2018; Thwaites et al., 2017)을 통해 공감 능력을 높일 수 있다. 심리치료의 실천적 적용 자체가 임상가의 공감 능력을 높일 수 있다.

정확한 공감 기술

조력 관계의 맥락에서, '공감'은 특별한 의미를 가진다. 그것은 단순한 특성trait 이나 내면의 경험inner experience 이상의 기술이다. 그것은 동정심, 즉 누군가를 불쌍히 여기는 것과는 다르다. 정확한 공감 능력은 다른 사람이 그것을 느끼는 감정과 동시에 똑같은 감정을 느끼는 것을 요구하지는 않는다. 공동–감정이 일어날 수도 있지만, 그렇다고 하더라도 그 자체가 상대방에게 특별히 도움이 되지 않는다. 사실 치료사는 종종 내담자의 정서적 각성 균형을 맞추기 위해 자신의 표현된 정서를 조절한다(Soma et al., 2020). 과거에 치료사가 비슷한 경험을 할 필요도 없다. 사실 치료사 자신의 경험을 내담자와 **동일시**한다면, 그것이 실제로 정확한 공감을 방해할 수 있다. 현재나 과거에 비슷한 경험을 하는 것은 치료사가 정확한 공감을 제공하기 위한 필요충분조건은 아니다. 마지막으로 관점 취하기perspective-taking(다른 사람 입장에 서서 내담자가 경험할 수 있는 것을 상상할 수 있는 능력)는 정확한 공감을 위한 **전제조건**이다.

정확한 공감의 핵심적인 측면은 내담자의 관점 및 경험을 이해하는 것이다. 정확한 공감 기술이 부족한 치료사는 내담자의 관점에 거의 또는 전혀 관심을 기울이지 않는다. 정확한 공감 능력이 높은 치료사는 내담자의 의미에 대한 깊은 이해를 보여 주며, 일반적으로 내담자보다 말을 적게 하고 내담자에 대한 이해를 반영한다(Perez–Rosas, Wu, Resnicow, & Mihalcea, 2019). 정확한 공감은 관찰할 수 있는 기술(다음 내용 참조)이자 내적 경험 또는 태도이다.

정확한 공감 태도

사람은 누구나 다른 사람들과 동일한 경험을 했거나, 몇몇 사람과 동일한 경험을 했거나, 또는 전혀 다른 경험을 한다는 사실을 아는 것이 시작점이다(Kluckhohn

& Murray, 1953). 치료사는 내담자의 의미와 경험을 어느 정도 파악할 수 있을 만큼 내담자와 공통점이 있지만, 완전히 이해한다고 가정하지 않는 초심자의 마음을 가지는 것이 현명하다. 공감적 이해의 근본적인 태도는 타인의 경험에 대한 **호기심**, 개방성 그리고 관심이다. 종종 인간 경험에 대한 호기심이 사람들을 조력 전문직을 선택하게 끌어당긴다. 인간 존재의 놀라운 측면이란 자신의 경험과 관점에 국한되지 않는다는 점이다. 유연한 개방성이 있는 치료사는 다른 사람의 삶에 대한 정확한 이해를 하지 않고 있다고 생각하고 상대방의 삶을 이해하길 **원한다** (Lazarus, Atzil-Slonim, Bar-Kalifa, Hasson-Ohayon, & Rafaeli, 2019). 치료사는 내담자가 세상을 인식하는 렌즈를 들여다보기 위해 내담자의 준거틀frame of reference을 이해하려고 노력한다.

> 사람은 누구나 다른 사람들과 동일한 경험을 했거나, 몇몇 사람과 동일한 경험을 했거나, 또는 전혀 다른 경험을 한다.

일상적인 대화에서 사람들은 대답할 수 있을 만큼만 듣는 경향이 있다. 정확한 공감이란 **이해**하려는 의도로 경청하는 것을 말한다. 적어도 당분간은 치료사의 관점과 지혜의 표현은 제쳐 두게 된다. 치료사의 모든 관심은 **이** 내담자가 경험하고 있는 것을 이해하는 데 집중된다. 집중과 몰입의 강도는 마음챙김 명상 훈련과 유사하다(S. C. Hayes, Lafollette, & Linehan, 2011; Kabat-Zinn, 2016; Thich Nhat Hanh, 2015).

공감적 경청에 대한 깊이 수준이 다양하다. 치료사는 초심자의 마음에서 시작해서 내담자의 의미와 경험에 대한 이해도가 점차 깊어진다. 이러한 방식으로 경청하는 것은 치료사 자신(또는 내담자)에게 "좋아요, 이제 됐어요."라고 너무 일찍 마음을 닫지 않고 계속해서 개방적인 자세를 유지하는 것을 포함한다.

치료사의 내적인 공감 경험은 치료사가 전달하지 않는 한, 내담자에게 소용이 없다. 다음에서 분명하게 알 수 있듯이, 치료사의 이해를 반영하는 지속적인 과정은 이해를 더 깊고 정확하게 만든다. 내담자에 대한 치료사의 주의 깊은 공감적 반영empathic reflections과 경청listening을 통해 치료사는 성공적으로 정확한 이해accurate understanding에 가까워진다.

정확한 공감 전달 방법

내담자의 경험에 대한 이해와 인정이 포함된 조력 관계는 **마치** 내담자인 것처럼 내담자의 관점에서 현실을 지각하는 것이다. 만약 치료사가 이러한 **내적** 공감 경험만 가지고 있다면, 여전히 무언가가 빠져 있는 것이다. 정확한 공감은 치료적 기술이고, 특별한 유형의 외적인 이해 표현이다(Gelso & Perez-Rojas, 2017). 치료사의 내적인 이해를 내담자에게 전달하는 것을 포함한다.

상대방의 의미와 경험을 **오해**하기 쉽다. 치료사가 상대방의 생각과 감정을 상상하거나 가정하는 것이 부정확할 수 있다. 그러면 **정확한** 공감 능력을 어떻게 개발할 수 있을까? 이 부분을 이 장의 나머지 부분에서 중점적으로 다룬다.

> 정확한 공감은 치료사의 내적인 이해를 내담자에게 전달하는 것을 포함한다.

세 가지의 잘못된 의사소통 방식

누군가가 말하는 이면에는 표현되지 않은 의미가 있고, 치료사는 최소한 세 가지 방식으로 그 의미를 오해할 수 있다. 첫째, 사람들은 자기가 무엇을 의미하는지를 정확히 말하지 않는다. 내담자의 말은 내담자가 의미하는 바의 일부만을 전달한다. 말하는 내용과 말하는 방식은 기분을 좋게 하거나, 좋은 인상을 주거나, 숨기려는 화자의 동기에 의해 덧칠될 수 있다. 더군다나 같은 말도 사람에 따라 또는 특정 맥락에서 매우 다양한 의미를 가질 수 있다. 의미meaning는 또한 표면적으로 나타난 내용 이면에 더 많은 정보를 주는 어조, 속도, 음량, 멈춤 등과 같은 '말의 음악music of speech'이 있다.

사람들이 의미하는 바를 말하지 않는 것 외에 의사소통이 흔들릴 수 있는 두 번째는 잘못 듣는 것mishearing이다. 당신은 사람들의 이야기를 올바르게 듣는가? 잘못 듣는 것은 부주의, 배경 소음, 억양, 청각 장애 또는 모국어가 아닌 언어로 인해 발생할 수 있다.

설령 그 말을 완전히 잘 들었다 해도 잘못 이해하는 세 번째 잠재적 원인은 내담자의 말의 의미에 관한 치료사 자신의 **해석**이다. 내담자의 이야기를 들을 때, 치료사는 본질적으로 자신의 머릿속 사전mental dictionary에서 가능한 의미를 찾아보고, 아마도 정확할 것 같은 의미를 선택할 것이다. 이것은 모두 순간적으로, 자동적으로 그리고 종종 무의식적으로 일어난다. 위험한 것은 치료사가 들었다고 생각하는 이야기에 대한 자신의 해석이 그 내담자의 실제 의미라고 지레짐작하는 것이다.

침묵

경청하는 한 가지 방법은 침묵하며 들은 내용에 대해 아무 말도 하지 않는 것이다. 실제로 내담자가 말하는 것을 처리할 시간적 여유를 가지도록 하는 것은 가치가 있다. 상담사는 대화가 몇 초 동안 멈추었을 때 뭔가 말하고 싶은 충동을 억누르고 침묵에 대한 내성을 기르는 것이 좋다. 하지만 너무 많은 침묵은 듣는 사람이 무슨 생각을 하는지 궁금하게 만들 수 있고, 사람들이 자신의 상상한 바를 듣는 사람에게 투사할 수도 있다. 고전적인 정신분석에서는 치료사의 침묵을 이용하여 내담자의 투사projections를 이끌어 내고 검토하는 것이 의도적인 전략이었다. 하지만 투사를 이끌어 내고 싶지 않다면 오랜 시간 동안 침묵하지 않고 반응하는 것이 좋다. 일반적인 대화에서는 말하는 사람이 번갈아 가면서 그들의 개인적인 견해perspectives와 반응reactions을 이야기한다. 한편, 조력 관계에서는 내담자의 안녕이 초점이 되므로, 치료사가 일상적인 대화에서 나옴직한 자신의 견해, 의견, 조언, 동의 또는 반대를 이야기하는 것은 보통 도움이 되지 않는다. 정확한 공감에서 치료사는 내담자가 의미하는 것과 경험하는 것에 대한 새로운 이해를 전달한다.

경청의 걸림돌

어떤 점에서, 정확한 공감은 경청하는 동안 치료사가 다른 행동을 하지 **않는** 것으로 정의된다. 토머스 고든Thomas Gordon(1970)은 사람들이 훌륭한 경청 대신 자주 하는 열두 가지 반응을 기술했다. 이것을 가리켜 **걸림돌**roadblocks이라고 했고 이 걸림돌에 화자가 쉽게 빠져들기 때문에 이러한 걸림돌을 피해 가는 것이 중요하며, 피해 감으로써 원래의 생각과 경험을 따라갈 수 있다는 것이다. 이러한 반응은 말 그대로 공감적 경청을 방해할 수 있다. 고든의 열두 가지 걸림돌은 다음과 같고 치료사가 자주 하는 순서이다.

1. **조사하기**probing: 사실을 수집하거나 더 많은 정보를 얻기 위한 질문하기
2. **조언하기**advising: 제안 및 해결책 제공하기
3. **안심시키기**reassuring: 위로, 동정하기
4. **동의하기**agreeing: 사람들에게 그들이 옳다고 말하기, 아마도 승인하거나 칭찬하기
5. **지시하기**directing: 명령을 내리는 것처럼 내담자에게 무엇을 해야 하는지 알려주기
6. **설득하기**persuading: 강의하기, 논쟁하기, 동의하지 않기, 정보 제공하기, 논리적으로 설득하기
7. **분석하기**analyzing: 누군가가 말하거나 행동하는 것을 재해석하거나 설명하기
8. **경고하기**warning: 사람이 하는 일의 위기와 위험을 지적하기
9. **주의 분산시키기**distracting: 유머를 하거나 대화 주제를 바꾸는 등 화자가 경험하는 것으로부터 주의를 다른 데로 돌리기

10. **도덕적으로 이야기하기**moralizing: 사람들에게 무엇을 해야 하고 왜 해야 하는지를 말하기
11. **판단하기**judging: 비난, 비판 또는 단순히 반대하기
12. **수치심 주기**shaming: 비하하거나 조롱하는 어조로 말하거나 명명하기

앞의 반응들 중 일부는 조력 관계에서 적절할 때가 있다. 그러나 이 반응들은 공감적 경청과는 다르고 내담자가 경험하는 것에서 사람들의 주의를 딴 데로 돌리게 하는 경향이 있다는 것이다. 예를 들어, 동의하기는 듣는 사람이 충분히 들었으므로 더 이상 말할 필요가 없다는 것을 전달할 수 있다. 이것은 치료사가 앞으로 나아가고 싶다면 도움이 될 수 있지만, 목표가 내담자의 경험에 대한 이해를 심화시키는 것이라면 도움이 되지 않는다. 질문하기는 내담자가 이야기하고 있던 것의 특정한 측면에 대한 정보를 요청하기 때문에 자기 탐색의 원래 방향을 방해할 수 있다. 동의하기와 질문하기는 잘못된 것이 아니다. 그것은 단지 정확한 공감과는 다를 뿐이다(더 쉬울 수도 있다).

공감적 경청

정확한 공감이란 무엇인가? 정확한 공감은 치료사가 의사소통의 걸림돌을 피하고, 다른 사람의 세계로 들어갈 수 있도록 도와주는 경청 방법이다. 그것은 수동적이지 않은 **적극적** 경청이며(Gordon, 1970; Gordon & Edwards, 1997; Miller, 2018), 일종의 거울기법이다. 상대방이 하는 말에 전적으로 주의를 기울이면서 동시에 치료사가 이해한 바를 **반영한다**. 제임스 핀리James Finley(2020)는 심리치료사를 "방금 내담자가 이야기한 내용을 천천히 감정 수준에서 듣도록 계속 초대하는 사람"이라고 설명했다. 심리치료사는 단순히 들은 내용을 반복하는 것이 아니다. 그보다는 (아직) 말하지 않은 것에 대해 그것이 무엇을 의미하는지를 추측하는 것이다. 내담자의 말만 반복하는 대신, 치료사는 내담자 이야기의 다음 내용을 말하는 것

이다. 처음에는 임상가의 진술이 내담자의 말과 비슷할 수 있지만, 이해의 폭이 넓어지면서 치료사는 점진적으로 추측을 하게 된다(Miller, 2018; Nichols, 2009).

화자: 꽤 힘든 한 주였어요.

청자: 힘든 시간이었군요.

화자: 말씀드리자면 제대로 되는 게 하나도 없는 것 같네요.

청자: OO 님이 원하는 대로 되지 않는군요.

화자: 놀랄 것도 없지요. 더 이상 만나지 말라고 했던 친구들과 제 딸이 만나고 있어요. 제 말을 듣지 않아요.

청자: 따님을 많이 염려하고 계시군요.

화자: 염려라고요? 딸이 그저께 밤에 응급실에 실려 갔어요.

청자: 걱정하시는 것 그 이상이시군요.

화자: 어떻게 해야 할지 모르겠습니다. 그 아이를 올바른 길로 이끌기 위해 할 수 있는 모든 노력을 다 한 것 같은데, 그 아이는 자신의 미래를 생각하지 않아요. 신경을 쓰지 않는 것 같아요.

청자: **그래도** OO 님께서는 따님을 걱정하고 계시고, 따님을 포기하지 않으셨군요.

화자: 때때로 너무 무력해져요.

조금 바꾸어 보면, 다음과 같이 하나의 연속적인 문단이 될 수 있다.

"꽤 힘든 한 주였습니다. 힘든 시간이었어요. 제대로 되는 게 하나도 없는 것 같고, 제가 원하는 대로 되지 않아요. 사실 놀랍지도 않은데 딸이 더 이상 만나지 말라고 했던 친구들과 다시 만나고 있어요. 딸이 말을 듣지를 않습니다. 정말 염려가 돼요. 염려 그 이상이에요. 딸이 그저께 밤에 응급실에 실려 갔어요. 어떻게 해야 할지 모르겠어요. 딸을 올바른 길로 이끌기 위해 할 수 있는 모든 것

> 을 다 한 것 같은데, 딸이 자신의 미래를 생각하지 않는 것 같아요. 신경을 쓰지 않는 것 같아요. 하지만 저는 신경이 쓰이고 딸을 포기할 생각이 없네요. 때때로 너무 무력해져요."

이러한 거울기법을 통해 내담자는 자신의 경험에 집중하고, 더 자세히 살펴볼 수 있다. 또한 내담자가 말하고자 하는 것에 대한 임상가의 이해를 확인(또는 수정)하고, 내담자가 말하는 것에 관심을 가지고 있음을 전달할 수 있다.

앞의 반영reflections은 진술statements이지, 질문questions이 아니라는 것에 주목해야 한다. 치료사가 추측하고 있는 것이기에, 말꼬리를 위로 올릴 수 있는데 이것이 질문으로 바뀔 수 있다. 내담자가 이야기한 말에 치료사는 이해하기보다 의도치 않게 질문하게 된다. 그 결과 내담자는 자기가 방금 말했던 내용을 더 탐색하지 않고 뒤로 물러날 수 있다. 예를 들어, 이러한 반영의 쌍이 어떻게 다른 반응을 만들 수 있을까?

> "불안하신 건가요?" 또는 "불안하신 거군요."
>
> "화가 나신 건가요?" 또는 "화가 나신 거군요."
>
> "무엇이 잘못되었는지 알 수 없다는 건가요?" 또는 "무엇이 잘못되었는지 알 수 없다는 거군요."

그 차이는 미묘할 수 있지만 진술로서의 반영은 일반적인 대화처럼 흐르는 경향이 있는 반면, 동일한 내용의 질문은 내담자의 방어를 높일 수 있다.

● 무엇을 반영해야 하나?

임상가는 내담자의 진술 중 반영해야 할 중요한 내용을 어떻게 결정해야 하나? 반영은 내담자가 말하는 것의 특정한 측면에 초점을 맞추어 선택적으로 강조하거나 강화한다. 아무도 무작위로 반영하지는 않는다. 그렇게 무작위로 한다면 이상할 것이다. 내담자의 말을 들을 때 치료사는 강조해야 할 중요한 내용에 대해 암묵적이고 무의식적인 결정을 내린다.

내담자가 말하는 모든 것 중에서 상담사는 "알곡wheat과 왕겨chaff를 분리할 수 있어야 한다."(Truax & Carkhuff, 1967, p. 160). 그러면 중요한 반영 내용물인 알곡은 무엇인가? 이는 모든 대화에서 순간적인 결정이며 다양한 제안이 있다.

- 공통적인 믿음은 내담자의 기본적 느낌feeling이나 감정emotion을 반영하는 것이 특히 중요하다는 것이다(Gordon, 1970).
- 찰스 트룩스와 로버트 카커프(1967)는 치료적으로 의미 있는 것이 무엇인지에 대한 "가장 신뢰할 수 있는" 단서는 "화, 불안, 방어 또는 저항의 외적 표시"(p. 291)이며, ① 인간관계, ② 자기 탐색, ③ 긍정적 자기개념과 같은 세 가지 주제를 선택적으로 강화할 것을 권고했다.
- 레슬리 그린버그와 로버트 엘리엇(Greenberg & Elliott, 1997)은 치료사가 내담자의 경험, 특히 강한 취약성의 경험을 반영하여 그 순간에 더 완전히 몰입할 수 있도록 해야 한다고 제안했다(p. 183).

일부 저자는 반영되는 내용과, 실제로 얼마나 많은 공감을 표현하는지는 내담자의 욕구와 일치해야 한다고 말해 왔다. 어떤 내담자는 공감적 표현을 듣기보다 '비즈니스적인' 치료사를 선호할 수 있다(Elliott, Bohart, Watson, & Greenberg, 2011b). 그러한 내담자의 경우, 숙련된 치료사는 내담자에 대해 공감적으로 이해하면서, 실제로 공감적 표현을 줄이곤 한다.

어떤 경우에도 **무엇을 반영하느냐가 중요하다**. 공감적 경청은 내담자가 말한 어떤 것에 특히 중점을 두고, 그와 같은 말을 더 많이 하도록 격려하는 경향이 있다. 제9장에서 차별적 반영이 내담자의 치료 효과에 어떻게 영향을 줄 수 있는지에 대한 몇 가지 예를 제공한다.

무엇을 반영하느냐가 중요하다.

확대반영과 축소반영

공감적 경청의 미묘하지만 중요한 측면은 반영의 강도와 관련이 있다. 일부 학자는 내담자의 강도와 정확히 일치하는 것을 강조했지만(Truax & Carkhuff, 1967), 표현된 감정이나 의견을 적당히 '확대반영' 또는 '축소반영'하는 전략적 이유가 있을 수 있다. 축소반영을 하면 사람들은 자신이 말한 것을 재확인하고 계속 탐색할 수 있는 반면, 확대반영을 하면 표현한 내용에서 물러나도록 유도할 수 있다. 이 내담자의 진술에 세 가지 가능한 치료사의 반응(확대반영overshooting, 일치반영matching, 축소반영undershooting)을 살펴보자. 내담자의 진술은 "그냥 엄마에게 화났어요. 엄마는 때때로 저를 너무 화나게 만듭니다."이다.

1. "어머니께 약간 짜증이 났군요."
2. "어머니께 화가 나셨군요."
3. "어머니께 격분하셨군요."

내담자는 이 세 가지 반영에 대해 아마도 상당히 다르게 반응할 수 있다.

1. "짜증이요? 아니요, 짜증 이상입니다. 저는 엄마에게 정말 화가 나요."
2. "글쎄요, 모르겠어요. 가끔 저를 짜증 나게 해요."
3. "아, 그렇게 나쁘진 않아요. 엄마도 스트레스를 많이 받고 있다는 것을 알고 있어요."

또는 내담자가 "내 아들이 계속 잘못된 선택을 하고 있어요!"라고 말한다고 하자.

1. "조금 실망하셨군요."
2. "아드님이 좋은 선택을 하지 않았군요."
3. "아드님이 절대 좋은 결정을 하지 않는다는 거군요."

치료사가 무엇을 반영하기로 결정하느냐 하는 것이 차이를 만든다. 내담자가 자신의 경험에 대한 자기 탐색을 계속하길 바란다면, 일반적으로 내담자의 진술 강도 수준에 일치하거나 약간 더 낮게 반영하는 것이 좋다. 한편, 앞의 3번과 같은 확대반영은 내담자가 극단적인 입장이나 과도한 일반화를 재고하는 데 도움이 될 수 있지만, 치료사의 목소리 톤에 빈정거림이나 비난의 느낌이 없는 경우에만 도움이 된다(Miller & Rollnick, 2013).

정확한 공감에 관한 연구

연구된 모든 치료적 요인 중에서 정확한 공감은 긍정적인 내담자의 치료 효과와 가장 일관된 관계를 가지고 있다. 6,000명 이상의 내담자를 대표하는 82개의 독립된 샘플을 메타 분석한 연구에서 공감은 광범위한 이론적 배경 및 주호소 문제에 걸쳐 내담자의 치료 효과($d=0.58$, $p<0.001$)와 중간 정도의 강한 관계를 보였다(Elliott, Bohart, Watson, & Greenberg, 2011a; Elliott, Bohart, Watson, & Murphy, 2018). 치료사의 높은 정확한 공감은 인간중심상담(Truax & Carkhuff, 1976), 심리치료(Elliott et al., 2011a, 2011b), 인지행동치료(Burns & Nolen-Hoeksma, 1992; Miller & Baca, 1983; Miller et al., 1980; Moyers, Houck, et al., 2016), 정서중심치료(Watson, McMullen, Rodrigues, & Prosser, 2020), 건강증진(R. G. Campbell & Babrow, 2004), 동기면담(Fischer & Moyers, 2014), 심지어 컴퓨터로 제공되는 단기 개입(J. D. Ellis et al., 2017)에서 내담자의 치료 효과 개선을 예측했다. 공감적인 치료사는 더 나은 치료 효과를 예측하는 강력한 작업동맹을 구축할 가능성이 더 높다(McClintock,

Anderson, Patterson, & Wing, 2018). 심리치료 분야가 아니더라도, 공감은 대기 시간이나 방문 기간과 같은 요인과 관계없이 의사에 대한 환자의 만족도와 밀접한 관련이 있다(Kortlever, Ottenhoff, Vagner, Ring, & Reichel, 2019). 응급실 의사의 공감 수준이 조금만 높아져도 환자의 소송 생각을 낮출 수 있다(D. D. Smith et al., 2016).

임상실천에서 공감 수준이 **낮은** 치료사는 특히 문제가 될 수 있다(Mohr, 1995; Moyers & Miller, 2013). 치료사 효과 분석은 때때로 내담자의 치료 효과가 매우 **좋지 않은** 소수의 치료사를 밝혀낸다(McLellan, Woody, Luborsky, & Goehl, 1988; Project MATCH Research Group, 1998). 결과적으로, 좋지 않은 치료 효과는 낮은 수준의 정확한 공감과 로저스의 핵심 치료 기술이 낮은 치료사와 더 일반적으로 연관된다(Lafferty, Beutler, & Crago, 1989; Miller et al., 1980; Valle, 1981). 트룩스와 카커프(1967)는 대인관계 핵심 기술 수준이 평균 또는 그 이상인 치료사의 경우 심리치료 효과에서 내담자 간 차이가 없었지만, 낮은 수준의 대인관계 기술을 가진 치료사의 내담자보다는 심리치료 효과가 훨씬 더 좋았다.

내담자가 치료사의 공감을 유발하는가

한 가지 경쟁설명rival explanation으로는 예후가 더 좋은 내담자(예, 더 '동기가 높은' 내담자)가 치료사에게 더 공감적으로 다가가도록 만들며, 그래서 치료사의 공감이 더 나은 치료 효과를 예측하는 이유가 된다는 것이다. 공감적 반응은 치료사 개인 내에서뿐만 아니라 치료사들 사이에서도 다양하다. 어떤 면에서는 직관적으로 이해할 수 있다. 자신이 경험하는 것에 대해 더 많이 그리고 기꺼이 표현할 수 있는 내담자가 치료사에게 공감 표현의 기회를 훨씬 더 많이 제공한다(Barrett-Lennard, 1981). 평균적으로 치료사들은 더 지적이고 정신병리가 덜한 내담자에게 높은 수준의 공감을 보이는 경향이 있다(Elliott et al., 2018; Kiesler, Klein, Mathieu, & Schoeninger, 1967). 내담자에 대한 치료사의 부정적인 태도는 더 심한 장애와 더 나쁜 예후의 판단과 관련되어 있으며, 치료과정에 잠재적으로 해로운 영향을 준다(Strupp, 1960). 내담자와 치료사의 유사성에 따라 공감 수준이 더 높다는 근거도 있다(Duan & Hill, 1996). 이와 대조적으로, 트룩스와 카커프(1967)는 치료사의 핵심 치료 기술(공감 포함)이 내담자들과는 상당히 독립적이라는 것을 발견했다. 더 나아가, 연구자들은 치료사가 치료 회기 내에서 높은 수준의 치료적 기술과 낮은 수준의 치료적 기술 사이에서 바뀔 때 내담자의 자기 탐색 수준이 예측한 대로 치료사의 반응을 따라간다는 것을 실험적으로 입증했다(Truax & Carkhuff, 1965).

둘 다 진실일 가능성이 높다. 치료사마다 정확한 공감 기술이 다르고, 내담자도 그 과정에 영향을 준다. 요컨대, 치료적 공감은 함께 만들어지며 치료사는 자신의 기여에 대해 더 큰 책임이 있다.

핵심 포인트

- 정확한 공감은 안정적으로 측정 가능하고 학습 가능한 치료사의 기술이며, 다양한 개입 및 문제 영역에서 더 나은 내담자의 치료 효과와 관련이 있다.
- 공감적(반영적, 적극적) 경청은 내담자의 경험을 반영하면서 '걸림돌'을 피하며 반응하는 특별한 방법이다.
- 숙련된 반영은 단순히 내담자의 말을 반복하는 것이 아니라 말하지 않은 것에 대해 부드럽게 추측하는 것이다.
- 메타 분석은 공감적 경청이 내담자의 자기 탐색과 치료 효과를 더 좋게 해 주는 것과 관련이 있다는 것을 보여 준다.
- 내담자의 자기 탐색은 반영 강도(축소반영, 일치반영, 확대반영)에 영향을 받을 수 있다.

제4장
수용

비판단적 수용nonjudgmental acceptance은 상담과 심리치료에서 중요한 치료적 기술로 오랫동안 인식되어 왔고, 심지어 일부에서는 가장 중요한 것으로 간주되기도 한다(Wilkins, 2000). 다음은 초기 설명이다.

> 내담자의 '좋은', 긍정적인, 자신감 있는, 사교적인 감정 표현을 수용하는 만큼이나, 내담자의 '나쁜', 고통스러운, 두려운, 방어적인, 비정상적인 감정 표현을 수용하는 것을 말하며, 내담자의 일관성 있는 방식을 수용하는 만큼, 내담자의 비일관적인 방식도 수용하는 것을 말한다(Rogers, 1957, p. 98).

이런 의미에서, 치료사의 방식은 '무조건적unconditional'이다. 내담자가 치료사에게 수용되거나 존중을 받기 위해 특정 기준을 충족할 필요는 없다. 수용은 "선입견, 편견 또는 비난 없이 경청하는 능력"이다(Strupp, 1960, p. 99). 수용은 사람들이 논쟁하고, 반대하고, 경고하고, 판단하고, 분석하고, 설교하고, 비판하고, 비난하거나 비꼬는 일상적 사회적 담론—제3장에서 설명한 거의 모든 의사소통 걸림돌—에서 상당히 벗어나게 할 수 있다. 일반적인 의사소통과 매우 대조적인 점이 수용을 치료적으로 만드는 것일 수 있다.

이 장에서는 비판단적 수용의 대인관계 특성을 살펴볼 것이다. 우리는 '수용'이라는 용어가 따뜻함warmth, 긍정적 존중positive regard 및 인정affirmation을 포함한 다른 치료적 조건에도 적용되었음을 알고 있다(Farber & Doolin, 2011b; Orlinsky & Howard,

1986; Rogers, 1951). 제5장에서는 이와 관련된 치료적 속성을 살펴볼 것이다.

수용적 태도

비판단적 수용이 마음챙김 실천에서 핵심 요소가 되고 있는데, 21세기 초 심리치료 연구, 특히 제3동향 인지행동치료(S. C. Hayes, 2004; S. C. Hayes et al., 2011), 스트레스 관리(Kabat-Zinn, 2013; S. L. Shapiro, Astin, Bishop, & Cordova, 2005)와 중독치료(Witkiewitz, Bowen, Douglas, & Hsu, 2013; Witkiewitz, Lustyk, & Bowen, 2013; Witkiewitz & Marlatt, 2004)에서 명성을 얻은 바 있다. 고대 명상 수행에 기초하여(Anonymous, 1957; Salzberg, 1995; The Dalai Lama & Hopkins, 2017), 마음챙김은 판단하거나 평가하거나 승인 또는 반대할 필요 없이 자신의 즉각적 경험에 대한 주의 깊은 관찰을 포함한다. 마음챙김은 무엇이 되어야 하는지에 대한 비판이나 요구 없이 있는 그대로를 수용하는 것이다.

이러한 치료적 태도에는 인간은 타고난 가치가 있고, 그 가치를 얻기 위해 노력할 필요 없이 존중받을 자격이 있다는 믿음을 내포하고 있다. 이러한 믿음은 단순히 인간에 대한 폭넓은 존경이 아니라 전문가 앞에 있는 내담자—독특한 개인—에 대한 존중과 수용이다. 치료사는 내담자의 내재적 가치를 인정하면서 있는 그대로의 수용을 전달하고자 한다(Farber & Doolin, 2011a).

수용적 표현은 어떻게 치료적인가? 칼 로저스(1951)의 관점은 사람들이 자신을 수용할 수 없다고 느낄 때, 움직이지 못하고 변화할 수 없다는 것이었다. 처벌과 마찬가지로 수용할 수 없다는 느낌은 행동을 억제할 수 있지만 새로운 존재 방식 way of being을 증진하지는 않는다. 역설적이게도 사람들은 부모, 사랑하는 사람, 치료사 또는 하나님으로부터 **있는 그대로**의 자신에 대한 무조건적인 수용을 경험할 때 변화할 수 있다. 이것은 사람들이 스스로에 대해 충분히 **나쁘게** 느껴야만 변할 것이라는 믿음과 반대되는 것이다. 로저스의 관점에 따르면, 사람들이 자신의 가치 조건에 부합하지 않는 경험을 거부하는 것은 바로 수용되지 못한 경험과 **조건부** 가치의 경험 때문이다. 대조적으로 치료사가 간단하게 비판단적 수용을 하더라도 그 경험은 치유적이다(Miller, 2000; Rogers, 1961). (수용 기술을 개발하는 추가적인 이점은 다른 사람을 무조건적으로 수용하는 연습을 통해 자신의 경험을 더 완전히 수용하고 통합할 수 있다는 것이다.) 치료사는 내담자의 경험을 명확하게 이해하고, 그 이해를 반영하고, 판단 없이 반응하고, 내담자의 이야기를 수용하려고 노력한다. 이러한 모델링을 통해 내담자는 자신의 경험을 수용하고 존중하게 될 것이다.

"이렇게 하면 단지 사람들이 하고 싶은 대로 하도록 허락해 주는 것이 아닌가?" 라고 이의를 제기할 수도 있을 것이다. 사실인즉, 사람들은 이미 선택의 자유를 가지고 있으며, 더 이상의 거부나 반대는 치료적일 수 없다. 비판단적 수용은 "변화하지 않거나, '치유'되거나, 성장하지 않을 개인의 자기 결정"을 인정하는 것을 내포한다(Wilkins, 2000, p. 27). 수용은 변화의 **가능성**을 제공한다.

> 수용은 변화 가능성을 제공한다.

인간 본성에 대한 근본적인 믿음

각 개인의 가치에 대한 일반적인 존경심 외에도 인간의 본성에 대한 보다 넓은 믿음이 있다. 사람들의 타고난 본성에 대한 다음 세 가지 대조적인 견해를 살펴보자(Miller, 2017; Rogers, 1962).

A 이론: 사람들은 근본적으로 이기적이다. 사회적 통제가 없다면 그들은 본능적으로 자기중심적이고, 적대적이며, 반사회적이고, 파괴적인 본성으로 되돌아갈 것이다.

B 이론: 사람들은 기본적인 본성이 없지만 유전자와 경험의 우연한 산물이다.

사람들은 본질적으로 본성(선천성)과 양육(후천성)에 의해 쓰이는 백지이다.

C 이론: 사람들의 타고난 성향은 협력적이고 건설적이며 신뢰할 수 있다. 적어도 변화를 위한 지지적 조건이 주어질 때 사람들은 일반적으로 긍정적이고 친사회적인 방향으로 움직일 것이다.

인간 본성에 관한 이 세 가지 관점 중 어느 한 가지가 참이라고 확정적으로 증명할 수 없지만, 이러한 관점 각각이 나타나는 **결과**에 관련된 근거가 있다. 경영이론에서 더글라스 맥그리거Douglas McGregor(2006)는 'X-Y 이론'을 개발했다. X 이론은 노동자들이 본질적으로 게으르고, 의욕이 없고, 일하기를 싫어하고, 가능한 한 적게 일을 하려고 한다는 것이다. 따라서 X 이론을 수용하는 관리자는 직원을 경계하고 회의적이며 불신하는 경향이 있으며 위협, 강압, 제한적인 감독, 보상 및 처벌에 크게 의존하여 직원이 하지 않으려는 일을 하도록 한다. 반대로 Y 이론은 노동자들이 개발되지 않는 재능과 창의력을 가지고 있고, 일을 즐기는 경우가 많으며, 자기 통제와 자기주도 능력이 있다고 본다. 따라서 Y 이론 관리자의 임무는 그러한 직원들이 직장에서 책임감, 동기부여 및 창의적 참여를 이끌어 낼 수 있는 적절한 분위기를 제공하는 것이다. 두 가지 견해 모두 자기 충족적 예언 경향이 있는 것으로 밝혀졌으며(Jones, 1981), 성공적인 기업은 오래전에 Y 이론 조직이 협력적인 생산성, 창의성, 헌신을 고취시키는 이점을 발견했다(Deming, 2000). 어쨌든, 어떤 관리자를 더 두고 싶을까?

상담과 심리치료에서도 명백한 유사점이 있다. 치료사들 간에 상당한 차이가 있다는 것은 전혀 새롭지 않다. 치료사에 대한 초기 연구 중 하나에서 한스 스트루프Hans Strupp(1960)는 치료사를 두 그룹으로 구분했다. 그룹 I 치료사들은 더 따뜻하고, 수용적이고, 인간적이고, 관대하고, 민주적인 반면, 그룹 II 치료사들은 보다 지시적이고, 규율적이고, 도덕적이고, 냉정하고, 가혹했다. 그룹 I 치료사들은 내담자의 예후를 더 낙관적으로 보았다. 그룹 II 치료사들은 더 비관적이었다. 제

8장에서 논의할 것처럼, 인식된 예후는 중요하며, 기대와 일치하는 결과를 생성하는 경향이 있다. 또 다른 초기 연구에서 존 화이트혼John Whitehorn과 바바라 베츠Barbara Betz(1954)는 조현병 환자의 평균 증상 개선율이 50.6%인 집단에서 그들을 치료한 정신건강의학과 의사에 따라 개선율이 0%에서 100%까지 다양하다는 것을 발견했다. 환자의 특성이 조금밖에 차이가 나지 않았음에도 증상 개선율이 가장 높은 7명의 정신건강의학과 의사(평균 75%)와 가장 낮은 다른 7명의 정신건강의학과 의사(평균 26.9%)의 특성을 비교했다. 두 그룹의 정신건강의학과 의사 간의 주요한 차이점은 증상 개선율이 높았던 정신건강의학과 의사는 보다 수용적—'존중하고, 공감하며, 적극적인'—으로 평가된 반면, 증상 개선율이 낮았던 정신건강의학과 의사는 '피상적이고, 비인격적이며, 수동적'이었다. 치료사 수용의 구체적인 영향에 대한 보다 최근의 근거는 이후에 살펴볼 것이다.

저항

'저항resistance' 현상은 인간 본성에 대한 태도가 자기 확정적이 될 수 있는 또 다른 방법이다. 한때 중독치료에 종사하는 임상가들 사이에서는 물질 사용 장애를 가진 사람들(당시 '알코올 중독자' 또는 '중독자'라고 불림)이 병적인 거짓말쟁이이고, 치료에 극도로 저항하며, 부인denial과 같은 미성숙한 방어기제에 특징적으로 의존한다는 믿음이 널리 퍼져 있었다. 실제로 중독은 DSM-III 이전에는 성격장애로 분류되었다(American Psychiatric Association, 1980). 이러한 물질 사용 장애 환자에 대한 설명은 우리가 치료하고 있는 물질 사용 장애 환자와 일치하지 않아 우리를 어리둥절하게 했다. 물질 사용 장애 환자들이 특정 성격 구조를 가지거나 특정한 방어기제를 남용한다는 과학적 근거는 **전혀 없었다**. 중독은 특정한 인구학적 또는 성격적 유형에만 국한되지 않는다. 그렇다면 내담자의 특징적 유사성에 대한 이러한 관점이 어떻게 치료 전문가들 사이에서 그렇게 널리 퍼졌을까? 본질적으로 그것은 자기 충족적 예언이었다. 당시 중독치료에 만연했던 지시적 · 비수용적 ·

대립적 의사소통 방식은 자연히 정직성보다는 방어적인 태도를 불러일으켰다. 따라서 내담자의 예후에 대한 비관적인 시각을 조장하는 이러한 방식은 반치료적이다(White & Miller, 2007). 이와 같은 '저항' 개념에서는 치료사의 행동에 매우 반응적인, 타고난 대인관계 현상인 내담자 병리에 귀인한다(Miller & Rollnick, 2013; Patterson & Chamberlain, 1994; Patterson & Forgatch, 1985).

반대로, 수용적인 의사소통 방식은 일반적으로 내담자의 방어를 감소시킨다. 내담자의 '저항'은 치료사의 반응 방식의 변화에 따라 라디오 볼륨처럼 크거나 작게 조절할 수 있으며(Glynn & Moyers, 2010; Patterson & Forgatch, 1985), 방어적이거나 저항적인 내담자의 반응은 결국 더 나쁜 치료 효과를 예측하게 된다. 저항을 불러일으키는 방식의 상담이 득이 될 가능성이 낮은 반면, 방어성을 줄이는 방식의 상담은 긍정적인 변화를 가져올 가능성이 더 높다.

이 현상은 대인관계 의사소통 역동에서 오랜 진화적 뿌리를 두고 있을 수 있다. 이러한 '심리적 반동psychological reactance'은 사람들이 동의하더라도 자신들이 원치 않는 설득과 조언에 반대되는 행동을 하는, 잘 알려진 경향성을 의미한다(Brehm & Brehm, 1981; Rains, 2013; Steindl, Jonas, Sittenthaler, Traut-Mattausch, & Greenberg, 2015). 지배 순위는 고등 포유류에서 분명히 관찰할 수 있으며, 갈등에서 패하는 경우 패자임을 알리는 신호를 주고 달아나는 복잡한 사회적 행동에 의해 지켜진다(de Almeida Neto, 2017). 인간의 경우 지배 역동은 (종종 판단적) 언어로 암호화되며 무의식적으로 작동할 수 있다. 이러한 관점에서 설득이나 조언에 따르는 것은 '원다운one-down' 포지션을 받아들이는 것이다. 행동 조언은 사람들이 궁극적으로 자신의 행동에 대한 재량권을 가지고 있기 때문에 저항과 불응을 촉발한다(de Almeida Neto, 2017). 우울한 내담자와의 행동활성화에 관한 다음 대화를 살펴보자.

치료사: OO 님이 해야 할 일은 집에서 나와서 다른 사람들과 함께 즐길 수 있는 일을 하는 것이라고 생각합니다.

내담자: 저는 그럴 에너지가 없어요.

치료사: OO 님의 에너지 부족은 우울증의 일부일 뿐이고 블라인드를 닫고 집에 있으면 더 나아지지 않을 것입니다. 좋아하는 일을 해야 합니다.

내담자: 하지만 예전에 좋아했던 것조차 즐기지 않아요.

치료사: 그것도 우울증의 일부입니다. 즐거움의 부족, 무쾌감증이라고 합니다. 그냥 나가서 예전에 좋아했던 일을 시도한다면 여전히 그 안에 즐거움이 있다는 것을 알게 될 것입니다.

내담자: 아닌 것 같아요.

치료사: 음, 그게 이번 주 숙제입니다. 이번 주에 적어도 3일은 집에서 나와서 OO 님이 즐길 수 있는 무언가를 할 계획을 세우세요. OO 님이 그걸 즐길 필요는 없습니다. 그냥 해 보세요.

내담자: 시도해 볼 수는 있겠지요.

치료사의 의도는 좋다. 조언은 근거에 기반한다. 하지만 이 대화 과정에서 치료사는 설득하고, 조언하고, 교육하고, 지시함으로써 전문가의 입장을 취하는데, 이는 도움을 주는 전문가에게 완벽하게 자연스러울 수 있다. 하지만 이 대화의 가르침/직접적인 역동은 일반적으로 방어적인 반응을 불러일으키고, 이는 비순응nonadherence과 변화의 부족lack of change을 예측한다(Miller & Rollnick, 2013; Patterson & Forgatch, 1985). 앞의 대화에서 치료사는 잘 경청하지 않고(제3장) 수용하지도 않는다.

수용 전달 방법

그렇다면 수용의 치료적 조건은 어떻게 나타날 수 있을까? 수용은 치료사가 반대하기, 비판하기, 동의하지 않기, 진단명 붙이기, 경고하기, 수치심 주기와 같은 판단적 반응을 하지 **않아야** 전달된다. 제3장에서 설명한 많은 의사소통 걸림돌은 내담자를 원다운 포지션에 놓는 효과가 있다. 심지어 인정조차도 내담자의 경험에 대한 평가(이 경우, 긍정적)를 의미한다는 점에서 판단적일 수 있다.

'직면하기'는 판단을 전달하고 저항을 유발할 가능성이 있는 치료사의 반응이다. 직면의 본질은 지시하기, 설득하기, 동의하지 않기, 교정하기, 불인정하기, 판단하기, 수치심 주기와 같은 모든 의사소통 장애물일 수 있다. 치료사의 행동을 관찰하는 하나의 코딩 시스템[1]에서는 '직접적이고 명백하게 반대하기, 논쟁하기, 교정하기, 수치심 주기, 비난하기, 비평하기, 진단명 붙이기, 경고하기, 도덕적으로 이야기하기, 조롱하기, 내담자의 정직성에 의문을 품기'를 직면 반응으로 설명한다(Moyers, Rowell, Manuel, Ernst, & Houck, 2016). 상당히 적은 수의 직면 반응이라 할지라도 생산적일 수 있었던 상담회기를 훼손할 수 있다.

다음 대화에서 치료사가 경청과 수용으로 시작했다면 어떻게 달라졌을까?

치료사: 제가 상담한 일부 내담자에게 효과가 있었던 방법이 있습니다. OO 님에게 효과가 있을지 모르겠습니다. 말씀드려도 괜찮을지 궁금합니다.	치료사는 내담자가 동의하지 않을 수 있음을 받아들이고(OO 님에게 효과가 있을지 모르겠습니다) 조언하기보다는 먼저 허락을 구함으로써 수용한다.
내담자: 그럼요.	
치료사: 우울증 증상 중 하나는 OO 님이 아끼는 사람, 장소, 물건으로부터 고립되는 것입니다. 무슨 뜻인지 아시겠나요?	내담자가 잘 따라오고 있는지 정중하게 확인한다.

1) 역주: 코딩 시스템이란 Motivational Interviewing Treatment Integrity Code(MITI)를 말하며 치료사의 행동을 코딩해서 임상가의 상담 역량을 평가하는 도구이다.

내담자: 네, 저는 대부분 집에 있는데 그게 좋지 않다는 걸 알고 있습니다.	변화대화
치료사: 그리고 우울의 함정에서 벗어나는 한 가지 방법은 OO 님이 즐겨 왔던 활동들을 하는 것입니다. 심지어 OO 님이 그런 활동들을 하고 싶지 않을 때도 말이죠. 지금 OO 님에게는 불가능하게 들릴지도 모릅니다.	잠재적으로 주저할 수 있음을 받아들인다.
내담자: 아니요. 선생님이 하는 말이 무슨 말인지 알겠어요. 하지만 저는 대부분 너무 피곤합니다.	
치료사: 물론 OO 님은 그럴 수 있습니다. 이해합니다. 그렇게 피곤할 때는 재미있을 수 있는 일을 하기 위해 밖으로 나가는 것을 상상하기 어렵습니다. 정말 함정과 같습니다.	여기에서 연민적으로 수용하는 어조로 말한다. 반영적 경청은 그 자체로 수용을 전달한다.
내담자: 맞습니다. 꽉 막힌 것 같고, 벗어나야 할 것 같습니다.	
치료사: 저는 OO 님이 무엇을 할 것인지는 잘 모릅니다. OO 님에게 달려 있습니다. 이번 주에 새로운 것을 시도해 보실 의향이 있으신지 궁금합니다.	내담자의 자율성을 인정하고 존중한다. 내담자의 선택을 강조하는 방식으로 질문한다.

앞의 대화에서 여전히 심리교육이 실시되고 있지만, 지시적인 방법보다는 협동적인 방법으로 진행하면서 내담자 스스로 무엇을 수용하고 행동할 것인지 결정한다는 진리를 받아들이고 있는 것이다.

직면하다confront의 어원은 '서로의 얼굴을 본다'이며, 이러한 의미에서 이것은 치료사의 행동(얼굴에 거슬리는 것)이 아니라 상담의 **목표**로 간주할 수 있다. 즉, 내담자가 안전하고 지지적인 환경에서 자신을 스스로 자세히 살펴보도록 돕는 것이다. 때때로 부드러운 직면이 자기 탐색과 변화를 촉진할 수 있지만, 이는 신뢰가 가고, 공감적이고, 수용적인 치료 관계의 맥락에서**만** 가능하다(S. C. Anderson, 1968; Moyers, Miller, & Hendrickson, 2005). 수용을 전달하면 방어가 감소하고, 잠재적으로 위협적이거나 어려운 것이 무엇인지를 생각하는 것이 안전해진다.

내담자가 치료에 강제적으로 오는 경우, 마치 교장실로 불려 간 아이처럼 가혹한 처사를 예상할 수 있는데, 판단적이지 않은 치료사를 만나면 놀라운 경험이 될 수 있다. 내담자는 특히 비난blame이나 반대에 민감할 수 있다. 상담을 받으러 온 커플은 치료사가 그들 중 어느 누가 더 잘못했는지를 결정해 주기를 기대하거나 또는 두려워할 수 있다. 비난이나 수치심을 느끼는 것은 방어와 현상 유지를 하게 만드는 통로이다. 내담자가 자신의 취약성을 이야기할 때, 치료사가 판단, 반대, 즉각적인 지시를 하지 않는다면, 그들은 종종 놀라거나 안도한다.

말로 판단하지 않는 한 가지 방법은 침묵하는 것이지만, 침묵은 본질적으로 판단에서 자유롭지는 않다. 제3장에서 언급했듯이 내담자는 자신의 최악의 두려움과 상상을 치료사의 침묵에 투사할 수 있다. 멀찍이 떨어져 침묵하는 대신 내담자를 안심시키고 상상의 판단을 피하는 방식으로 수용을 적극적으로 전달해야 한다.

> 내담자를 안심시키고 상상의 판단을 피하는 방식으로 수용을 적극적으로 전달해야 한다.

수용을 전달하는 좋은 방법 중 하나는 제3장에서 설명한 정확한 공감 기술을 통해서이다. 누군가의 의미를 이해하기 위해 열심히 노력하는 것은 존중을 의미하며, 끼어들 수 있을 만큼만 듣는 일반적인 대화 스타일과는 상당히 다르며 이것은 의사소통에 걸림돌이 된다. 여기에서 수용의 근본적인 **태도**가 중요하다. 왜냐하면 반대는 목소리 톤을 통해서만 반영될 수 있기 때문이다. 판단이 없는 호기심 가득한 마음챙김의 태도는 반영적 경청 뒤에 있는 음악을 조율해 준다. 수용이라는 맥락 안에서 공감적 이해가 전달될 수 있다.

마음챙김 실천은 오래되었고 광범위한 현대 심리치료 방법에 통합되었다(Benson & Klipper, 2000; S. C. Hayes et al., 2011; Kabat-Zinn, 2016; Thich Nhat Hanh, 2015; Witkiewitz et al., 2014). 다양한 형태의 명상은 자신의 경험을 판단 없이 관찰하고 받아들이는 동안 주의 집중(예, 호흡, 정지된 물체, 만트라)하는 것을 포함한다. 만약 대처기술로서 그러한 마음챙김 실천을 배우도록 내담자를 돕고 싶다면 실천가 스스로 그 방법을 직접 실천해 보는 것이 바람직하다. '가르치는 것을 실천'하는 성실함을 넘어, 마음챙김 명상 훈련을 하는 것은 치료사에게도 유익할 수 있다. 하나의 상태로서 마음챙김 수용을 실천하는 것은 특성 마음챙김trait mindfulness을 일반화하고 촉진할 수 있다(Kiken, Garland, Bluth, Palsson, & Gaylord, 2015). 상담 자체는 마음챙김의 수용적 상태에서 이루어질 수 있고, 실천 훈련은 치료사가 경험하는 것에 대한 정상적인 반응으로 수용을 촉진하는 데 도움이 될 수 있다. 이런 이유로 수용은 필요에 따라 활용하는 기술이 아니라 기본적인 존재 방식이 될 수 있다.

공감적 경청과 마음챙김을 넘어 수용을 전달하는 또 다른 구체적인 방법은 인정을 통해서이다. 이에 대해서는 제5장에서 다시 살펴볼 것이다. 인정하기는 내담자의 긍정적인 속성과 행동에 대한 존중과 감사의 직접적인 진술이다. 이 장에서 우리는 비판단적 수용이라는 보다 일반적인 치료적 입장에 주로 초점을 맞추지만, 물론 가장 중요한 것은 치료사가 이러한 태도를 전달하는 것이다(Horvath, 2000).

치료적 수용에 관한 연구

명상과 마음챙김 실천의 유익한 효과에 대한 방대한 과학적 문헌이 있다(Gotink et al., 2015; Keng, Smoski, & Robins, 2011). 여기에서는 치료사의 수용이 내담자의 치료 효과에 주는 영향에 초점을 두고자 한다.

치료사의 수용과 내담자의 치료 효과의 관계에 대한 광범위한 리뷰에서, 데이비드 오린스키David Orlinsky, 클라우스 그라우Klaus Grawe와 바바라 팍스Barbara Parks(1994)는 154개의 효과 중 56%가 긍정적이었고, 치료사 속성이 내담자의 관점에서 판단될 때 65%로 여전히 더 높았다. 비참여 관찰자가 치료사의 수용에 대해 회기 녹음을 듣고 독립적으로 평가하고 내담자의 치료 효과를 객관적 측정으로 평가했을 때, 연구 결과에서 62%가 긍정적인 관계를 보였다. 치료사와 내담자가 상호 수용할 때 79%의 연구 결과에서도 긍정적인 치료 효과가 높았다.

흥미로운 관찰은 소수인종/민족의 비율이 증가함에 따라 수용의 긍정적인 영향이 증가하는 추세였다(Orlinsky et al., 1994). 이는 인간중심치료적 스타일인 동기면담의 효과 크기가 소수인종이 아닌 표본에 비해 주로 소수인종 집단에서 3배(d=0.79 vs. 0.26) 증가했다는 메타 분석 결과와 유사하다(Hettema, Steele, & Miller, 2005). 두 연구 모두에서 연구에 참여한 치료사들은 주로 소수인종이 아니었다. 수용적이고 공감적인 스타일은 그러한 치료에 덜 익숙한 소외된 내담자와 상당한 사회문화적 차이가 있는 내담자를 상담할 때 훨씬 더 중요할 수 있다.

요약하면, 치료사에 의해 수용을 분명하게 전달받은 내담자가 일반적으로 치료 효과가 더 좋다는 충분한 근거가 있다. 이것은 수용이 그 자체로 어느 정도 효과가 있는 치료사의 한 가지 속성이지만, 다른 임상 기술과 함께 활용하면 동일한 치료 기법을 사용하더라도 치료사의 치료 효과에 종종 큰 차이를 만들 수 있다는 의미이다.

수용적이고 공감적인 스타일은 사회적 약자로 있는 내담자에게 훨씬 더 중요할 수 있다.

핵심 포인트

- 수용에 대한 치료적 태도에 내포된 것은 인간은 타고난 가치가 있으며 그것을 얻기 위해 노력할 필요 없이 존중받을 자격이 있다는 믿음이다.
- 있는 그대로 수용되는 경험은 긍정적인 변화를 촉진할 수 있다.
- 일반적 인간 본성 또는 특정 개인의 본질적 특성에 대한 믿음은 자기 충족적 예언이 될 수 있다.
- 내담자 방어 또는 저항은 대인관계 현상이며 일반적으로 수용하고 공감하며 존중하는 치료 스타일에 의해 감소된다.
- 수용은 치료사가 반대하기, 비판하기, 동의하지 않기, 진단명 붙이기, 경고하기, 수치심 주기를 하지 않음으로써 부분적으로 전달된다.
- 수용하고 존중하는 스타일은 소외된 집단과 일을 할 때와 사회문화적 차이가 상당히 있는 내담자를 상담할 때 훨씬 더 영향력이 있을 수 있다.

제5장

긍정적 존중

상담에서 따뜻함과 존중은 칼 로저스에게서 비롯된 것은 아니지만, 그는 진실하고 의미 있는 방식으로 내담자를 포상해 줄 만한 **인과적** 역할을 가정한 최초의 사람이다. 그는 치유를 위해 필요한 세 가지 조건 중 하나(정확한 공감, 진정성 외에)로 '무조건적인 긍정적 존중'을 설명했다.[1] 치유는 주로 치료사의 전문지식과 특정한 기술적 절차를 실행할 수 있는 능력을 통해 일어난다는 관점에서 급진적으로 벗어난 것이었다. 폴 윌킨스Paul Wilkins(2000)는 긍정적 존중Positive Regard: PR이 "어떤 치료적 접근이든 간에 중요한 치료적 요인이며, 진정성과 공감은 긍정적 존중이 신뢰성을 갖추는 맥락을 제공한다."(p. 23)라고 주장했다.

긍정적 존중의 **무조건적** 측면은 제4장에서 비판단적 수용에 대한 논의와 겹친다. 즉, 내담자가 상담사의 존경을 증명하거나 얻을 필요가 없다는 것이다. 긍정적 존중은 겉으로 보이는 장점과는 상관없이 모두에게 확대된 전제조건으로, 인간이 본질적으로 '긍정적이고, 진보적이며, 건설적이고, 현실적이며, 신뢰할 수 있다'는 의도적 관점에 뿌리를 두고 있다(Rogers, 1962, p. 91; 참고, Giannini, 2017; Miller, 2017).[2]

---

1) 로저스는 공감, 진정성, 긍정적 존중이 상담과 심리치료에서 치유가 일어나기 위한 필요조건일 뿐만 아니라 **충분**조건이라고 믿었다. 이러한 치료적 기술이 내담자의 변화를 돕기에 얼마나 충분한지 자주 놀라긴 하지만, 우리는 이것이 치료의 유일한 측면이라는 것에 동의하지 않는다.

2) 로저스는 자신의 연구에 대한 신학적 함축성을 부인했지만, 그의 대학원 교육은 유니언 신학교에서 시작되었고(Kirschenbaum, 2009), 마틴 부버Martin Buber, 폴 틸리히Paul Tillich와 라인

치료적 속성으로서의 긍정적 존중의 측정은 부분적으로 따뜻함, 수용, 존중, 지지와 동일하거나 유사한 개념을 지칭하는 데 사용되는 여러 가지 다른 용어 때문에 다소 불규칙한 과정을 거쳤다. 실제로, 로저스(1957)는 긍정적 존중을 내담자의 경험에 대한 '따뜻한 수용'이라고 묘사했다(p. 829). 트룩스와 카커프(Truax & Carkhuff, 1967) 척도에서 긍정적 존중의 낮은 점수는 내담자에게 조언하기 및 내담자의 책임을 떠맡기와 일치했고, 긍정적 존중의 높은 점수는 치료사가 '인간으로서의 가치와 자유인으로서의 권리를 깊이 있게 존경함'을 나타냈다(p. 66).

로저스의 세 가지 치료조건(Barrett-Lennard, 1962)을 모두 측정하도록 설계된 내담자 자기보고 도구에서는 긍정적 존중은 **전반적인** 수준overall level과 존중의 **조건성**conditionality으로 구분했다. 조건성 평가는 내담자가 표현하거나 행동하는 것에 따라 치료사의 동의와 따뜻함이 달라지는지 여부에 초점을 맞춘다. 따라서 치료사는 **전반적인** 긍정적 존중 수준에 대해 높게 평가할 수 있지만 특정한 내용에 대해 동의하지 않을 수도 있다. 이는 로저스가 명백히 치료사들이 내담자의 괴로운 행동과 진술에 **관계없이** 내담자를 존중해야 한다고 분명히 의도했기 때문에 흥미롭다. 치료사의 긍정적 존중의 조건성은 하위 척도로서 신뢰도와 타당도가 떨어지기 때문에 많은 연구에서 바렛-레나르드 관계척도Barrett-Lennard Relationship Inventory : BLRI[3]를 사용할 때 이 하위 척도가 종종 제외되었다(Barnicot, Wampold, & Priebe, 2014). 전반적인 긍정적 존중 척도는 내적 일관성이 우수하고(=0.91), 다양한 치료과정 연구에서 합리적인 신뢰도와 타당도를 가지고 있어 치료사의 긍정적 존중을 측정하는 표준이 되었다. 하지만 이 척도는 치료사가 긍정적 존중을 나타낼 수 있는 행동을 구체적으로 명시하지는 않았다.

홀드 니부어Reinhold Niebuhr와의 대화에서 영적인 유사점을 공개적으로 탐구했다(Kirschenbaum & Henderson, 1989).

3) 역주: 바렛-레나르드 관계척도의 하위 척도는 존중 수준level of regard, 공감empathy, 진정성congruence, 존중의 무조건성unconditionality으로 구분된다.

긍정적 존중의 태도

정확한 공감 및 수용과 마찬가지로, 긍정적 존중은 치료사의 경험적 측면과 내담자에게 긍정적 존중 전달법을 포함한다. 긍정적 존중의 내적인 경험 요소는 치료사의 사고방식인 인지적 · 정서적 성향이다. 가장 일반적인 의미에서 이러한 치료사의 성향은 내담자에 대한 존중과 자비심의 태도이며, 내담자의 웰빙과 최선의 이익에 대한 약속이다. 긍정적 존중은 이 책에서 설명된 모든 관계적 요소의 실천을 위한 연민적 맥락이다. 예를 들어, 제품을 판매하거나 경쟁 우위를 확보하기 위해 숙련된 공감적 경청을 연습하는 것이 가능할 수 있다. 하지만 상담과 심리치료에서 치료적 기술은 내담자의 웰빙과 최선의 이익을 증진하려는 의도로 사용된다.

로저스(1959)는 무조건적인 긍정적 존중을 치료사의 '따뜻함, 호감, 존중, 동정'이라는 태도로 설명했다(p. 208). 그는 병리적인 측면보다 긍정적인 성장에 초점을 맞추었으며, 이 태도는 최근의 긍정심리학 발전에도 반영되어 있다. 긍정심리학은 인간의 행복, 미덕 그리고 웰빙에 대한 연구에 초점을 맞춘다(Peterson & Seligman, 2004; Rashid & Seligman, 2018; Seligman, 2012). 로저스는 사람들이 건강과 긍정적인 성장을 위한 강력한 본성적 동기를 가지고 있다고 믿었다. 따라서 그는 자신을 전문적인 치유자로 보지 않았으며, 어려운 상황에서도 치유를 하고 성장할 수 있는 내담자의 타고난 능력을 지켜보는 특권을 가진 증인으로 여겼다. 내담자의 지혜에 대한 인식과 존중은 긍정적 존중의 중요한 요소이다.

긍정적 존중 전달 방법

긍정적 존중의 외적 측면은 행동적인 표현이다. 내담자가 긍정적 존중을 경험하는 것도 좋지만, 치료사가 말과 행동을 통해 긍정적 존중을 전달한다면 더 좋다. 긍정적 존중은 내담자의 긍정적인 부분을 소중히 여기고 인정하는 것을 포함한다. 치료사는 내담자의 강점, 성취, 의도, 미덕 등과 같은 좋은 점을 기대하고 인정하게 된다. 의기소침한 내담자의 경우 현재 자신에게 보이지 않는 좋은 점을 치료사가 인식하고 전달한다. 긍정적 존중은 문제에 초점을 맞추지 않고 내담자의 강점과 능력에 초점을 맞추는 습관을 기르는 것이다. 다음은 치료사의 긍정적 존중의 몇 가지 예이다.

- "오늘 이야기하기 어려운 주제를 피하지 않으셨네요. 용기를 내셨다고 생각합니다."
- "OO 님이 겪은 모든 어려움에 대해 이야기하면서 무엇이 저를 놀라게 하는지 아세요? OO 님은 진정한 **생존자**입니다. 많은 어려움을 겪었지만 여전히 여기에 있습니다."
- "이번 주에 술을 마시지 않기로 했는데 술을 전혀 마시지 않고 **5일**을 보내셨네요. 놀랍네요. 어떻게 그렇게 하실 수 있으셨어요?"
- "자녀를 정말 사랑하고 있고, 자녀를 지키기 위해 할 수 있는 모든 일을 하길 원하시는군요."

긍정적 존중 진술은 일반적으로 '저는, 나는I'이 아닌 '당신은you'으로 시작한다. '나'로 시작할 때 비록 판단이 긍정적일지라도("저는 ○○ 님이 자랑스럽습니다.") 본질적으로 평가하게 된다. "저는 ○○ 님이 정말 잘하고 있다고 생각합니다."라고 말하는 것 또한 적어도 부분적으로는 내담자에게서 치료사로 초점을 옮기게 된다. "○○ 님은 정말 잘하고 있어요."라고 말하는 것이 더 낫고 간단하다.

> 긍정적 존중은 내담자의 긍정적인 부분을 알아주고 인정하는 것을 포함한다.

그렇다면 치료사의 어떤 반응이 긍정적 존중을 전달할까? 치료사의 긍정적 존중 표현Psychotherapist Expressions of Positive Regard: PEPR 척도에서는 치료사의 언어적 및 비언어적 행동에 대해 내담자에게 묻는 문항이 포함되어 있다. PEPR 척도는 단순인정simple affirmations("만나서 반가워요." "좋은 상담이었습니다.")뿐만 아니라 구체적인 행동("치료사는 내가 울기 시작했을 때 나에게 휴지를 건넸다." "치료사는 내가 잘하는 일에 자부심을 가지도록 격려했다.")과 시간이 지남에 따라 여러 상호작용에 반영되는 보다 일반적인 치료사의 태도("현재 경험과 과거의 내 행동 사이에 치료사가 연결을 만들어 주었다." "치료사는 내가 자주 약하다고 생각하는 부분을 새로운 관점으로 이해하도록 도와주었다.")를 포함한다. PEPR 척도의 요인분석에서 신뢰성 높은 두 가지 요인이 도출된다. 첫 번째 요인인 '지지적/돌봄적 진술supportive/caring statements'은 치료사가 내담자에게 따뜻함과 안도감을 표현하기 위해 말할 수 있는 구체적인 말이다. 두 번째 요인인 '독특한 반응성unique responsiveness'은 치료사가 개인으로서 내담자에게 깊은 주의를 기울이고 있고, 상담에서 가치 있는 것을 발견했다는 느낌을 반영한다. 그러나 첫 번째 요인의 모든 문항이 직접적인 치료사의 진술인 반면, 두 번째 요인은 "치료사는……"으로 시작하는 문항들로만 구성되어 있다는 점에서, 이 두 요인은 단순히 문항 구조의 방법적 차이를 반영할 수 있다.

세 번째 신뢰성이 낮은 요인인 '친밀감/개방intimacy/disclosure'에는 경계위반boundary violations으로 볼 수 있는 특정 문항이 포함된다. 치료사가 내담자를 포옹하는 것, 내담자의 어깨에 손을 올리는 것, 슬픈 이야기에 감동하여 눈물을 보이는 것, 개인적인 이야기를 나누는 것, 내담자의 외모 변화를 알아차리는 것, 특히 힘든 상담 후에 상담 외부에서 내담자를 만나서 확인하는 것과 같은 구체적인 행동이 그것이다. 처음 두 가지 요인과 달리 이 세 번째 요인은 바렛-레나르드 척도로 측정했을 때 긍정적 존중과 **부정적인** 상관관계가 있었다.

요약하면, 긍정적 존중이 높은 치료사는 전반적으로 따뜻함, 존경, 지지를 내담자에게 전달한다. 이와 관련이 있지만 별개의 개념은 제4장에서 다룬 비판단적 수용이다. 이것은 내담자가 표현하는 내용에 따라 긍정적 존중이 달라지는지 여부이다. 아마도 이것은 긍정적 존중 전달 조합으로 내담자가 이야기한 특정한 내용에 대한 반대 또는 비수용 메시지를 선택적으로 포함할 것이다. 치료사의 긍정적 존중과 비수용 반응을 별도로 측정하는 것이 무조건성 하위 척도보다 더 신뢰성 있게 나타날 수 있다.

인정

인정affirmation은 긍정적 존중을 직접 전달하는 방법이며 내담자의 강점과 긍정적인 행동, 특성을 알아차리고 말하는 것을 모두 포함한다. 내담자에 대한 인정은 정직하고 솔직하게 표현해야 한다. 제3장에서 살펴본 반영reflections처럼, 인정도 단순인정simple affirmations과 복합인정complex affirmations으로 구분될 수 있다. 단순인정은 인지적이거나 감정적인 노력이 들지 않아 상대적으로 제공하기 쉽고, 긍정적인 존중과 감사를 엿볼 수 있다. 또한 쉽게 제공할 수 있기 때문에 단순인정도 남용될 수 있으며, 의도가 좋더라도 솔직하지 않게 느껴질 수 있다. 이러한 단순인정은 치료사가 정확히 어떠한 점에서 내담자를 인정하고 있는지 직접적으로 전달하지 않을 수 있다. 단순반영과 마찬가지로 단순인정을 많이 활용하면 치료적 관계의 깊이가 제한될 수 있다.

> 인정은 내담자의 강점과 긍정적인 행동, 특성을 알아차리고 말하는 것을 모두 포함한다.

복합인정은 치료사에게 더 많은 노력을 요구한다. 복합인정은 강점에 대한 경청, 한 사람으로서 내담자에게 감사하고 존경할 수 있는 것을 찾는 것을 요구한다. 치료적 상황에서 빠르게 나타날 수 있는 세부사항과 문제들 속에서 내담자를 인정하는 것을 잊기 쉽다. 하지만 저자들은 진정성 있는 인정genuine affirming을 숨 쉬는 것처럼 자연스럽게 이야기하는 치료사들을 알고 있다. 아마도 독자 역시 그럴 것이다. 대부분의 경우, 내담자의 여러 문제 속에서도 긍정적인 측면에 주의를 기울이고 이야기하는 기술은 점진적으로 습득되는 실천이다. 인정은 습득될 수 있는 상담 기술이다(Muran, Safran, Eubanks, & Gorman, 2018). 본질적으로 복합인정은 긍정적인 것에 대한 내적이고 안정적인 (특성) 속성이다(Weiner, 2018). 다음은 복합인정의 예이다.

- "오늘 상담에 오고 싶지 않았지만 아내에 대한 사랑이 결정하는 데 도움이 되었군요. OO 님이 아내분을 정말 아끼시는군요."
- "극복해야 했던 이전의 모든 어려움들과 지금의 어려움 속에서도 계속해서 나아가고 계시네요. 힘든 상황에서도 굳건하게 노력하시는 분이시군요."
- "정말 창의적인 아이디어네요. 다른 사람들이 생각하지 못할 해결책을 찾는군요."
- "약속을 지키는 사람이군요. OO 님이 누군가에게 약속을 하면, 그들이 OO 님을 믿고 의지할 수 있다는 걸 압니다."

본질적으로, 인정은 치료사가 내담자의 현재 경험과 더 오래 지속되고 감탄할 만한 내담자의 것을 연결하는 것이다. 이러한 관점으로 내담자를 볼 때 내담자는 격려를 받고, 용기를 얻고, 낙관적이 되며, 기꺼이 위험을 감수하거나 어려운 선택을 할 수 있도록 도울 수 있다. 물론, 이런 일은 교사, 코치 또는 친구와 같은 많은 종류의 관계에서 일어날 수 있다. 소중히 여기고 감사를 받는 것은 깊은 경험이 될 수 있다.

내재된 긍정적 존중

긍정적 존중은 직접적인 말로 표현하는 인정verbal affirmations 외에도 여러 가지 방법으로 전달된다. 내담자는 치료사의 말보다 **행동**을 더 중요하게 생각할 수 있다(Suzuki & Farber, 2016). 예를 들어, 치료사가 잘 경청해 주거나 상담 예약을 융통성 있게 조정해 주면 내담자는 중요하게 느낄 수 있다. 긍정적 존중은 부분적으로 비판단적 수용(제4장)을 통해 전달되며, 사람이 의미하는 바를 이해하는 데 시간을 들이는 정확한 공감(제3장)을 통해 전달된다. 이러한 치료사의 행동들은 직접 말로 표현하지 않아도, '당신은 가치 있고 소중한 사람입니다'라는 메시지를 전달한다.

여기 긍정적 존중의 내적 측면과 외적 측면 사이에 연결성이 있다. 내담자에 대한 긍정적이고 수용적이며 낙관적인 태도를 가진 치료사는 직접적인 인정을 넘어 내재된 상호작용적인 긍정적 존중 표현을 전달할 가능성이 더 높다. 이는 현재 내담자의 강점, 노력 및 성취에 대한 지속적인 이해에서 비롯된다.

저자들은 긍정적 존중의 내적인 낙관적인 태도는 훈련이나 이 책을 읽는 것으로 쉽게 가르쳐지지 않는다고 생각한다. 그러나 좋은 소식은 치료사가 내담자로부터 이를 배울 수 있다는 점이다. 어려운 인간적 경험을 겪는 내담자와 함께하면서 **그들 안에서 좋은 면을 찾아내는 것**은 인간의 회복력을 더욱 깊게 이해하게 해 주고, 다음 내담자와 그다음 내담자에게 더 좋은 긍정적 존중을 하는 역량을 갖출 수 있게 해 준다. 맞은편에 앉아 있는 내담자의 긍정적인 면을 찾는 노력은 언제나 헛되지 않다.

인정이 해가 될 수 있는가

일부 심리치료 학파에서는 치료사의 인정을 경계하는 경우가 있다. 젤소와 카니넨(Gelso & Kanninen, 2017)이 설명했지만 지지받지 못한 이유 중의 하나는 내담자가 인정받는 것이 자아성찰을 방해하여 다른 사람으로부터의 승인이 필요한 단계를 넘어서 성숙해지는 데 도움이 되지 않을까 하는 우려이다. 치료사는 내담자가 미성숙하고 신경증적 욕구를 충족시키지 않음으로써 보다 성숙한 방식으로 성장할 수 있기를 희망한다. 이러한 승인을 거부하는 접근은 정신분석학의 일반적인 설명 중 하나이지만, 따뜻하고 상호작용이 있는 분석가들은 이러한 고정관념을 비판한다. 인정하지 않고 보류하는 것이 내담자를 성숙하게 할 수 있다고 생각할 수 있지만 저자들은 이를 뒷받침할 임상적인 과학적 근거는 없다고 알고 있다. 반면, 인정과 긍정적 존중 표현이 내담자의 더 나은 결과와 관련이 있다는 충분한 근거가 있다(이 장의 마지막 부분에서 검토되었다). 인정을 거부하거나 유보하는 접근과 긍정적으로 인정하는 접근 사이에서 선택할 때, 저자들은 후자를 선호한다.

물론, 인정이 좋지 않은 결과를 초래할 수도 있다. 얕거나 부정확한 인정은 공허하고 진정성이 없는 칭찬으로 여겨져 역효과를 낳을 수도 있다. 또한 내담자와 문화 전반에 걸쳐 인정에 대한 반응에 차이가 있을 것이다. 심리치료를 시작할 때 조종manipulation에 대한 불신을 가진 내담자는 초기 긍정적인 인정에 경계심을 가질 수 있다. 여기 명백한 주의점은, 저자들이 설명하는 다른 기술들과 마찬가지로 내담자가 어떻게 반응하는지 주의 깊게 관찰하는 것이다. 일부 내담자의 경우에는 치료사가 진정성, 수용, 공감을 통해 긍정적 존중을 표현할 기회를 심리치료 초반에 **얻어야** 할 수도 있다. 인정은 치료사의 임상적 판단과 내담자의 피드백에 따라 가감되어야 한다. 인정에 관한 대인관계 규범은 다양하다. 어떤 문화나 하위문화에서는 따뜻함과 감사의 표현이 흔하지만, 다른 문화에서는 그렇지 않을 수 있다. 인정의 의미 해석은 다양할 수 있다. 인정이 조종manipulation이나 위장된 비판disguised criticism으로 해석될 수 있다. 하지만 만약 인정이 잘못 전달되거나 효과가 없다면, 내담자의 반응에 주의를 기울임으로써 알게 될 가능성이 높으며 작업동맹의 단절을 복구하기 위해 조정할 수 있다(Rubino, Barker, Roth, & Fearon, 2000; Safran, Crocker, McMain, & Murray, 1990). 어쨌든 내담자의 강점을 인식하고, 감탄하고, 소중히 여기는 내적 경험을 유지하는 것이 중요하다.

대부분의 치료적 대인관계 기술과 마찬가지로 긍정적 존중 표현에도 황금률의 균형이 필요하다. 즉, 내담자에게 너무 많지도 너무 적지도 않고, 적당한 양이 필요하다. 또한 인정의 방법에도 많은 기술이 필요하다. 예를 들어, 몸을 앞으로 기울이거나, 내담자를 응시하거나, 부드러운 목소리로 말하는 등의 **방법**이 있다.

다음 사례는 2형 당뇨병을 진단받은 여성이 건강행동과 생활습관 변화를 위한 상담에 의뢰된 첫 회기이며, 공감적 경청과 수용을 결합한 긍정적 존중의 대화 예이다.

내담자: 이 모든 상황이 낯서네요. 제가 당뇨병 진단을 받은 것이 믿기지 않아요. 전 괜찮거든요.

치료사: 당뇨병 진단으로 정말 놀라셨군요. 여태까지 건강했고 앞으로도 그렇게 지내고 싶으시군요.

내담자: 맞아요. 제 몸 상태는 꽤 좋아요.

치료사: **이미** 스스로 잘 돌보고 건강을 유지하기 위해 노력하고 계셨군요. 당뇨병 진단을 예상하지 못했고요.

내담자: 의사가 당뇨병이 아니라 당뇨병 전 단계일 수도 있다고 했어요.

치료사: 아직 그렇게 심각하지 않을 수 있다는 희망을 가지고 계시군요.

내담자: 모르겠어요. 만약 당뇨병이라면 심각하지 않은 척하고 싶지는 않아요.

치료사: 정확히 알고 싶고, 건강하게 잘 지내기 위해 할 수 있는 일을 생각하고 있으신 것 같네요.

내담자: 네, 그것이 저에게 중요해요.

치료사: 좋네요. 왜냐하면 건강하게 변화하는 데 도움이 될 것을 가장 잘 알고 있는 사람이 당신이기 때문입니다.

내담자: 변화에 대해 생각해 보았어요.

치료사: 벌써요! 이것에 대해 좀 여쭈어 볼게요. 지금까지 살면서 중요한 변화를 해야 했던 때가 궁금합니다. 그것은 건강에 관한 것이 아니어도 되고, 단지 당신이 직면한 중요한 어려운 일 중에 약간의 변화가 필요했던 때가 있으셨나요?

내담자: 제 이혼처럼요?

치료사: 맞아요. 어떻게 대처했었나요?

내담자: 많은 일을 혼자서 배워야 했어요. 이전에 많이 해 본 적이 없는 일들이

없어요.

치료사: 보다 독립적으로 변화하며 새로운 일들을 해낼 수 있었군요.

내담자: 네, 그런 것 같아요. 그럴 수밖에 없었죠.

치료사: 그래서 뜻밖의 일이 생겼을 때 해야 할 일과 어떻게 할지를 찾아내는 분이시군요.

여기에 각각의 반응에 대한 치료적 기술을 파악하는 것에 대해 걱정하지 않아도 된다. 공감적인 반영empathic reflection은 수용이나 인정처럼 들릴 수도 있다. 이 대화에서 치료사는 내담자의 강점, 동기, 긍정적인 노력, 선택의 자유를 강조하고 있다.

긍정적 존중과 인정에 관한 연구

메타 분석에서 긍정적 존중이 치료 효과에 약간의 긍정적 효과 크기(g=0.27–0.28)를 나타냈다(Farber & Doolin, 2011a; Farber, Suzuki, & Lynch, 2018). 64개의 연구에서 중복된 데이터와 연구 샘플을 통제한 이후 분석에서는 효과 크기가 중간 수준(g=0.36)으로 상승했다. 그러나 이 효과 크기는 정확한 공감(제3장), 진정성(제6장)에 대한 추정된 효과 크기보다 다소 작은 편이다. 우울증 치료에 관한 임상 연구(Barnicot et al., 2014)에서 치료사의 긍정적 존중은 내담자의 치료 효과를 예측하지 못했지만, 진정성과 공감은 치료 효과를 예측했다.

왜 이러한 변동성이 있을까? 부분적으로 낮은 예측력은 긍정적 존중의 다양한 정의와 관련이 있을 수 있다. 치료사의 인정은 신뢰성 있게 관찰 가능한 실천 행동을 기반으로 볼 때 긍정적 존중보다 더 구체적인 요인이다. 심리 연구에 따르면 인정(자기인정 포함)은 내담자의 방어를 감소시키고, 잠재적으로 위협적인 정보를 고려하고 행동을 변화시키는 데 도움을 주는 경향이 있다(Critcher, Dunning, & Armor, 2010; Epton, Harris, Kane, van Konigsbruggen, & Sheeran, 2015; W. M. P.

Klein & Harris, 2010).

반영(제3장)과 마찬가지로 어떠한 내용을 인정하는지도 분명히 중요하다. 긍정적 강화 원칙에 따라 진술 후 치료사 인정을 받은 내담자는 같은 종류의 진술을 계속할 가능성이 더 높아진다. 이는 부적응적 내용에도 해당된다(Karpiak & Benjamin, 2004). 동일한 연구에서는 내담자의 진술에서 '부적응적maladaptive' 내용을 치료사가 인정할 경우, 인지행동치료에서 12개월 후 치료 효과가 더 나빠지는 것으로 예측되었다.

조건부 확률 연구conditional probability study에서 치료사의 인정은 지속적인 음주를 옹호하는 내담자의 진술(유지대화sustain talk)이 뒤따를 가능성이 유의하게 **낮았고**, 내담자의 변화대화change talk가 뒤따를 가능성이 더 높았다(Apodaca et al., 2016). 즉, 문제행동 변화에 대한 내담자의 관심 증가와 현재 상태에 대한 방어 감소는 치료사의 인정 이후에 나타났다.

긍정적 존중과 인정은 온라인 치료에서도 긍정적인 치료 영향을 주는 것으로 보인다. 프레드릭 홀랜더Fredrick Holländare와 동료들(2016)은 우울증에 대한 인터넷 기반 인지행동개입 중 치료사의 인정과 격려 행동이 내담자의 개선과 유의미한 관련이 있음을 발견했다.

변증법적 행동치료Dialectical Behavior Therapy: DBT의 창시자인 마샤 리네한Marsha Linehan은 주목할 만한 임상 연구를 발표했다. 아편의존과 경계성 성격장애 진단기준을 모두 충족하는 여성들을 무작위로 변증법적 행동치료 또는 포괄적 타당화치료Comprehensive Validation Therapy: CVT라는 새로운 비교 치료와 12단계 프로그램에 참여하도록 배정되었다(Linehan et al., 2002). 물론, 모든 내담자는 아편유지치료법을 제공받았고 12단계 프로그램에 자유롭게 참석할 수 있었다. CVT는 치료사의 따뜻함, 진정성, 수용 기반 전략 및 인정을 포함한 DBT의 '비지시적nondirective' 구성요소를 포함했지만 DBT의 지시적인 행동 절차는 없었다. CVT(및 DBT)의 인정 구성요소는 다음과 같이 설명되었다. "치료사는 치료 회기에서 유효한 반응을 보거나 상담회기 밖에서의 유효한 반응을 보고하면 즉각적으로 타당화[4]로 반응한다." (p. 24) 연구자들은 행동치료를 적용하기 이전의 노력이 "포괄적인 타당화를 치료에 추가하기 전까지 효과적이지 않았다고 언급했는데, 이는 타당화가 핵심적인 치료 요소일 수 있다는 것을 시사한다."(p. 16)라고 했다. 이런 의미에서 이것은 CVT를 넘어 구체적인 치료적 구성요소의 부가적인 영향을 검증하는 해체 연구였다.

두 치료는 치료와 사후관리 16개월 동안 아편 사용을 줄이는 데 유사하게 효과적이었고, 8~12개월 동안 DBT에 약간의 이점이 있었다. CVT 치료를 받는 내담자들 중 치료 기간 동안 탈락자가 없었는데, DBT 내담자들 중 36%가 중도탈락을 했다. 정신병리 증상과 자해 행동의 감소는 상당했는데 두 치료 그룹 간에는 차이가 없었다. 종합하면, DBT 전체 프로그램은 DBT의 인정/타당화 구성요소보다 더 효과적이지 않았다.

핵심 포인트

- 정확한 공감, 진정성과 함께 로저스는 무조건적인 긍정적 존중을 긍정적인 변화를 촉진하는 데 필요한 세 가지 치료조건 중 하나로 설명했다.
- 치료사를 위한 긍정적 존중의 경험적(내적) 측면은 내담자의 강점과 성장 잠재력을 예측하고 평가하는 무조건적인 존중과 자비로운 성향이다.
- 긍정적 존중의 외부적인 측면은 긍정적 존중을 내담자에게 전달하는 실제 행동 표현과 관련이 있다.
- 인정은 내담자의 방어는 낮추고, 더 나은 작업동맹 및 치료 효과와 관련된 신뢰할 수 있는 실천 행동이다.
- 단순인정은 특정 내담자의 행동에 대해 언급하는 반면, 복합인정은 내담자의 긍정적인 강점과 특성에 초점을 맞춘다.

4) 역주: 변증법적 행동치료는 문제해결 전략과 타당화 전략으로 구분되며, 치료사가 내담자의 감정과 생각, 행동과 목표의 진실한 측면에 주목하고 인정하는 것이 타당화이다.

제6장 진정성

일부 전문 조력자의 경우, 주관적인 감정적 반응에 영향을 받지 않고, 객관적이고, 전문적 거리를 유지하고, 편견이 없는 상태를 유지할 것으로 기대된다. 예를 들어, 판사에게 일반적으로 즉흥적이거나, 감정적이거나, 속이 뻔히 들여다보이거나, 재미있을 것으로 기대하지는 않는다. 치과 의사나 형사에 대해서도 같은 말을 할 수 있지만, 투명성transparency은 전문 포커 플레이어에게 적합하지 않다. 일부 직업에서는 특히 개인적인 접촉이 간헐적이거나 드물 때, 일을 진지하게 하는 것은 대부분 진정한 자아genuine self의 측면을 인간 교류에서 멀리하는 것을 의미한다. 이 거리는 수행해야 할 업무를 위해 필요한 객관성을 제공한다. 개인적인 관계는 일에 필수적이지 않으며 심지어 방해가 될 수도 있다.

한편, 다른 전문직에서는 진정성genuineness이 하나의 자산이다. 예를 들어, 우수한 교사와 멘토는 자신의 일을 진지하게 여기면서도 자신의 인간성을 살려낸다. 그들은 전문적 경계와 진정성 사이에서 균형을 유지한다. 어느 정도의 객관성은 필수적이며, 지켜야 할 전문적인 경계가 있지만 진정성의 부족은 치료 효과를 개선하는 작업동맹을 약화할 수 있다.

수용(제4장)과 마찬가지로, 진정성의 본질은 진정성이 부재 시 가장 명확하다. 진정성의 반대는 어떤 면에서 자신을 숨기는 것을 의미한다. 진정성이 없으면 조력자는 종종 전문가나 객관적인 관찰자 역할에 집착할 수 있다. 부분적으로 자기를 보호하기 위해 예의를 갖추거나, 적당히 거리를 두거나, 완전히 객관적으로 보이려고 할 수 있다. 즉, 그들은 전문적인 상호작용에서 자신을 너무 많이 배제한다. 처음 내담자를 만나는 임상 훈련 프로그램의 학생을 생각해 보자. 불안감, 자신감 부족, '가면 증후군imposter syndrome'을 경험하는 것은 진정성을 제한할 수 있고, 경직되고 인위적인 모습을 만들어 낼 수 있다. 다행히도 대부분의 치료사는 자신을 숨기고 싶은 욕구에서 벗어나 내담자와 작업하는 데 자신의 인간성humanity의 귀중한 측면을 활용하는 방법을 배운다.

> 진정성의 반대는 자신을 숨기는 것을 의미한다.

의사는 이러한 직업적 균형을 잘 보여 준다. 의료 환경에서 환자는 돌봄제공자에게 어느 정도의 객관성, 전문적 역량 및 자신감을 기대한다. 환자는 전문가가 과학적 문헌을 계속 접하고 자신의 건강에 가장 도움이 되는 조언이나 치료를 제공하기를 원한다. 거리감이 있지만 유능한 치료사와 친절하지만 무능한 치료사 중 한 명을 선택해야 한다면 대부분의 사람은 전자를 선호할 것이다. 고맙게도 전문가는 유능성과 진정성을 모두 가질 수 있기 때문에 한 가지 선택은 불필요하다(Gordon & Edwards, 1997). 실제로 관계를 잘 형성하고 경청하는 의사는 환자가 자신의 조언을 잘 따르고 건강한 결과를 얻을 가능성이 높다(Rakel, 2018; Rollnick, Miller, & Butler, in press).

치료사의 진정성은 자신을 덜 숨기고 대신 자신만의 독특하고 진정한 방식으로 반응할 때 커진다(Gelso & Carter, 1994). 존재, 실제 관계, 개방성, 정직함 그리고 거짓되지 않음은 자신을 숨기지 않고 내담자를 위해 자신을 감추지 않는 전문가의 특성을 묘사하는 데 사용되는 용어이다(Geller & Greenberg, 2018; Kolden, Klein, Wang, & Austin, 2011; Weinraub, 2018). 자발성, 유머, 취약성의 특성은 내담자와의 작업동맹을 촉진한다. 실제로 이것은 치료사가 ① 내담자와의 내적 경험을 인식하고, ② 내담자의 이야기가 전개될 때 감정적으로 참여하고, ③ **내담자에게 도움이 될 때** 자신의 경험, 생각, 감정 및 가치를 기꺼이 공개하려는 것을 의미한다(Schnellbacher & Leijssen, 2009). 다시 말해, 진정성은 겉모습 뒤에 숨어 있는 것이 아니라 치료사로서의 개인을 정면으로 드러내는 것을 의미한다(Lietaer, 2001a).

칼 로저스의 세 가지 치료조건 중 진정성 연구가 가장 적게 연구되었지만, 조력 관계 내에서 측정할 수 있으며 치료 성공과 관련이 있다(Grafanaki, 2001; Truax & Carkhuff, 1976). 이를 측정하기 위한 관찰 평가 척도와 행동 평가 척도가 모두 있다.

치료사의 진정성에 대한 최초의 척도는 찰스 트룩스와 로버트 카커프(1967)가 고안한 척도였으며, 일반적으로 오디오 테이프를 통한 심리치료 회기 관찰에 기반했다. 비소유적 따뜻함nonpossessive warmth[1)]과 정확한 공감에 대한 다른 평가 척도와 마찬가지로 진정성 척도는 상담사를 다섯 가지 수준 또는 단계 중 하나로 평가한다. 가장 낮은 진정성 수준에서는 명백한 방어적 태도가 있으며, 치료사의 말과 경험 사이에 명백한 불일치가 있다(예, "나 화 안 났어!"라고 외치는 것). 약간 더 높은 진정성 수준(레벨 2)은 '인위적이거나 연습한' 것처럼 들리는 '개인적인 방식보다는 전문적인 방식'으로 반응하는 것을 가리킨다. 중간점수 이상의 진정성 수준(레벨 4)에서는 방어적인 태도(명시적 또는 암묵적)가 없거나 경험과 자기보고 사이에 명백한 불일치가 없다. 가장 높은 진정성 수준(레벨 5)에서는 방어적이거나 거리감이 있는 전문적 태도가 적을 뿐만 아니라 자기 자신의 감정과 경험에 일치하는 자기다운 모습을 보여야 한다.

자기보고식 설문지를 통해 임상가의 진정성을 포착하는 가장 일반적인 두 가지 척도는 바렛-레나르드 관계척도Barrett-Lennard Relationship Inventory: BLRI(Barrett-Lennard, 1962)와 진정한 관계척도Real Relationship Inventory: RRI(Kelley et al., 2010)이다. BLRI는 치료사(자기 평가)와 내담자(치료사에 대한 평가) 모두가 작성할 수 있다. 예를 들어, BLRI는 치료사에게 자신을 평가하도록 한다. "나는 (내담자에게) 내 생각과 감정을 기꺼이 말한다." 반면 내담자 버전은 "(치료사는) 자신의 생각과 감정을 기꺼이 나에게 말한다."라고 묻는다. 마찬가지로 RRI에는 회기 내 치료사의 행동에 초점을

1) 역주: 칼 로저스의 인간중심치료의 세 가지 치료 원리인 정확한 공감, 진정성, 무조건적인 긍정적 존중 중에서 '무조건적인 긍정적 존중'의 다른 표현이며, 비소유적 온화함, 비소유적 따뜻함으로 번역되기도 한다.

맞춘 항목이 포함된 두 가지 버전이 있다(예, "치료사는 자신의 진정한 자아를 억제하고 있었다").

진정성과 관련된 행동 측정은 치료사의 자기개방이다. 이에 대해서는 추후 진정성 있는 의사소통을 통해 논의할 예정이다.

일치성: 진정성의 내적 경험

치료적인 진정성genuineness은 내적 요소와 외적 요소를 모두 가지고 있는 것으로 이해될 수 있다(Kolden et al., 2011; Lietaer, 2001a, 2001b). 우리가 '일치성congruence' 이라고 부르는 내적 또는 경험적 구성요소는 진정성의 외부적 발현을 위한 필요조건이지만 충분조건은 아니며, 이를 우리가 '진실성authenticity'이라고 부를 것이다(일치성과 진실성은 때때로 진정성의 동의어로 사용된다).

타인 수용(제4장)과 자기 수용 사이에는 직접적인 관계가 있으며, 이는 다시 일치성과 관련이 있다. 자신의 경험이 불편하다면, 다른 사람이 그들의 경험을 수용하고 통합하도록 돕기 어렵다. "내가 강점과 약점을 가진 한 사람으로 수용되고 사랑을 받는다는 것을 알게 될 때, 그리고 내 안에 독특함의 비밀을 지니고 있다는 것을 알게 될 때, 그때 나는 다른 사람들에게 개방할 수 있고, 그들의 비밀을 존중할 수 있게 된다."(Vanier, 1998, p. 82)

일치성은 사람의 자기 인식과 그들의 실제 경험 사이의 수렴 정도이다. 로저스(1957)는 내담자와 치료사 모두, 그리고 일반적인 사람들을 위한 정신건강의 지표로서 일치성의 개념을 적용했다. 로저스의 이론에서 고통과 병리의 원인인 불일치incongruence는 자신이 실제로 느끼고, 생각하고, 행하는 것을 받아들이지 않는 것을 의미한다. 이런 의미에서, 불일치는 칼 융Carl Jung의 그림자 개념과 유사하며, 자아의 일부로서 부인되거나 완전히 의식되지 않는 측면을 나타낸다(Jung, 1957; Jung, Read, Adler, & Hully, 1969). 자신의 불완전함을 수용하지 못하면 다른 사람의 이러한 특성을 보지 못하거나 투사하게 된다. "당신이 그것을 발견한다면, 당신은 그것을 얻은 것이다you spot it, you got it."라는 간결한 속담이 있다. 상담사의 자기 수용은 공감과 따뜻함과 같은 다른 핵심 치료조건을 경험하고 전달하기 위해 필수적으로 여겨진다(Truax & Carkhuff, 1976).

조력 관계 맥락 안에서, 일치성은 또한 상담회기 중 내담자가 당신에게 어떻게 영향을 주는지 실시간으로 인식하고, 그 순간에 떠오르는 자신의 감정과 인상을 수용하는 것을 포함한다. 여기서 일치성은 내담자에 대한 치료사 자신의 감정과 반응, 즉 정신역동적 개념인 역전이와 겹친다(Wilkins, 2000). 내담자에 대한 자신의 반응에 대한 자기인식은 책임 있는 실천의 중요한 구성요소이다(Burwell-Pender & Halinski, 2008; Pieterse, Lee, Ritmeester, & Collins, 2013).

진실성: 진정성을 전달하는 방법

자신의 경험과의 일치성은 조력 관계를 포함한 대인관계에서 의사소통하는 방식과 다르다. 내적 경험을 인식하고 수용한다고 해도, 의식적으로든 무의식적으로든 내담자에게 가면을 쓸 수 있다. 대인관계 특성인 진정성은 **이** 시간에 **이** 관계 내에서 본인의 경험을 진정성 있게 제시하는 것을 포함한다. 반면 자기은닉self-concealment은 다양한 부정적인 건강 결과와 연관되어 있다고 알려져 있다(Larson, Chastain, Hoyt, & Ayzenberg, 2015).

치료적 진정성의 목적은 상담회기 내에서 자신의 감정을 통해 작동하는 것이 아니다. 오히려 자신이나 내담자를 속이지 않는 것이 주된 목표이다. 진정성은 치료 목표를 달성하는 데 도움이 되는 방식으로 내담자에게 내면의 경험을 드러낼 수 있는 것이다. 따라서 진정성은 자신의 내적 경험을 인식하고 수용하는 일치성과 자신의 경험을 공감으로 정확하게 전달하는 진실성을 모두 포함한다(Watson, Greenberg, & Lietaer, 1998). 임상 훈련이 이러한 구성요소 중 하나에 영향을 미칠 수 있지만 다른 구성요소에는 영향을 미치지 않을 수 있다는 것은 쉽게 상상할 수 있다. 일치성과 진실성에 대한 인간의 역량은 종종 개인 심리치료를 포함한 삶의 경험을 통해 확장된다.

진정성은 항상 수용, 공감, 긍정적 존중이라는 더 큰 대인관계 맥락 안에서 발생해야 한다. 공감이 없는 진정성은 선물이 아니다. 내담자가 치료사의 공감, 수용, 긍정적 존중을 경험할 때, 이는 솔직함에서 발생할 수 있는 잠재적 어려움을 완화할 수 있다. 투명성transparency은 항상 이러한 더 큰 치료조건에 기초해야 한다(Watson et al., 1998). 진정성은 내담자의 최선의 이익을 위해 내담자에게 일어나는 일에 대한 자신의 반응을 인식하고 공감 필터를 통해 이를 전달하는 능력이다.

정직함과 공감은 때때로 상반된 가치일 수 있다. 조력 전문가는 때로 자신이 정확히 무엇을 생각하거나 느끼는지 말하지 않기를 의도적으로 선택할 때가 있다. 특히 내담자가 취약하거나 심각한 문제에 처해 있을 때 특히 중요할 수 있다. 그럼에도 불구하고, 내담자가 불안정하거나 예민하거나 논쟁적인 경우에도, 여유롭고 공감적이며 수용적이며 솔직하게 반응하는 치료사는 해를 끼치기보다는 도움이 될 가능성이 더 높다. 여기서 중요한 질문은 이것이다. 치료사가 말하지 않는 것이 내담자에게 이익을 주기 위한 것인가? 아니면 치료사 자신의 필요를 충족하기 위한 것인가?

내담자에 대한 부정적인 감정

임상가가 내담자와의 관계에서 진정성 있는 태도보다 거리 두기를 선택하는 일반적인 이유는 때때로 일부 내담자에게 발생할 수 있는 강렬한 부정적 감정을 회피하기 위해서이다. 어떤 면에서 이는 이해할 수 있는 선택이다. 내담자에 대한 좌절감, 혐오감 또는 분노를 느끼는 것은 드문 일이 아니며(Pope & Tabachnick, 1993), 이러한 감정은 치료사가 현명하게 반응하지 않으면 치료 관계에 해를 끼친다(Wolf et al., 2017). 그렇다면 진솔한 치료사는 무엇을 해야 할까? 다행히도, 해결책은 진정성의 특성에 있다.

내담자에 대한 자신의 부정적인 감정을 인식하고 수용할 수 있는 것은 현명하게 대응하는 데 필요한 첫 번째 단계이다. 일치성이 낮은 치료사는 특히 그러한 감정을 인식하고 인정하는 데 어려움을 겪을 것이다. 내담자에 대한 부정적인 감정을 경험하고 인정할 때, 적어도 두 가지 중요한 질문을 고려해야 한다. 첫째, 이러한 감정이 자신의 과거, 성격 또는 가치관과 관련이 있는가? 둘째, 이러한 감정은 다른 사람들이 이 사람과 상호작용할 때 경험할 수 있는 것과 유사한가? 이러한 질문에 답하는 것은 이 과정에서 참여자와 관찰자 모두가 되는 것을 의미하며, 이 자체로써 부정적인 감정의 강도를 완화할 수 있을 것이다.

내담자에 대한 자신의 정상적이고 반사적이며 잠재적으로 유해한 감정을 조절할 수 있는 방법을 개발하는 것이 현명하다(Wolf et al., 2017). 이러한 실천에는 마음챙김(Davis & Hayes, 2011; Kelm, Womer, Walter, & Feudtner, 2014), 치료 방해 행동에 반응하기 위한 구체적인 방법 개발(J. A. Hayes, Gelso, & Hummel, 2011), 치료 관계에서 손상을 개선하고 복구하기 위한 구체적인 방법 개발(Safran et al., 2014)이 포함될 수 있다. 에이브러햄 울프Abraham Wolf와 동료들(2017)이 관찰한 바와 같이, "우리는 이러한 경험과 심리치료에서 다루는 방식이 적어도 부분적으로는 치료사 효과를 설명한다고 믿는다. 즉, 일부 치료사는 다른 치료사보다 더 뛰어난 경우도 있고, 그렇지 않은 경우도 있다. 아마도 내담자에게 부정적인 감정을 경험할 때 치료사의 차이가 있을 수 있다."(p. 176) 내담자와 마찬가지로 부정적인 감정 자체의 존재가 아니라 그 감정에 어떻게 반응하느냐가 치료 효과에 영향을 줄 수 있다.

● 자기개방

상담사의 특정 반응이라는 점에서 보면, 자기개방self-disclosure은 진정성과 논리적으로 관련된 관찰 가능한 행동이다. 그러나 트룩스와 카커프(1967) 척도에서는 가장 높은 수준의 진정성을 가진 치료사라도 단지 자신에 대해 정직하지 않거나 방어적이거나 불일치하는 것을 피하기 위해서 자신의 개인적 감정이나 경험을 공개할 필요가 없었다. 치료사가 자기개방을 해야 하는지, 언제, 무엇을, 어떻게 해야 하는지에 대한 문제는 진정성과 직접적으로 관련이 있는 지속적인 질문이다(Knox & Hill, 2003). 하지만 이러한 문제는 임상 훈련에서 종종 무시되곤 한다. 자기개방의 지혜에 대해서는 의견이 분분하며, 일부에서는 치료사의 **위엄**과 전문적 거리를 저해하거나, 치료사 자신의 욕구를 충족시킬 수 있다고 우려한다(Farber, 2006). 인간중심접근에서 전문적인 거리와 **위엄**은 바람직하지 않으며, 정확히 말하자면 치료적 관계에서 원하지 않는 것들이다.

자기개방에 관한 경험적 연구 결과는 어느 정도 일관적이다. 치료사의 자기개방은 특히 치료사의 인간성이나 내담자와의 유사성이 드러날 때(Henretty, Currier, Berman, & Levitt, 2014; Levitt et al., 2016; Somers, Pomerantz, Meeks, & Pawlow, 2014), 더 나은 치료적 관계와 내담자 치료 효과와 관련이 있었다(Hill, Knox, & Pinto-Coelho, 2018). 일반적으로 자기개방을 하는 사람은 더 호감이 가고, 신뢰할 수 있으며, 더 호의적인 개인적 특성을 가진 것으로 인식되는 경향이 있다(Collins & Miller, 1994).

많은 덕목과 마찬가지로, 치료사의 과도한 투명성은 해로울 수 있다. 치료사는 자신이 생각하고 경험하는 모든 것을 말할 의무가 없으며, 그렇게 하는 것이 상처가 될 수 있기 때문에 해서도 안 된다. 진정성은 심리상담에서 발생하는 생각이나 행동에서 충동성을 따르는 것을 의미하지 않는다. 또한 무례하게 솔직해지는 것을 의미하지도 않는다. 자기개방은 **내담자에게 도움이 될 것으로 예상될 때** 하는 것이 적절하다. 전문 치료사는 자신의 개인적 문제를 심리치료 회기에서 해결하는 공동 내담자가 아니다. 특정한 자기개방이 유익할 것이라고 생각하는 이유가 의식적으로 있어야 하며, 자기개방 이후에 내담자의 반응을 주의 깊게 관찰해야 한다. 사람들이 어떻게 변화하는지 설명하는 이론적 모델은 어떤 유형의 자기개방이 유용할 수 있고, 어떤 자기개방은 말하지 않는 것이 좋은지 안내할 수 있다.

> 자기개방은 내담자에게 도움이 될 것으로 예상될 때 하는 것이 적절하다.

진정성은 부정직dishonesty을 피하는 것을 의미한다. 진정성에서 심각한 위반cardinal violation은 치료사가 실제로 생각하고 느낀 무언가를 생각하거나 느끼지 않은 척하는 것이다. "치료사의 진실함truthfulness은 내담자가 마주한 문제를 받아들이고 변화를 위한 노력을 촉진한다."(Kolden et al., 2011, p. 69) 사실을 부인하는 것은 정직하지 않은 것이며, 내담자는 치료사의 언어적 행동과 비언어적 행동 사이의 불일치로 인해 쉽게 알아차린다. 아마도 가장 중요한 것은 높은 수준의 진정성이 아니라 상담사의 가식이 없는 것일 수 있다(Grafanaki, 2001).

자기개방의 특정 선택 시점은 내담자가 치료사에게 다음 질문을 할 때 발생한다.

- "자녀가 있으신가요?"
- "이런 기분을 느껴 보신 적이 있으세요?"
- "약물을 사용해 보신 적이 있나요?"
- "결혼하셨어요?"
- "술 드세요?"
- "어디에 사세요?"
- "제가 매력적이라고 생각하나요?"

자기개방 여부와 자기개방 내용에 대한 결정은 정보 제공에 대한 치료사 자신의 편안함 정도와 내담자와의 관계에 줄 영향에 대한 치료사의 판단에 따라 결정된다. 개인 정보를 제공하는 것은 심리치료에서 유지해야 할 적절한 경계를 넘어설 수 있다. 자기개방을 거절하거나 거짓으로 이야기하면 작업동맹이 손상될 수 있다. 전문적인 태도는 '항상 공개'와 '절대 공개하지 않음' 사이에서 다양하며, 대부분의 치료사는 내용에 따라 이러한 극단 사이의 어딘가에 위치하며, 이는 자기개방의 내용에 따라 다를 수 있다.

내담자가 이러한 질문을 하는 이유를 생각하는 것이 적절하다. 저자들이 소속된 대학교 클리닉에서 내담자들이 간혹 젊은 치료사에게 "몇 살이세요?"라고 묻곤 한다. 때때로 내담자의 질문의 기초가 되는 동기를 추측할 수 있으며, 한 가지 가능한 방법은 내담자의 걱정을 반영하는 것이다.

내담자: 몇 살이세요?

치료사: 제가 OO 님을 도울 충분한 경험이 있는지 궁금하시군요.

내담자: 네, 너무 어리신 것 같아요.

치료사: 그 부분이 걱정이시군요. OO 님이 어렵게 치료를 위해 오셨습니다. 마음이 무겁고, OO 님을 이해하고 도와줄 수 있는 사람과 일하고 싶어 하는 마음을 알겠습니다.

내담자: 네, 맞아요.

치료사: 저희 클리닉에서 치료하는 방식에 대해 간단히 설명 드리고, 저와 함께 치료하는 것이 편하시다면 이야기해 주세요. 괜찮을까요? [자율성 지지]

내담자: 네.

치료사: 저희 대학병원이 수련병원인 것처럼 여기도 임상수련을 하는 클리닉입니다. 치료사들은 박사급 교육을 받고 있으며, 대부분의 과정을 마쳤습니다. 여기 클리닉은 심리학자 면허가 있는 교수님들이 저희에게 지도를 해 주고 계십니다. 저희가 실시하는 심리치료의 질을 보장하기 위해 매주 만나고 있습니다. 이해되세요?

내담자: 네, 전화를 받은 남자가 선생님이 수련 중이라고 말했어요.

치료사: OO 님의 이야기를 경청하고, 문제를 이해하고, 당신이 원하는 변화를 위해 함께 노력할 것을 약속드립니다. 최선을 다해 도와드리겠습니다. 제가 할 수 있는 것에 대해 저는 편안하지만, OO 님도 편안한 것

이 중요합니다.

내담자: 치료받고 싶습니다.

이 경우 치료사가 초기 질문에 대답하지 않고 근본적인 문제를 해결했다. 답변을 제공하는 것도 가능하지만, 내담자가 왜 물어보는지 생각하는 것이 중요하다. 다음은 중독치료에서 흔히 발생하는 질문에 대한 우리의 반응이다.

내담자: 약물 해 보신 적 있으신가요? 회복 중이세요?

치료사: 사실대로 말씀드리겠지만, 그전에 제가 알고 싶은 것이 두 가지가 있습니다. 만약 '그렇다'라면 OO 님에게 어떤 의미가 될까요? 그리고 만약 제가 '아니다'라면 OO 님에게 어떤 의미가 있을까요? 만약 제가 약물을 사용했고 회복 중이라면 어떨까요?

내담자: 저를 판단하지 않고 더 잘 이해해 줄 수 있을 거라고 생각합니다.

치료사: 그럴 수 있겠네요. OO 님은 본인을 이해해 주고, 판단하지 않는 치료사와 상담하고 싶으시군요.

내담자: 맞습니다.

치료사: 알겠습니다. 다른 측면에 대해 이야기하기 전에 다른 궁금한 것이 있을까요?

내담자: 만약 선생님이 스스로 삶을 통제하지 못했던 적이 있다면, 어떻게 했었는지 관심이 있습니다.

치료사: 좋습니다. OO 님은 자신의 회복을 위한 아이디어에 개방적이시군요. 이제 제 대답이 '아니다'라면 그것이 OO 님에게 어떤 의미일까요?

내담자: 글쎄요. 선생님이 저를 도와줄 수 있을지 모르겠네요. 회복 과정을 거치지 않은 사람의 말을 들어야 할지 잘 모르겠습니다.

치료사: 이해가 갑니다. 다시 이야기하면, OO 님은 본인을 이해하고, 판단하지 않고, 도움을 줄 수 있는 치료사를 분명히 원하고 계시네요.

내담자: 맞아요. 그래서 어느 쪽이죠?

치료사: 제가 어렸을 때 적당량 이상으로 술을 많이 마셨습니다. 몇 차례 약물을 한 적이 있습니다. 하지만 약물은 끊었고 지금은 술도 거의 마시지 않습니다. 저는 스스로 중독에서 회복되지 않았습니다.

내담자: 그렇다면 선생님은 왜 여기에서 일하시나요?

치료사: 왜냐하면 저는 여기서 삶과 죽음을 바꿀 수 있다고 확신하고 있고, 많은 사람이 훨씬 더 나아지는 모습을 계속해서 볼 수 있기 때문입니다. OO 님이 관심을 가질 만한 내용을 말씀드려도 될까요?

내담자: 네.

치료사: 연구에 따르면 사람들의 치료 효과는 치료사가 회복 중이든 그렇지 않든 마찬가지로 좋다고 합니다. 제가 OO 님과 같은 경험이 있다면 더 편할 수 있다는 것을 이해하지만, 저는 여기에서 19년 동안 일해 왔습니다. OO 님과 상담을 기쁜 마음으로 할 수 있을 것 같고, 제가 도와드릴 수 있기를 바랍니다.

내담자: 저는 선생님이 회복에 대해 이야기해 줄 수 있다고 생각했습니다.

치료사: 그럴 수 있습니다. 제가 OO 님에게 이야기하는 내용을 반드시 경청할 필요는 없습니다. 내용에 따라 유용하면 취하고, 나머지를 버릴지는 OO 님에게 달려 있습니다. 하지만 저는 OO 님의 말을 경청하겠다고 약속드립니다.

진정성에 관한 연구

치료사들이 진정성의 가치에 대해 만장일치로 동의하지는 않지만, 메타 분석 결과는 수십 년 동안 합리적으로 일관되었으며, 이는 치료사의 자기개방과 마찬가지로 진정성이 작업동맹과 치료 효과를 향상한다고 보고했다(Gelso, Kivlighan,

& Markin, 2018). 10개의 이전 리뷰를 인용한 그레고리 콜든Gregory Kolden과 동료들(2011)은 "내담자 치료 효과에 대한 일치성의 기여에 대한 경험적 지지는 혼합되어 있지만 긍정적이다."라고 결론을 내렸다(p. 67). 치료사의 일치성과 내담자의 치료 효과 관련 21개 연구의 후속 메타 분석에서는 중간 정도의 추정 효과 크기(d=0.46)를 기록했다(Kolden, Wang, Austin, Chang, & Klein, 2018).

다른 치료조건에 대한 연구와 마찬가지로 상담회기 중 치료사의 진정성에 대한 관찰자 평가를 예측할 때, 치료사의 진정성에 대한 내담자 보고가 치료사의 자기보고보다 더 신뢰할 수 있는 경향이 있다. 게다가 치료사의 진정성에 대한 내담자 평가는 치료 효과를 예측하는 반면, 치료사 자기평가는 종종 치료 효과를 예측하지 못한다(Gelso et al., 2012). 이것은 그 자체로 진정성에 대한 흥미로운 관찰이다.

치료조건 간의 관계도 유익한 정보를 제공한다(Gelso & Carter, 1994). 내담자의 바렛-레나드르 관계척도Barrett-Lennard Relationship Inventory: BLRI 상담회기 평가는 우울증 치료를 위한 대규모 다중사이트 연구에서 시행되었다(Barnicot, Wampold, & Priebe, 2014). 세 가지 핵심 조건(공감, 진정성, 무조건적인 긍정적 존중)은 모두 별도로 평가되어 벡 우울척도Beck Depression Inventory: BDI로 측정된 결과와 개별 연관성을 분리했다. 임상가의 진정성은 치료 중 우울증 감소와 관련이 있었으며 우울증의 초기 심각도에 관계없이 치료 **후** 우울증 감소를 어느 정도 예측했다.

연구에 따르면, 치료조건의 평가와 내담자의 개선 사이의 관계는 치료사 간의 진정성 차이에 의해 설명된다. 단순히 어떤 내담자는 치료사로부터 호의적인 반응을 이끌어 내고, 다른 내담자는 그렇지 않기 때문만은 아니다(Baldwin, Wampold, & Imel, 2007; Barnicot et al., 2014; Zuroff et al., 2010). 진정성과 같은 치료사의 기술은 작업동맹과 관련된 것 이상의 고유한 변동성을 설명할 수도 있다(Coco, Gullo, Prestano, & Gelso, 2011). 이러한 연구 결과들은 치료사가 진정성을 전달하는 능력이 치료 효과를 개선할 수 있다는 타당한 근거를 제시한다.

진정성에 대한 열린 질문이 남아 있다. 진정성에 대한 과학적 관심은 공감과 같은 치료사의 다른 특성에 비해 덜 집중되었고, 발표된 많은 연구는 실제 치료 회기보다는 아날로그 실험을 기반으로 했다(Grafanaki, 2001). 이 주제에 대한 추가 연구는 심리치료의 임상 과학뿐만 아니라 진정성이 중요한 역할을 하는 다른 인간 교류에 대한 이해도 발전시킬 수 있다. 예를 들어, 진정성이 임상 훈련 및 슈퍼비전에서 어떻게 발전하고 강화될 수 있는지에 대해서는 상대적으로 알려진 바가 거의 없다(Lietaer, 2001b).

저자들이 설명한 모든 치료조건과 마찬가지로 내담자가 반응하는 방식에는 개인차가 있다. 진정성에 대한 거의 모든 연구는 서구 국가에서 이루어졌으며, 치료사가 보다 권위 있고 덜 '진실한authentic' 역할을 채택하는 것이 더 효과적인 문화, 하위문화 또는 맥락이 있을 수 있다. 진실성 또는 '진정한 관계'가 치료사의 대인관계 기술 중 가장 중요할 수 있으며, 이것이 없으면 공감과 수용은 내담자에게 거의 의미가 없을 수도 있다(Greenberg & Geller, 2001; Lietaer, 2001b). 결국 치료사의 공감과 수용은 자신이 부정직하다고 인식하는 내담자에게는 어떤 가치를 제공하는가? 저자들은 진정성이 개별 치료사 및 전반적인 조력 전문직 모두에서 더 깊이 탐구할 가치가 있다고 믿는다.

핵심 포인트

- 일부 직업에서는 일정한 거리를 두고 객관성을 유지하는 것이 중요하게 여겨지지만, 따뜻하고 개방적이며 정직한 치료사는 더 나은 내담자의 치료 효과($d=0.46$)와 작업동맹을 가지는 경향이 있다.
- 상담과 심리치료에서 중요한 것은 높은 수준의 진실성 그 자체라기보다는 거짓과 부정직이 없는 것일 수 있다. 사실, 과도한 투명성은 해로울 수 있다.
- 진정성은 항상 수용, 공감, 긍정적 존중이라는 더 큰 대인관계 맥락 안에서 발생해야 한다.
- 진정성의 정신내적 구성요소인 일치성은 진실성으로서의 외적 표현을 위한 필요조건이지만 충분조건은 아니다.
- 진정성은 리커트 평가 척도와 특정 치료사의 반응 관찰을 통해 확실하게 측정할 수 있으며, 두 가지 모두 더 나은 내담자의 치료 효과와 연결되어 있다.

제7장

초점 맞추기

자주 인용되는 루이스 캐럴Lewis Carroll의 문구가 있다. "만약 당신이 어디로 가고 있는지 몰라도 어떤 길이든 그곳으로 데려다줄 것이다." 또는 요기 베라Yogi Berra의 문구 "어디로 가는지 몰라도, 결국 어딘가로 가고 있을 것이다."가 있다. 더 효과적인 치료사의 오랫동안 인정된 특징은 내담자와 함께 그들이 도달해야 하는 명확한 목표와 일관된 계획을 가지고 있다는 것이다(Beutler, Machado, & Neufeldt, 1994; Frank & Frank, 1993; Imel & Wampold, 2008). 인정(제5장)과 마찬가지로 초점 맞추기focus에도 균형의 문제가 있다. 너무 좁은 초점은 해로울 수 있다. 배우를 비추는 조명 스포트라이트를 생각해 보자. 조명이 너무 좁으면 배우의 한 부분, 즉 발만 비출 수 있다. 조명이 너무 넓으면 무대나 객석 전체로 넘쳐 배우에 대한 초점을 잃게 된다. 양가감정을 가지고 있거나 변화를 꺼리는 내담자와 상담을 할 때 너무 성급하게 초점을 맞추면 치료동맹이 손상될 수 있다. 치료 방향과 내담자와의 공감적 연결을 유지하기 위해서는 균형 있는 안내하기가 필요하다(Miller & Rollnick, 2013).

새로운 내담자와 함께 초점 맞추기를 위한 초기 단계에서는 상담 목표를 함께 명확히 설정한다. "치료 상황에서 특정 목표나 하위 목표는 상담 진행을 촉진하는 경향이 있다."(Truax & Carkhuff, 1967, p. 361) 치료사와 내담자가 공유하는 공동의 목표를 갖는 것은 좋은 작업동맹의 핵심 요소이며, 이는 결과적으로 더 나은 치료 효과를 예측한다(Flückiger et al., in press; Horvath, Del Re, Flückinger, & Symonds, 2011; Horvath & Greenberg, 1994; Tryon & Winograd, 2011). 내담자는 공감적인 치료사와 상담하는 것을 소중하게 생각하고 비용을 지불할 의사가 있을 것이다(Schofield, 1964). 하지만 명확한 목표가 없으면 치료 효과는 모호해지고 상담회기는 끝없이 계속될 수 있다. 저자들의 견해로는 치료가 방향 없이 방황하면서 무한정 계속되는 것은 전문적인 책임을 다하지 않는 것이며 바람직하지도 않다. 많은 기관에서 목표와 목표 달성을 위한 방법을 명시한 치료 계획을 요구하고 있으며, 이는 치료과정에서 책임감을 강화한다. 행동건강 서비스에 대한 정부나 보험회사도 특정 결과를 도출하는 것으로 나타난 근거 기반 치료를 선호한다. 어떤 치료가 어떤 영향을 줄지 알지 못한 채 효과적인 치료인지를 어떻게 알 수 있는가?

명확한 초점을 갖는 것은 실천현장에서 전혀 보편적이지 않다. 지속적인 상담에서 내담자의 치료 욕구와 무관할 수 있는 비공식적인 '잡담'으로 많은 시간을 보낼 수 있다(Martino, Ball, Nich, Frankforter, & Carroll, 2009). 한 연구에 따르면, 주제에서 벗어난 대화의 수준이 높을수록 치료에 대한 변화와 치료 유지에 대한 내담자의 동기가 감소하는 것으로 나타났다(Bamatter et al., 2010).

초점 맞추기의 태도

치료적 관계에서 초점의 한 가지 요소는 심리치료 서비스에 대한 명확한 방향을 가져야 한다는 책임감이다. 즉, 각 내담자와의 상담 목표에 대한 공유된 이해와 그러한 목표 달성을 위한 체계적인 계획이다. 이 내담자의 긍정적인 치료 효과는 무엇인가? 금연 클리닉과 같은 특정 상황에서는 의도된 치료 효과가 잘 정의되어 있다. 다른 맥락과 내담자의 경우 상담 목표는 처음에는 덜 명확할 수 있으므로 합의 방향을 결정하기 위해서는 공식화 과정formulation process이 필요하다. 목표에 대한 공유된 이해 없이 여러 상담회기에서 헤매고 있다면 부드러운 경고등이 깜박여야 한다. 회기가 지날수록 명확한 목표가 없다면, 초점 맞추기를 하는 치료사는 내적으로 불편함을 느끼게 된다. 시간이 지남에 따라 목표가 바뀌는 것은 괜찮다. 그것은 상담과 심리치료에서 흔히 볼 수 있는 일이다. 명확한 초점은 함께 가고 싶은 곳을 알고 거기에 도달하는 방법에 대해 임시 계획을 세우는 것이다.

초점을 명확하게 하고 유지하는 것은 중요한 전문적 책임이며 일반적으로 치료 계획에 반영된다. 초점을 맞추는 태도의 일부는 시간이 지나도 방향의 연속성을 유지하는 것이다. 특히 바쁜 현장에서는 각 상담회기 전에 치료 계획과 메모를 확인하고 특정 내담자에 대해 지금까지 경과가 어떻게 진행되었는지 기억하고 다음 단계가 무엇인지 확인해야 할 수 있다. 이러한 연속성이 없으면 내담자가 제기하는 모든 주제와 위기에 다 반응하기 쉽다. 일부 내담자는 친구를 만나는 것과 같이 자신의 삶에서 발생하는 모든 일에 대해 각 상담회기에서 치료사와 이야기하고 싶어 할 수 있다.

> 명확한 초점은 함께 가고 싶은 곳을 알고 거기에 도달하는 방법에 대해 임시 계획을 세우는 것이다.

여기에서도 역시 균형이 필요하다. 정확한 공감, 수용, 긍정적 존중, 진정성을 희생하면서 치료의 방향성을 찾고 유지하는 일이 일어나서는 안 된다. 이러한 치료적 기술은 초점의 연속성을 위한 대인관계 맥락을 제공한다.

초점 맞추기 방법

누가 치료 목표를 결정하는가? 이상적으로, 치료 목표는 협의 과정을 통해 결정되며, 치료 목표의 잠재적인 원천은 ① 내담자, ② 맥락, ③ 서비스 제공자로서의 치료사이다. 내담자는 일반적으로 심리치료를 받기 위해 특정 문제를 가지고 나타나며, 어떤 의미에서 치료 목표는 내담자가 치료 목표에 동의하기 전까지는 확실히 공유된 목표가 아니다(이 장 뒷부분에서 상충되는 치료 목표에 대해 논의할 것이다). 추가적인 고려사항은 다음과 같이 특정 목표(Monahan, 1980)를 가진 의뢰한 사람referring agent이 있을 수 있다는 것이다.

- 음주운전이나 가정폭력으로 법원에서 치료명령을 받은 사람
- 행동 문제로 부모가 데려온 청소년
- 더 나은 당뇨병 관리를 위해 의뢰된 환자
- 근로자 지원 프로그램employee assistance program에 의뢰된 내담자

치료 목표는 치료사가 일하는 서비스나 상황에 따라 맞추어질 수도 있다. 내담자가 비만 클리닉을 방문할 때 주요 대화 주제에 대한 모호함이 거의 없다. 일부 환경에서는 관계 증진, 중독치료, 불안 또는 우울증, 가정폭력 또는 통증 관리를 전문으로 한다. 일부 맥락에서는 치료 목표가 제한된다. 역사적으로 일부 중독 프로그램은 특정(또는 모든) 향정신성 약물의 단약이라는 목표를 수용하는 내담자만 치료했다. 특정 임신상담센터는 낙태를 선택하는 데 도움 주기를 꺼릴 수 있다. 이러한 맥락에 따른 제한은 초점을 강화할 수 있으며, 내담자의 자율성과 자기결정권을 지지하는 데 심각한 딜레마를 초래할 수도 있다(Ryan & Deci, 2017).

치료사로서 내담자가 제시한 우선순위와는 다른 우선순위 문제를 인식하는 경우도 있다. 그러한 경우 중 하나는 진료에 의뢰된 문제의 원인이 의심되는 경우이다. 예를 들어, 의학적 문제로 인해 반복적으로 진료받는 것이 환자의 음주 또는 흡연과 관련이 있을 수 있다. 기분이나 스트레스 장애는 대인관계 문제와 관련이 있을 수 있다. 때로는 상담과정에서 호소 문제와 관련이 없더라도 언급해야 할 또 다른 임상 문제를 발견할 수도 있다. 여기에서의 도전은 내담자의 호소 문제가 아닌 잠재적인 변화를 제시하는 것이다.

그렇다면 초점 맞추기 과정은 이러한 다양하고 때로는 상충되는 잠재적인 목표 사이에서 치료 방향을 찾는 것이다. 여기에는 공유의사결정shared decision-making이 포함된다(Barry & Edgman-Levitan, 2012; Elwyn & Frosch, 2016). 때로는 목표가 처음

부터 상당히 명확하다. 예를 들어, 심장마비에서 회복 중인 남자가 담배를 끊고 싶어 하거나, 관계 개선을 힘들어하는 커플이 도움을 구하는 경우이다.

> 초점 맞추기는 때로는 상충되는 잠재적인 목표 사이에서 치료 방향을 찾는 것이다.

다른 경우에는 변화를 위해 다양한 대안 중에서 선택하고 우선순위를 정하는 것을 포함하는데, 이 과정을 스티븐 롤닉Stephen Rollnick은 '의제 설정'이라고 칭했다(Rollnick, Miller, & Butler, 2008). 예를 들어, 당뇨병 관리에는 더 나은 혈당조절과 건강증진을 위해 많은 가능한 옵션이 있다(Steinberg & Miller, 2015). [그림 7-1]은 건강심리학자 또는 당뇨병 교육자가 건강행동 변화의 가능성을 소개하기 위해 '물방울 용지bubble sheet'를 사용한다.

> "여기에 당뇨병을 더 잘 조절하고 장기적으로 합병증을 예방하기 위해 사람들이 할 수 있는 12가지 것들이 있습니다. 이것들 중 일부는 이미 수행하시고 있을 수도 있습니다. 이 중에서 오늘 함께 이야기를 나누고 싶은 것이 한두 가지 있는지 궁금합니다. 아니면 논의하고 싶은 더 중요한 주제가 있을 수도 있습니다. 그래서 빈 풍선이 있는 겁니다. 이 중에 어떤 것부터 시작할까요?"

한편, 구체적인 변화 방향이 전혀 명확하지 않을 때가 있다. 예를 들어, 이혼, 실직 또는 사랑하는 사람의 죽음과 같은 중요한 삶의 변화 이후에는 변화 방향이 명확하지 않을 수 있다. 이전에 삶을 정리하는 그릇 역할을 했던 구조와 의미가 갑자기 붕괴된다. 이런 중대하고 갑작스러운 변화는 사람들을 당황하게 만들고, 매우 괴롭고 혼란스러운 상태로 남긴다. 다른 경우에는 **모든** 것이 잘못된 것처럼 보이고, 어디서부터 시작해야 할지 또는 모든 것의 근본이 무엇인지 알기 어려울 수 있다. 치료사는 초기에 공감적 경청을 한 이후, 변화의 가능한 방향을 함께 설정하기 시작한다.

[당뇨병 건강 주제들]

[그림 7-1] 당뇨병 건강 주제들을 위한 물방울 용지

출처: Steinberg & Miller (2015), p. 17.

● 양가감정 해결하기

때로는 문제가 명확하고 간단해 보이는 경우에도 내담자와 합의된 초점consensus

focus, 목표를 계획하는 것이 어려울 수 있다. 문제가 숨겨져 있거나 복잡한 것이 아니라 내담자가 변화에 대해 양가감정을 경험하고 있어서 그럴 수 있다. 사람들은 어려운 변화를 생각할 때 종종 양가감정을 경험한다. 내담자가 치료를 위해 방문하고 변화를 도와달라고 요청하는 경우에도 변화를 꺼리는 것은 매우 정상적인 현상이다. 이러한 양가감정을 인식하고 해결하지 못하면 조언 제공, 고통완화 방법 추천, 상담회기 간 연습 과제 제공, 내담자 문제의 원인 설명과 같은 변화 절차를 실행하려고 시도할 때 상황이 더욱 악화될 수 있다. 누군가에게 무엇을 해야 하는지, 어떻게 해야 하는지, 왜 그것이 중요한지 말할 때 익숙한 반응은 "예, 그렇지만……"이다. 이는 때때로 저항이나 거부로 보이지만 실제로는 개인의 양가감정의 한쪽을 방어하는 예측 가능한 결과이다(Engle & Arkowitz, 2006; Miller & Rollnick, 2013). 치료사가 변화를 위해 더 많이 설득하고 논쟁할수록, 내담자가 그것에 대해 반대할 가능성은 더 커진다(Miller, Benefield, & Tonigan, 1993). 그리고 내담자가 변화에 반대하는 이유를 더 많이 말로 표현할수록 변화가 일어날 가능성은 낮아진다(M. Magill et al., 2018). 상담과 대인관계에서 흔히 저지르는 실수는 양가감정을 가지고 있는 내담자의 말을 잘 경청해야 할 때, 문제해결에 초점을 맞추어 계속해서 이야기하는 것이다.

치료사가 양가감정을 경험하는 내담자를 만나면 어떻게 상담해야 할지 중요한 선택지에 도달하게 된다. 한 가지 선택은 때때로 '평형상태equipoise'라고 불리는 중립을 유지하는 것이다. 이 경우 의도치 않게 내담자를 특정 방향으로 이끌지 않기 위해 노력하는 것이다. 대신 치료사는 내담자가 스스로 결정을 내릴 수 있도록 최선을 다해 돕는다(Janis & Mann, 1977). 실제로 선택하는 것 자체가 초점이 될 수 있다. 중립성은 친척에게 신장 기증을 할지 여부와 같이 특정 결정이나 방향에 영향을 주지 않아야 한다고 믿는 상황에서 중요한 선택이다. 의료 분야에서는 이를 **공유의사결정**이라고 하며, 의사가 하나 이상의 타당한 조치를 인식하는 상황을 가리킨다(Elwyn et al., 2014). 공유의사결정의 목표는 의사에게 유리할 수 있는 특정 행동 과정을 촉진하는 것이 아니라 치료 결정을 하는 것이다. 일부 치료사는 중립성을 내담자 문제에 대한 유일하고 적절한 전문적 입장으로 생각한다. 중립성에 대해서는 이 장 뒷부분에서 더 많은 이야기를 할 것이다.

보다 일반적인 임상상황은 내담자가 양가감정을 넘어 특정 문제를 향해 나아갈 수 있도록 돕고자 하는 것이다. 대부분의 경우 내담자가 그렇게 요청하기 때문이다. 그렇다면 변화가 목표일 때 내담자가 양가감정을 해결하도록 어떻게 도울 수 있을까? 우선, 내담자가 딜레마에 대해 말할 때 내담자의 언어에 세심한 주의를 기울일 수 있다(제9장). 변화를 향한 움직임은 현상유지를 선호하는 '유지대화sustain talk'보다 내담자의 '변화대화change talk'와 더 관련이 있다(Baer et al., 2008; S. D. Campbell, Adamson, & Carter, 2010; Moyers et al., 2007; Vader, Walters, Prabhu, Houck, & Field, 2010). 동기면담의 임상 스타일(Miller & Rollnick, 2013)은 변화대화와 유지대화의 균형에 영향을 미치는 것으로 나타났으며, 이는 후속 행동 변화를 매개한다(M. Magill, 2018; Moyers, Houck, Glynn, Hallgren, & Manual, 2017; Moyers & Martin, 2006; Moyers, Martin, Houck, Christopher, & Tonigan, 2009). 내담자의 언어(진술)에 신중하고 우선적으로 반응함으로써, 내담자의 변화 방향에 영향을 미칠 수 있다. 본질적으로 치료사는 내담자가 **스스로** 변화하도록 설득할 수 있게 돕는 것이다(Miller & Rollnick, 2004).

때때로 양가감정의 고비를 극복하는 것만으로도 충분할 수 있으며, 그 후에는 내담자가 치료사에게 그리 많은 지원을 요하지 않을 수도 있다. 예를 들어, 한번 내담자가 변화를 결정하면 변화 방법을 매우 명확하게 알 수 있다. 또한 변화에 대한 양가감정을 해결하는 것이 변화의 시작에 불과하며, 내담자가 결정한 변화를 할 수 있도록 돕기 위한 다른 임상 기술이 필요할 수도 있다.

내담자의 양가감정과 상관없이 일정한 초점이나 치료 목표가 정해지는 상황도 있다. 예를 들어, 보호관찰관의 경우, 처음에 그 목표에 동의하지 않더라도 대상자에게 범죄행동을 멀리하도록 촉구하지 않는다면 아마 업무를 제대로 수행하는 것이 아닐 것이다. 마찬가지로 성폭력 범죄나 음주운전으로 의뢰된 대상자의 경우, 치료사가 내담자의 변화에 무관심할 가능성이 거의 없다. 확실히 내담자의 '최선의 이익'이 무엇인지 결정하는 데에는 윤리적인 문제가 있지만(Koocher & Keith-Spiegel, 2016; Miller, 1994), 치료 제공자가 선호하는 변화 방향을 염두에 두는 것이 일반적이다.

중립적인 상담

중립적인 상담counseling with neutrality을 하기로 선택한다면 어떻게 해야 할까? 내담자의 선택이나 변화 방향에 영향을 미치지 않도록 조심하고 싶다면 어떻게 진행해야 할까? 언제 중립을 유지하고 의식적으로 방향성의 영향을 자제해야 할까? 이는 윤리적 고려사항이며, 주로 치료 방법 자체로는 해결되지 않는다. 치료적인 중립성에 관한 논의는 임상 훈련에서 자주 간과된다. 성격이론에는 무엇이 좋은 삶을 구성하는지에 대한 주장이 포함될 수 있지만 중립성에 대한 결정은 의식적이든 무의식적이든 일반적으로 임상적인 판단의 문제이다.

이미 분명한 변화 목표가 있다면 중립성은 문제가 되지 않을 수도 있다. 목표는 내담자가 도움을 요청하고 치료사가 동의한 것일 수도 있다. 때때로 긴급한 문제일 수도 있다. 자살 예방 긴급전화 상담에 인력을 배치할 때 치료사는 전화를 건 사람이 자살할지 여부에 대해 중립적인 입장을 취하는 경우는 거의 없다. 마찬가지로, 내담자가 약물 주사 사용이나 고위험 성행동과 같은 생명을 위협하는 행동을 할 때 치료사는 선호되는 변화 방향에 대해 중립적이지 않을 것이다.

다른 경우에는 내담자가 제시하는 주제가 있을 수 있는데, 이에 대해 중립을 유지하고 특정 방향으로 이끌지 않기로 선택할 수 있다. 그럼에도 불구하고 어떤 질문을 할지, 어떤 내용을 반영할지, 무엇을 인정할지, 무엇을 요약에 포함할지를 선택하기 때문에 치료사가 내담자를 특정 방향으로 움직이도록 의도치 않게 영향을 줄 수 있다. 진정한 중립성을 유지하는 것은 보기보다 더 어려울 수 있다. 이는 적어도 부분적으로 개인의 가치와 전문지식이 치료사가 제공하는 질문questions, 인정affirmations, 반영reflections을 편향시킬 가능성이 있기 때문이다.

우선, 치료사의 임상의도를 의식하는 것이 중요하다. 변화를 위한 명확한 방향을 추구할지, 아니면 중립성을 유지하며 상담할지 어떤 경우든 치료사는 침착함과 지지적인 전문성을 보여 줄 것이다. 중립성은 치료사의 속성이 아니라 내담자의 선택이나 변화 방향에 영향을 주지 않으려는 의식적인 임상결정이다. 치료사의 결정은 각 임상상황에 따라 결정된다.

> "내담자의 상황이 특정 방향으로 해결되도록 전략적으로 상담을 진행해야 할까?"
>
> 또는
>
> "중립성을 유지하고 의도적이든 우발적이든 내담자를 특정한 방향으로 이끌지 않기를 선택해야 할까?"

후자의 경우, 내담자의 선택 방향에 영향을 주지 않고, 내담자가 안심하고 신중하게 고려된 결정을 내릴 수 있도록 돕는 것이 초점이다. 내담자는 아이를 입양할 것인지, 유서를 작성할지, 직장이나 관계를 유지할지 또는 떠날지를 결정하려고 할 수 있다. 의사결정 과정을 돕고 동시에 중립성을 유지하고 싶을 때 최선의 방법은 무엇인가? 무심코라도 '우선, 해를 주지 말라first, do no harm'는 원칙을 치료사로서 어떻게 지킬 수 있을까?

> 변화를 위한 명확한 방향을 추구하는가? 아니면 중립적인 상담을 하기로 선택해야 하는가?

어빙 제니스Irving Janis와 레온 맨Leon Mann(1976, 1977)이 소개한 주의 깊은 의사결정에 도움이 되는 유용한 틀이 있다. 최근에는 그들의 방법이 종종 네 칸의 '결정저울decisional balance'로 단순화되어 사용된다. 원래 방법은 훨씬 더 복잡했지만, 네 칸의 구조를 통해 이를 설명할 수 있다.

아이를 가질지 여부를 결정하는 데 어려움을 경험하는 내담자(개인 또는 부부)를 생각해 보자. 생물학적 시간은 흐르고 있고 결정을 내려야 하는 시간은 다가오고 있다. 임상적인 입장으로 중립적인 상담을 하기로 선택했다면 어떻게 진행할 것인가? 이진법적 선택binary choice의 경우, 관련된 요인을 다음과 같이 표현할 수 있다.

	아이를 가지기	아이를 가지지 않기
좋은 점(장점, 이득)	A	B
덜 좋은 점(단점, 손해)	C	D

만약 치료사가 특정 방향으로의 변화를 선호한다면(Miller & Rollnick, 2004), 하나의 대각선 칸(A, D 또는 B, C)에 더 많은 주의를 기울일 것이다. A, D 칸에 대해 선택적으로 열린 질문, 인정, 반영, 요약을 적극적으로 하면 아이를 가지는 결정을 하는 데 도움이 될 것이다. 반대로 B, C 칸을 선택적으로 유발하면 아이를 가지지 않는 결정을 하는 데 도움이 될 것이다. 중립성을 유지하기 위해서는 네 칸 모두 **균형 있게** 탐색하는 것이 필요하다. 이는 의도적인 노력이 요구된다. 아마도 하나의 칸(아이를 가지는 좋은 점)에 대해 질문한 뒤 들은 내용을 반영하고 인정한 후, 부모가 되기 위한 내담자의 이야기를 모두 요약해서 함께 그려 나가는 것이 충분히 자연스러울 것이다. 이렇게 상담이 진행될 수 있을 것이다.

치료사: 지금 아이를 갖는 것에 대해 마음에 드는 점이 몇 가지 있으신 것 같네요. 그 부분에 대해 말해 주세요.

내담자: 아이를 갖는 것은 새 생명에게 삶을 주는 아주 특별한 경험인 것 같아요. 부모가 된다는 것은 다른 방법으로 가질 수 없는 독특한 관계라고 생각해요.

치료사: OO 님은 그런 관계를 놓치고 싶지 않으신 거네요.

내담자: 맞아요. 저희 부부는 곧 결정해야 해요. 입양도 하나의 선택이지만, 우

리 아이가 어떤 모습일지 궁금해요.

치료사: 아이가 어떤 모습일지 상상해 볼 수 있을 거예요.

내담자: 네, 그래요. 물론 정확히 알 수 없지만, 어떤 모습이든 우리는 사랑할 거예요.

치료사: 그런 사랑이 OO 님에게 중요하군요.

내담자: 그런 경험을 하길 원하고, 기회를 놓친다면 평생 후회할 수도 있을 것 같아요.

치료사: 외롭고 쓸쓸하게 들리네요.

내담자: 아니면 텅 비어 있는, 그런 느낌이죠.

치료사: 그러니까 아이를 낳거나 키운다면, 새로운 경험을 할 거고, 함께하는 삶에 새로운 차원을 선사할 수도 있겠네요.

내담자: 그렇게 생각해요.

치료사: 어떤 점이 가장 좋을까요?

내담자: 아기 때가 참 좋아 보여요. 저는 아기를 안았을 때는 정말 좋을 것 같아요. 제 아이라면 그 느낌이 훨씬 더 깊을 것 같아요.

치료사: 매우 특별한 관계죠. 또 다른 건 뭐가 있을까요?

내담자: 아이가 성장하는 것을 지켜보는 것이요. 저는 새로운 단계를 기대하며 아이가 새로운 경험을 할 때마다 함께하고 싶어요.

치료사: OO 님은 이미 그것에 경이로움을 느끼고 계시네요.

내담자: 맞아요. 그런 경험은 아마 없을 거예요.

치료사: 자, 지금까지 말씀해 주신 것을 보면 부모와 자식의 관계에는 특별한 무언가가 있다고 생각하시고 다른 방법으로는 불가능하다고 생각하고 계시네요. 아이가 성장하는 과정을 소중히 여길 것이고, 아이가 성장하며 각 단계를 겪는 것을 기대하고 계시네요. 부모가 아이에게 보여주는 특별한 사랑을 경험하기를 기대하고, OO 님의 관계를 넓혀 줄 수 있을 거라 생각하시네요.

치료사가 정확한 공감을 통해 잘 반응했고, 이 대화는 이러한 방식으로 꽤 오랫동안 이어질 수 있다. 치료사나 내담자가 깨닫지 못하는 것은 치료사의 의도가 아니었더라도 아이를 낳는 동기에 대해 차별적으로 집중하고 있다는 것이다. 이는 A 칸(아이를 가질 때의 좋은 점)에 초점을 맞춘 열린 질문을 하고 나서 공감적 경청을 하고 있다.

중립적인 상담은 결정저울에 있는 네 칸에 대해 동등한 호기심을 가지고 질문하고, 내담자가 제공하는 내용을 잘 듣고 기억하며, 내담자를 위한 각 대안의 장단점을 균형 있게 정리할 수 있도록 도와야 한다.

물론, 그림에는 네 칸 이상이 있을 수 있다. 현재 예에서 입양은 세 번째 옵션으로 간주될 수 있다. 브레인스토밍 과정은 대안의 범위를 더욱 확장할 수 있다. 논의를 통해 근본적이고 잠재적으로 상충되는 가치가 드러날 수 있다. 중립적인 상담은 내담자가 결정 후 후회를 최소화할 수 있도록 균형 잡힌 탐색을 통해 내담자가 심사숙고해서 대안을 결정할 수 있도록 돕는 것이 필요하다(Janis, 1959; Janis & Mann, 1976).

또한 목표가 특정 변화를 위한 것이라면 장단점을 동일하게 강조하는 결정저울을 활용하지 않는 충분한 이유가 있다는 점도 주목할 필요가 있다(Nenkov & Gollwitzer, 2012). 여전히 양가감정을 경험하는 내담자와의 결정저울 개입은 변화에 대한 결심을 **감소**시키고, 현상유지status quo에 대한 결심을 증가시키는 것으로 밝혀졌다(Krigel et al., 2017; Miller & Rose, 2015). 왜 그런가? 내담자로부터 변화에 대한 주장과 반대 주장을 동등하게 이끌어 냈을 때의 기대되는 결과는 양가감정이 될 것이며, 초이론적 모델(변화단계) 용어로 **준비단계**, **행동실천단계**보다는 **인식단계**와 관련되어 있다(Prochaska et al., 1994; Schumann et al., 2005).

치료 목표가 충돌될 때

물론 때때로 내담자의 치료 목표가 치료사나 프로그램의 목표와 충돌하는 경우가 있다. 아마도 가장 바람직하지 않은 치료적 상황은 치료사가 내담자를 변화 **시키려 하고** 내담자가 심리적 저항을 하고 개인의 자율성을 방어하며 변화에 저항하는 적대적 관계일 것이다(Beutler, Harwood, Michelson, Song, & Holman, 2011; Brehm & Brehm, 1981; Karno & Longabaugh, 2005). 변화를 **권고하는 것**조차 그러한 저항을 불러일으킬 수 있다(de Almeida Neto, 2017).

치료사가 특정 치료 효과를 위해 얼마나 **노력**했는지도 중요하다. 내담자 치료 효과에 관심이 적은 치료사는 초점이나 방향이 부족할 수 있으며, 냉담하거나 무관심해 보일 수 있다. 반대로 특정 치료 효과를 위해 치료사가 개인적인 노력을 너무 많이 했다면 어떤 일이 있어도 내담자를 '결승선을 넘어 데리고 가고자' 하는 욕구가 생길 수 있다. 이는 반발과 저항을 불러일으킬 가능성이 높다. 긍정적인 치료 효과를 위해 노력하는 것에 흥미를 두며, 동시에 내담자가 스스로 선택할 수 있는 자율성을 존중하는 요소가 포함된 중간 지점이 존재한다(Ryan & Deci, 2017).

특히 내담자가 적대적인 관계(보호관찰 또는 치료명령)를 발생시킬 수 있는 상황에서는 중요한 첫 단계로 협력적인 작업동맹을 개발하는 것이 우선되어야 한다. 관계형성은 처음에 공유된 치료 목표가 없을 때 특히 중요하다. 정확한 공감(제3장), 수용(제4장), 긍정적 존중(제5장)과 같은 치료과정은 변화를 위한 계획은 물론이고 공유된 초점을 개발하기 전에 작업동맹을 구축하는 데 도움이 될 수 있다. 윌리엄 밀러와 스티븐 롤닉(2013)은 관계 맺기engaging(신뢰할 수 있는 치료적 관계 개발), 초점 맞추기focusing, 변화동기 유발하기evoking, 계획하기planning까지 일련의 치료적 과정을 설명했다. 특히 치료가 의무적이거나 내담자가 다른 이유로 양가적인 반응을 보일 때 곧바로 계획하기planning 과정으로 넘어가는 것은 긍정적인 변화를 불러일으키기 어렵다.

특히 내담자가 변화해야 한다는 압박감을 느끼는 상황에서, 자신의 자율성을 인정하고 존중하는 것은 치료적일 뿐만 아니라 현실을 인정하는 것이기도 하다. 극단적인 통제 상황에서도 사람들은 여전히 자기결정권self-determination을 행사하고 결정을 내린다(Frankl, 2006). 내담자, 범죄자, 자녀의 행동을 변화시키려고 최선을 다하더라도, (그리고 때론 그 때문에) 사람들은 스스로 선택한다. 인간은 다른 사람이 원하는 변화를 하기보다는 기꺼이 더 큰 대가를 치르려고 할 수도 있다. 사람들에게 어떤 일(음주, 흡연, 도시 떠나기)을 할 수 **없다고** 말하는 것은 부정확할 뿐만 아니라 금지된 일을 조장할 수도 있다. 외부 통제를 강화하려는 노력은 변화에 대한 자율적인 동기를 약화할 수도 있다. 개인의 선택권을 강조하면 현재 상태status quo를 방어해야 할 필요성이 줄어들 수 있고 변화에 대한 자율적인 동기가 촉진될 수 있다(Deci, Koestner, & Ryan, 1999; Deci & Ryan, 2008; Ryan & Deci, 2008). 내담자의 자율성을 수용하고 인정하는 것은 강력한 치료적 입장을 나타내며, 또한 진정성 있고 공감적일 수 있다. 칼 로저스(1962)와 함께 저자들은 사람들이 변화를 지지하는 조건이 주어졌을 때, 자연스럽게 긍정적이고 친사회적이며 자기결정적이며 건강한 방향으로 움직이는 경향이 있다고 믿는다. 내담자 중 적어도 **일부**는 그렇게 하길 원한다. 내담자의 양가감정 중 일부는 당신의 공동치료사이다.

초점 맞추기에 관한 연구

치료적 초점에 대한 더 넓은 맥락은 목표 설정에 관한 실질적인 심리학 연구 문헌이다(Bandura, 1986; Ford, 1992; Locke & Latham, 1990). 메타 분석 연구 결과, 달성 가능한 목표를 설정하는 것이, 특히 목표 달성에 대한 피드백이 수반될 때 변화를 촉진한다는 사실이 명확하게 입증되었다(Mento, Steel, & Karren, 1987; Neubert, 1998; Tubbs, 1986; Wood, Mento, & Locke, 1987). 이와 마찬가지로, 심리치료의 맥락에서도 목표 설정이 치료 목표 달성을 촉진한다(예, Swoboda, Miller, & Wills, 2017). 특히 목표에 대한 치료사-내담자의 합의는 더 나은 치료 효과를 예측한다

(Tryon & Winograd, 2011). 이러한 목표 합의 효과goal-consensus effect는 종종 내담자와의 권한 공유power-sharing 및 협력적인 작업동맹collaborative working relationship을 지지하는 것으로 간주되며, 저자들도 이 내용에 동의한다. 물론 치료 목표가 제시되고, 구체화되고, 상호 합의하지 않는 한 그러한 합의는 불가능하다.

치료 목표가 합의되면 변화 가능성이 훨씬 높아진다. 반대로 내담자를 치료로 인도한 치료 목표에 초점이 맞추어지지 않으면 도움이 될 가능성이 적다 (Wampold & Imel, 2015).

임상 연구는 치료 목표 초점이 부족할 때 어떤 일이 일어나는지에 대한 일부 통찰을 제공한다. 이와 관련한 대표적인 연구에서 순수 심리치료bona fide psychotherapy와 심리치료**처럼** 보이도록 의도되었지만 활성 요소active ingredients가 없는 대조치료를 비교했다. 종종 이러한 대조치료에는 치료사가 따라야 할 구조, 일관된 근거 또는 안내 이론이 의도적으로 거의 없다(Wampold, 2015). 이러한 비교에서는 일반적으로 확연한 차이가 나타난다. 치료 목표 초점이 명확한 진짜 심리치료가 더 효과적이다. 제8장에서 논의된 바와 같이 이는 치료사의 기대치에 기인할 수도 있다.

브루스 웜폴드Bruce Wampold(2015)는 치료의 구체적인 내용과 관계없이 치료법의 효과에 기여하는 치료적 요인으로서 명확하고 일관된 근거의 필요성에 대해 보다 일반적으로 논의해 왔다. 이것은 '무엇이든 된다'라고 말하는 것이 아니다. 제2장에서 논의한 것처럼 구체적인 치료 방법specific treatment methods과 치료 기술therapeutic skills은 치료 효과에 독립적이거나 상호작용하는 영향을 줄 수 있다. 실제로 상담과 심리치료에서 무엇을 하는가에 차이가 없다는 것은 믿기 어렵다. 우리가 이 장에서 강조하는 것은 치료 접근 방식에 관계없이 합의된 목표와 그 목표를 향해 나아가는 계획이 도움이 된다는 점이다.

핵심 포인트

- 초점 맞추기는 치료를 위한 명확한 목표를 확인하기 위한 공유의사결정 과정이다.
- 내담자의 치료 효과는 상담사가 명확한 치료 목표와 이를 달성하기 위한 체계적인 접근 방식을 가지고 있을 때 일반적으로 더 좋다.
- 변화에 대한 양가감정은 정상적인 현상이며 이를 해결하도록 돕는 것은 중요한 치료과정이다.
- 변화를 위해 내담자에게 조언하고, 설득하고, 밀어붙이는 것은 심리적 저항을 이끌어 내고 변화의 가능성을 감소시키는 경향이 있다.
- 중립성은 내담자가 양가감정을 가진 임상상황에서의 의식적인 결정이며, 결정저울은 내담자의 선택 방향에 부주의하게 영향을 주지는 않도록 하는 유용한 도구이다.

제8장

희망

내담자의 성공 가능성에 대한 치료사의 낙관적인 관점이 치료 효과에 영향을 주는가? 치료사의 긍정적인 기대에 대해 내담자가 변화를 위해 강점과 용기를 찾을까? 만약 치료사가 비관적이거나 일 때문에 지쳐 있다고 느낀다면 어떤가? 해결책이 있을까? 짐작하시겠지만 저자들은 이 모든 질문에 대한 답은 '그렇다yes'라고 믿으며, 이 장이 끝날 때까지 독자도 동의하기를 바란다.

희망hopefulness에 관해 저자들이 가장 좋아하는 연구 중 하나부터 시작하겠다. 세 개의 다른 입원 치료 프로그램이 특별히 설계된 성격검사를 이용한 알코올 중독 회복 연구에 참여하기로 동의했다. 연구원들은 성격검사에서 점수가 특히 높은 알코올 중독 회복 잠재력High Alcoholism Recovery Potential: HARP을 나타내는 내담자를 확인하고 평가 결과를 프로그램 치료사와 공유했다. 비밀보장을 위해 치료사는 이러한 검사 결과를 다른 사람과 공유하지 말 것을 요청받았다.

이 성격검사는 훌륭하게 수행되었다. 문제의 심각도와 이전 치료 이력과 같은 일반적인 예후 인자에 대해서는 HARP 내담자가 다른 내담자들과 다르지 않았지만 다른 중요한 점에서 차이가 있었다. 다른 내담자의 3분의 1이 치료를 중단한 반면, HARP 내담자는 조기에 치료를 중단하지 않았다. 내담자들에게 서로를 평가하도록 요청했을 때, 다른 내담자들은 HARP 내담자가 함께 있는 것을 더 바람직하게 여겼고 더 나은 회복을 보여 준다고 설명했다. 치료사는 또한 퇴원 시 각 환자를 평가했으며, 다른 환자들에 비해 HARP 내담자가 치료에 동기가 더 높았으며, 치료 예약 시간을 잘 지키고, 더 협력적이고 자기 통제적이며, 외모가 더 깔끔

하고, 더 나은 회복을 보여 주며, 술을 마시지 않기 위해 더 열심히 노력하고 있다고 보고했다. 12개월 사후관리 데이터를 통해 HARP 내담자를 확인했을 때 금주 비율이 높고 기간이 길었으며, 음주 횟수가 적었고, 취업 가능성이 높았다(Leake & King, 1977).

1년 동안 내담자의 행동과 치료 효과를 예측한 이 놀라운 성격검사는 무엇이었을까? 실제로 연구원들에게 비밀이 있었다. HARP 내담자는 실제로 어떤 성격검사 결과에 기반하여 선택된 것이 아니라 무작위로 선정된 것이었다. HARP 내담자와 다른 내담자 사이에 유일한 차이점은 프로그램 치료사에게 HARP 내담자들이 특히 좋은 예후를 가진 것으로 알려졌다는 것뿐이었다. HARP 내담자가 잘될 것이라는 치료사의 기대는 사실상 이러한 내담자의 치료 기간 동안, 치료 이후의 치료 효과에 영향을 미쳤다는 것이다.

까다로운 연구자의 영향을 받지 않더라도 치료사들은 내담자에 대한 기대를 가지고 있으며, 이러한 기대는 교사와 코치와 같은 방식으로 치료 효과에 영향을 미친다. 이러한 일이 어떻게 발생할까? 내담자에 대한 긍정적 또는 부정적 기대는 내담자를 인식하고 대하는 방식에 영향을 주어서 자기 충족적 예언이 될 수 있다(Goldstein & Shipman, 1961; Jones, 1981; Leake & King, 1977).

이와 같이 치료사의 기대는 내담자 자신의 변화에 대한 희망에 영향을 줄 수 있다(Yahne & Miller, 1999). 동기motivation와 마찬가지로 희망은 내담자의 속성으로 간주되기도 하지만 관계의 맥락에서 등장하는 상호작용적인 부분이다. 희망을 주고 또 희망을 유발하는 것은 중요한 치료적 기술이다(Frank, 1968; Snyder, 1994). 이 책에서 논의된 다른 기술들과 마찬가지로 희망은 내적 경험 또는 태도와 외적 표현을 모두 포함한다.

희망의 태도

희망적인 태도는 낙관주의이며, 이는 긍정적인 변화를 예상하고 기대하는 것이다. 낙관주의는 선택이다. 치료사는 물컵이 반이 비어 있는 것이 아니라 반이 차 있는 것으로 보기로 결정한다. 이 장의 앞부분에서 설명한 연구에서도 알 수 있듯이 낙관주의와 비관주의는 둘 다 실현된다.

예를 들어, 치료사는 자신이 제공하는 치료를 믿는 것이 중요하다. 일련의 통제된 임상 연구에서 네이선 아즈린Nathan Azrin과 동료들은 지역사회 강화 접근법 Community Reinforcement Approach: CRA을 알코올 사용 장애가 있는 사람들을 위한 '전통적인traditional' 치료법과 비교했다(Azrin, 1976; Azrin, Sisson, Meyers, & Godley, 1982; Hunt & Azrin, 1973). 세 번의 연속적인 연구에서 CRA는 전통적인 치료보다 훨씬 우수한 것으로 나타났다. 그러나 두 치료법 모두 CRA에 헌신하고 있으며 전통적인 치료법이 효과가 없다고 간주하는 동일한 행동치료사에 의해 제공되었다. 후속 연구(Miller, Meyers, & Tonigan, 2001)에서 CRA와 전통적인 질병 모델 치료는 각각 그들의 접근 방식에 대해 훈련을 받고 헌신한 다른 치료사들에 의해 전달되었다. 이 경우 CRA의 장점은 6개월 추적 관찰에서 미미하게 나타났으며 치료 효과는 18개월과 24개월에서 차이가 없었다. 자신이 하고 있는 일에 대한 믿음이 중요하며, 이는 내담자에게 전달된다. 이것은 열정적으로 믿는 사람의 힘을 이용한다는 점에서 '메카 효과Mecca effect'라고 불린다(B. F. Shaw, 1999). 이러한 신념이 어떻게 치료 효과로 이어지는지 명확하지는 않지만, 특정 접근법에 대한 치료사의 충성도가 내담자의 치료 순응도와 치료가 성공적일 것이라는 치료사 자신의 자신감을 증진시킬 것이다(McLeod, 2009).

> 낙관주의와 비관주의는 둘 다 실현된다.

일부 내담자는 지속적인 낙관적인 태도에 도전할 수도 있다. 내담자를 대하는 과정에서 실망할 수도 있지만 희망이 줄어들 필요는 없다. 사람들은 안정적인 변화나 회복에 도달하기 전에 인식, 준비, 행동실천, 유지의 초이론적 변화단계를 여러 번(또는 많이) 순환하는 것이 일반적이다. 결과에 대한 이분법적 사고는 전체 '성공' 또는 '실패' 사이에 있는 광범위한 자비로운 변화benevolent changes를 과소평가한다(Miller, Walters, & Bennett, 2001). '두 걸음 앞으로 한 걸음 뒤로'는 인간의 본성인 것 같다. 내담자가 치료를 받으면서 얻는 이점은 치료하는 동안에는 잘 보이지 않을 수 있다는 것을 고려할 필요가 있다. 사람들은 종종 이전의 치료사(또는 멘토, 교사, 부모, 친구)가 이전에는 인식하지 못했지만 그들의 삶에 중요한 영향을 미쳤다고 말한다. 내담자에 대한 희망을 품고 있을 때는 이 사실을 기억하는 것이 중요하다.

희망을 증진하는 방법

심리치료에 대한 최초의 통제 연구 중 하나는 1784년 벤자민 프랭클린Benjamin Franklin에 의해 수행되었다. 그 당시 파리에 살면서 그는 프랑스 왕으로부터 자연 전체에게 발견되는 보이지 않는 유체fluid인 '동물 자기animal magnetism'를 조작하여 신체적 · 정신적 질병을 치료한다고 주장하는 최면술사 안톤 메스머Anton Mesmer[1]의 치료를 조사해 달라는 요청을 받았다. 프랭클린은 "환자가 급격히 증가했고, 메스머의 치료법은 다양하고 놀라웠습니다."라고 보고했다(Franklin, 1785, p. xii). 프랭클린 위원회는 메스머의 이론을 검증하기 위해 영리한 일련의 실험을 고안해 냈다. 비록 메스머는 참여하기를 거부했지만, 다른 메스머의 제자들은 기꺼이 실험

1) 역주: 프란츠 안톤 메스머(1734~1815)는 오스트리아 출신 의사이며, 모든 생명체의 체내에 달의 인력으로 밀물과 썰물이 발생하듯 자력을 받는 유체가 있으며 그 유체의 흐름 이상으로 질병이 발병하고, 자기력의 적절한 개입으로 질병을 치료할 수 있다는 '동물 자기설'을 주장했다.

에 참여했다. 메스머의 제자들이 손을 대지 않고 사람(또한 생물, 무생물 모두)을 만지지 않고 자기화할 수 있다고 주장했기 때문에, 위약(플라시보) 실험으로 불리는 첫 번째 연구에서 환자들의 눈을 가렸다(Rohsenow & Marlatt, 1981). 대면 시각적 접촉에서 관찰된 극적인 치료 효과는 치료사가 없을 때도 눈을 가린 환자들이 자신이 자기화되고 있다고 믿게 만들었을 때 발생했다. 반면 치료사가 눈을 가린 환자에게서 1.5피트(45.72cm) 떨어진 곳에서 '자기력magnetism'을 발휘했을 때, 치료사의 존재를 모르는 한 전혀 효과가 관찰되지 않았다. 환자들이 여러 그루의 나무나 분지에 노출되었을 때도 비슷한 결과가 나타났는데, 그중 단 한 환자만이 최면술mesmerism에 의해 '자기화magnetized'되었다. 드라마틱한 결과가 발생했지만, 자기화된 대상magnetized object과 구체적으로 관련되지는 않았다. 프랭클린은 다음과 같이 회상했다.

> 이 새로운 치료사는 바로 상상력 그 자체일지도 모른다. 그 힘은 알려진 것보다 훨씬 넓은 범위에 걸쳐 있을 것이다. 아픈 사람의 상상력은 분명히 질병의 치유에 매우 자주 활용되고 상당한 역할을 한다. 종교뿐만 아니라 [물리적인 세계]에서도 희망의 영향 아래서 [우리]는 구원을 받는다. 희망은 인간의 삶에 가장 중요한 요소이다(1785, pp. 100, 102).

메스머는 그 후 사기꾼으로 치부되어 파리에서 치료하는 것이 금지되었다. 그러나 프랭클린이 '다양하고 놀라운' 치료법을 관찰했다는 사실은 여전히 남아 있다. 단지 치료법은 메스머가 가정한 치료 메커니즘과는 관련이 없었다.

내담자의 희망을 불러일으키려면 어떻게 해야 할까? 앞에서 설명한 조지 리크George Leake와 앨버트 킹Albert King(1977)의 연구에서 설명한 것처럼, 치료의 효능에 대한 치료사 자신의 믿음과 그러한 긍정적인 기대는 분명히 전염성이 있다. 때때로 내담자에게 희망이 없을 때, 내담자에게 치료사의 희망이 전달될 수 있다. 치료사의 희망은 긍정적인 기대를 키우는 데 있어서는 수많은 미묘한 방법으로 암묵적으로 전달될 수도 있지만 명시적인 방법으로도 전달될 수 있다.

내담자: 이런 노출치료는 어려울 것 같아요. 제가 그걸 하길 원하는지 잘 모르겠어요.

치료사: 이해합니다. 두려움을 유발하는 상황을 피하는 것에 익숙한데 제가 그 상황에 노출되도록 행동할 것을 격려하고 있습니다. 제가 왜 노출치료가 가치 있다고 생각하는지 이야기 드려도 괜찮을까요?

내담자: 네.

치료사: 우선, 노출치료가 효과가 있다고 보고하는 확실한 연구 결과가 있습니다. 여러 나라에서 철저하게 연구되었으며 사람들이 두려워하는 것을 극복하는 데 실제로 도움이 됩니다. 회피하는 것은 아주 자연스러운 일처럼 느껴지지만 실제로는 두려움을 강화하고 고통을 연장시킵니다. 이해되세요?

내담자: 그럴 것 같네요. 치료는 얼마나 걸리나요?

치료사: 치료 기간이 노출치료의 또 다른 이점입니다. 다른 방법들이 시간이 지남에 따라 천천히 도움이 될 수도 있지만 이 접근을 활용하면 일반적으로 몇 주 내 좋은 결과를 볼 수 있습니다.

내담자: 고통 없이 이득도 없는 것처럼요?

치료사: 맞아요. 단기적으로는 어려운 일을 하는 것이 장기적으로 더 나은 삶을 사는 데 도움이 될 수 있습니다. 만약 노출치료가 효과가 없다면 제안도 하지 않았을 겁니다. 그리고 OO 님이 할 수 있을 거라고 믿습니다. 그리고 하나 더 있습니다.

내담자: 그게 뭔데요?

치료사: 효과가 있다는 연구 결과만으로 노출치료를 제안 드리는 것은 아닙니다. 저는 이 치료 방법을 10년 넘게 사용하고 있습니다. 이 치료법의 최고 권위자에게 교육을 받았고, 수십 명의 사람과 함께 이 접근 방법

으로 치료했습니다. 치료 효과가 좋고, 빨리 효과가 나타나는 것을 직접 봤고, 당신에게 정말 도움이 될 거라 생각합니다.

내담자: 만약 효과가 없으면 어떻게 하죠?

치료사: 이야기 드렸듯이 이 치료법만이 가능한 것은 아닙니다. 저희가 시도해 볼 수 있는 다른 것들도 있습니다. 하지만 노출치료가 우리가 먼저 시도해 볼 수 있는 가장 좋은 방법이라고 생각합니다. 만약 노출치료가 OO 님에게 효과가 없다면, 우리가 방법을 찾을 때까지 제가 OO 님과 함께할 겁니다. 그러면 노출치료에 대해 궁금한 것이 있을까요?

이 대화에서 치료사는 몇 가지 희망적인 메시지를 내담자에게 전달했다. 먼저, 제안된 노출치료에 대한 과학적인 근거를 평가하여 일반적인 효능감을 격려했다. 치료사는 이 노출치료를 활용한 자신의 경험, 자신감 및 치료 효과를 설명했고, 내담자가 노출치료를 잘 받을 수 있다는 믿음을 제기하고 자기효능감을 지지했다. 마지막으로 치료사는 이 치료가 가능한 유일한 희망이라고 주장하지 않고, 함께 효과가 있는 방법을 찾을 것이라고 내담자를 안심시켰다.

물론 임상적 판단이 필요하며, 희망을 심어 주려는 과도한 시도는 내담자의 견해와 충돌하여 치료 신뢰성과 작업동맹을 손상시킬 수도 있다(Constantino, Glass, Arnkoff, Ametrano, & Smith, 2011). 다른 치료 기술과 마찬가지로, 희망을 전달하려는 노력은 공감 및 협력과 같은 다른 기술과 균형을 이루어야 한다.

치료사의 희망을 공유하는 것을 넘어 내담자의 긍정적인 기대를 향상시키기 위한 몇 가지 구체적인 방법은 인지행동치료cognitive-behavior therapy(Cheavens, Feldman, Woodward, & Snyder, 2006; Snyder et al., 2000)와 동기면담motivational interviewing(Miller & Rollnick, 2013)에서 모두 설명되었다. 일반적인 전략 중 하나는 내담자가 과거에 성공적으로 수행한 어려운 변화와 변화를 위해 무엇을 수행했는지 물어보는 것이다. 또 다른 접근은 내담자의 강점에 초점을 맞추는 것이다. 예를 들어, '성공적인 변화를 하는 사람의 특성'은 100개의 긍정적인 속성을 임의적으로 제시한 목록이며, 내담자는 자신을 정확하게 묘사하는 몇 가지 형용사에 동그라미를 치게 된다 (Miller et al., 2019; Miller & Rollnick, 2013). 그 이후 다음과 같이 내담자의 감정에 대해 면담을 할 수 있다.

치료사: 여기 '끈기 있는'에 동그라미를 치셨네요. OO 님은 어떤 점에서 끈기가 있는 사람인가요?

내담자: 일단 제가 무언가를 하기로 결정하면 그것을 고수하는 편입니다. 고집스러운 사람이라고도 할 수 있습니다.

치료사: 쉽게 포기하지 않으시는군요. 이러한 특성을 잘 알 수 있는 좋은 예가 있으면 이야기해 주세요.

내담자: 음, 몇 달 전에 옷가게에서 옷을 샀는데, 사실 속옷이었어요. 좀 비싸긴 했지만 오래 입을 것 같아 샀는데 속옷이 3 사이즈나 늘어났어요. 상점에 다시 가니까 저보고 제조사에 연락해 보라고 했어요.

치료사: 어떻게 되었나요?

내담자: 처음에는 온라인 민원 양식밖에 없어서 작성했어요. 제조사의 전화번호와 함께 "죄송합니다. 전화 주세요."라는 답장을 받았어요. 그래서 전화했더니 클레임 번호를 알려 주고 반품하라고 했어요. 속옷을 보내고 영수증을 보관하고 기다렸어요. 두 달 정도 지났길래, 클레임 번호로 계속 전화를 걸었습니다. 마침내 제조사는 제가 무엇을 교환하고 싶은지 물었고 2주가 더 지난 후에 대체품이 우편으로 도착했습니다.

치료사: 꽤 오랜 시간이 걸렸고, OO 님은 그것을 견뎌 내셨네요. OO 님은 인내심을 가지고 계속 노력할 의향이 있으셨던 것 같네요.

내담자: 네, 시간이 너무 오래 걸려 짜증이 났지만, 저와 이야기하는 사람의 잘못이 아니라는 것을 알고 있었습니다.

치료사: 냉정을 유지하는 방법과, 전화로 상대방을 나무라는 것이 도움이 되지 않는다는 것을 아셨네요.

내담자: 제가 그 일을 했다면 그 상황이 싫었을 것 같아요.

치료사: 다른 사람의 입장에서 그들이 어떻게 느끼는지 상상할 수도 있으시군요.

내담자: 물론입니다. 전 단지 공정한 교환을 원했을 뿐이거든요.

치료사: 그리고 끈기 있게 대처함으로써, 대체품을 얻었군요.

인정에 대해 제5장에서 논의했듯이, 강점은 구체적인 행동 그 이상이다. 치료사는 **내담자**의 끈기 있는 특성과 그 특성이 다양한 상황에서 활용될 수 있는 강점임을 이야기하고 있다.

● 치료사의 낙관주의에 역효과를 미칠 수 있는 편견들

앞서 언급했듯이, 치료 효과에 대한 치료사 자신의 기대에 대한 낙관성을 유지하는 것은 내담자의 희망을 촉진하는 데 중요하다(Martin, Sterne, Moore, & Friedmeyer, 1976; Martin, Moore, & Sterne, 1977). 치료사는 치료를 받으려고 하는 사람들의 표본 편향으로 인해 전문적인 위험에 직면한다. 심리치료 실천에서는 일반적으로 치료사의 도움이 있든 없든 성공적으로 변화한 많은 내담자보다는 대부분 필요한 변화를 하지 못한 내담자를 보게 된다(Snyder, Michael, & Cheavens, 1999). 변화에 실패한 내담자를 매일 마주하게 되면 사람들이 변화할 수 있는 잠재력에 대한 자신감을 잃을 수 있다. 치료 효과 연구를 수행할 때의 한 가지 특권은 치료를 받은 모든 사람을 추적하는 것이다. 임상 실험을 통해 저자들은 대부분의 사람이 약물 사용 장애 치료 후 얼마나 좋은 결과를 얻었는지 보고 깊은 인상을 받았다. 치료 효과가 매우 고무적이었기 때문에 저자들은 수십 년 동안 중독치료를 계속해 왔다. 하지만 저자들이 사례접수 서비스에서만 일했다면 이러한 결과를 인정하지 않았을 수 있다(Miller, Forcehimes, & Zweben, 2019).

또 다른 잠재적인 부정적인 편견은 행동건강전문가가 훈련을 통해 내담자의 강점과 긍정적인 자질을 간과하면서 병리를 찾는 경향이 있다는 것이다(Stack, Lannon, & Miley, 1983). 트라우마, 고문, 불행, 어린 시절의 박탈 이후에도 인간의 놀라운 회복력에 대한 생생하고 확신을 주는 연구가 있다(Rutter, 2006, 2013). 일상 업무로 인해 병리와 비탄에 빠지게 된다면, 인간의 회복탄력성과 전반적으로 긍정적인 치료 효과에 관한 지식은 영혼을 구하는 데 도움이 되며, 낙관주의를 강화할 수 있다.

희망에 관한 연구

위약(플라시보) 효과의 유효성은 기존 연구에서 충분히 보고되었다(A. K. Shapiro, 1971; Wampold, Minami, Tierney, Baskin, & Bhati, 2005). 때때로 내담자에게 속임수를 쓰는 것처럼 비방을 받기도 하지만 위약은 치유에 있어서 희망의 자비로운 효과benevolent effect를 보여 준다. 더 작은 규모의 연구에서는 자기효능감(특정 업무에 성공할 수 있는 자신의 능력에 대한 믿음)은 성공을 비슷하게 예견하며(Bandura, 1997), 행동적 개입에 의해 자기효능감이 향상될 수 있다(French, Olander, Chisholm, & McSharry, 2014; O'Halloran, Shields, Blackstock, Wintle, & Taylor, 2016; Prestwich et al., 2014; Sheeran et al., 2016). 또한 따뜻함, 지지성, 신뢰성, 공감, 긍정적 존중 등 다양한 치료사의 특성이 내담자 희망의 유발과 관련이 있다(Howe, Goyer, & Crum, 2017; Kaptchuk et al., 2008; Orlinsky & Howard, 1986; Turner, Deyo, Loeser, Con Korff, & Fordyce, 1994).

치료사의 의사소통은 환자의 기대치를 **떨어뜨릴** 수도 있다. 수십 년간 저자들은 모든 참가자가 최종적으로 연구 중에 치료를 받게 될 것이므로 윤리적으로 책임 있는 통제 조건으로 대기자 명단 집단을 사용해 왔다(Miller et al., 1993; Miller & DiPilato, 1983; Schmidt & Miller, 1983). 지속적으로 나타난 결과는 대기자 명단에 있는 내담자들이 치료를 받았을 때까지는 어떠한 개선도 나타나지 않았으며,

그 후에 긍정적으로 반응했다는 점이다. 추가 연구(Harris & Miller, 1990)에서 즉각적인 외래 치료 집단, 또는 격려 및 자조self-help 매뉴얼을 제공하는 단일 회기 상담 집단, 또는 대기자 명단 집단으로 알코올 사용 장애 환자를 무선할당했다. 두 중재군 모두 10주 정도 음주량이 상당히 감소한 반면, 대기자 명단에 있는 내담자는 외래 진료를 받기 전까지 음주량에 변화가 없었다([그림 8-1] 참조).

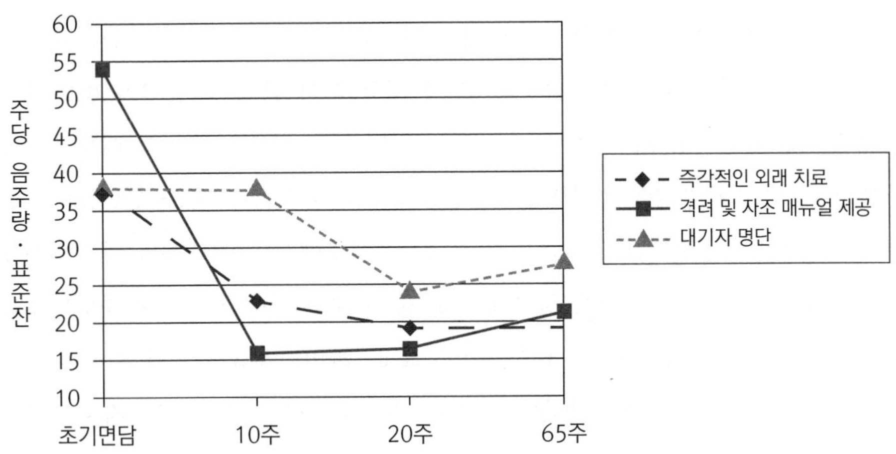

[그림 8-1] 즉각적인 외래 치료, 격려 및 자조 매뉴얼 제공, 대기자 명단 집단에 무선할당

대기자 명단의 내담자들이 치료를 받기 위해 연구에 참가 신청을 하고, 치료 전 평가를 마치고, 음주 문제를 스스로 확인했는데도 아무런 변화가 없는 이유는 무엇이었을까? 간단한 설명은 그들은 하라는 대로 했다는 것이다. 대기했던 것이다. 내담자에게 대기자 명단에 있다고 말할 때, 내담자들은 나아질 것으로 기대하지 않고 치료받기 전까지 할 수 있거나 해야 할 일이 아무것도 없다는 암묵적인 지시를 받았다. 반면 단기 개입 자기변화 조건에서는 자조 매뉴얼(외래 치료에서 제공하는 내용과 동일)을 사용하여 음주 변화를 즉시 시작하고 10주 후에 연구자와 함께 변화를 점검하기로 했다. 이런 의미에서 내담자에게 대기자 명단에 있다고 말하는 것은 해로울 수 있으며 자연스러운 변화 노력조차 약화할 수 있다(Miller, 2015). 행동 변화를 기다리는 것은 수술을 기다리는 것과는 다르다. 도움이 될 가능성이 높고 개인의 선택 의지에 힘을 실어 주는 무언가를 즉시 제공하는 것이 더 좋다(Cheavens et al., 2006). 위약(플라시보) 개입도 대기자 명단보다 더 긍정적인 변화를 가져올 수 있다(Kaptchuk et al., 2008).

> 내담자에게 대기자 명단에 있다고 말하는 것은 해로울 수 있다.

치료사 기대의 힘은 충분히 영향력이 있어 연구자들은 임상 연구에서 이를 측정하고 설명하기 위해 노력한다. 앞에서 논의한 바와 같이, 치료사가 변화에 도움이 된다고 믿는 치료를 제공할 때 그들이 믿지 않는 치료를 제공할 때보다 치료효과가 더 좋을 가능성이 높다(Falkenström, Markowitz, Jonker, Philips, & Holmqvist, 2013). 이러한 충성효과allegiance effect 외에, 다른 연구에서도 내담자의 예후에 대한 치료사의 기대가 그들의 실제 결과에 대한 좋은 예측 변수임을 보여 주었다(Katz & Hoyt, 2014; P. J. Martin et al., 1977; Norris et al., 2019). 치료사는 단순히 좋은 '예언자'인가? 아니면 치료사의 믿음이 실제로 결과에 영향을 미치는가? 저자들이 아는 한, 이것은 이 장의 시작 부분에서 설명한 리크Leake와 킹King(1977)의 기발한 연구 외에는 심리사회적 개입에 대한 실험 연구에서 다루어지지 않은 질문이다. 이 질문에 대한 대답은 내담자와 호소 문제(Strauss, Huppert, Simpson, & Foa, 2018)에 따라 다를 수 있으며, 치료사 기대는 일부 상황에서는 다른 상황보다 덜 중요할 수 있다. 그럼에도 불구하고 교사의 기대가 학생에게 미치는 강력한 영향에 관한 문헌에 기초하여(Rosenthal & Jacobson, 1966; Rubies-Davis & Rosenthal, 2016; Szumski & Karwowski, 2019), 저자들은 초기 기대가 치료사의 기민함을 반영하는 것이 아니라 결과에 영향을 주는 역할을 한다고 가정하는 것이 합리적이라고 생각한다. 167명의 정신역동 치료사를 대상으로 한 연구에서 비관주의는 가장 부정적인 내담자 결과와 관련이 있었다(Sandell et al., 2006). 치료적 낙관주의는 가치가 있다. 사실, 치료사의 낙관주의는 멘토, 코치, 부모, 친구, 파트너와 같은 소중한 다른 인간관계와 다르지 않다.

핵심 포인트

- 내담자의 희망과 기대(때로 위약 효과, 플라시보 효과라고 함)는 더 나은 건강 및 치료 효과와 관련이 있다.
- 내담자의 예후에 대한 치료사의 신념은 자기 충족적 예언이 될 수 있다.
- 치료 절차에 대한 치료사의 믿음도 치료 효과에 영향을 준다.
- 구체적인 임상 절차는 내담자의 변화에 대한 기대를 증가시키거나 감소시킬 수 있다.
- '대기자 명단'에 등록된 것은 변화하지 말라는 지시로 보인다.

제9장 유발하기

치료사뿐만 아니라 내담자도 변화 과정에 중요한 강점과 전문성을 제공한다(Bohart & Tallman, 1999; Wampold & Imel, 2015). 사실, 내담자 특성은 적어도 전반적인 심리치료 효과를 설명하는 치료사의 특성 및 기술만큼 중요하다(Duncan, Miller, Wampold, & Hubble, 2010). 변화, 참여, 희망, 자기효능감에 대한 동기가 높은 내담자는 더 나은 예후를 갖는 경향이 있다. 그러나 이러한 특성들은 고정적인 것이 아닌 심리치료의 대인관계 맥락에서 나타나며, 내담자의 표현은 치료사가 무엇을 하는지(상담 접근)에 영향을 받을 수 있다.

이 장에서 저자들은 내담자의 결과에 영향을 주는 치료 요인 목록에 자주 포함되지 않는 기술로서의 유발evocation을 다룬다. 유발은 내담자가 이미 가지고 있는 자신의 강점과 지혜를 불러일으키고 지지한다. 내담자는 변화 과정에서 협력자가 된다. 유발은 내담자 자신의 자가 치유 잠재력을 촉진하는 것으로 생각할 수 있다(Bohart & Tallman, 1999, 2010; Levitt & Pomerville, 2016).

내담자 자신의 자원을 유발하는 능력은 가르치고 조언하는 기법적 기술과 대조되는 치료사의 특별한 기술이다. 유발과 방향 사이에서 선택할 필요는 없다. 안내하기 스타일guiding style은 두 가지를 모두 포괄하며(Miller & Rollnick, 2013), 반응성responsiveness에 대한 새로운 연구에서는 유발하기evoking와 조언하기advising의 균형을 내담자 특성에 따라 가장 잘 적절하게 조절하는 것이라고 보고했다(C. J. Edwards, Beutler, & Someah, 2019; Karno & Longabaugh, 2005). 효과적인 치료사는 변화를 위해 방향지향적 전략과 내담자의 자산(강점, 지혜 등)을 불러일으키는 전략 사이에서 균형을 맞출 수 있다. 이 책에서 논의된 다른 대인관계 기술과 마찬가지로 유발은 임상가의 내적 태도와 그에 상응하는 외적 행동을 모두 포함한다.

유발하기의 태도

유발의 태도에서 출발점은 내담자로부터 유발해야 할 중요한 것이 있다는 것을 인식하는 것이다. 그 태도와 반대되는 태도는 치료사가 자신을 전문가로 인식하고 내담자가 가지고 있지 않거나 스스로 할 수 없는 것을 제공하는 사람으로 인식하는 것이다. 일부 형태의 심리치료는 통찰력, 지식, 기술, 동기 또는 합리적 사고 등 내담자에게 부족한 것을 제공하는 것을 강조한다. 유발은 결핍deficits보다는 강점을 가정한다. "나는 당신이 필요로 하는 것을 가지고 있고 그것을 당신에게 줄 것입니다."라고 함축적으로 말하는 대신, 유발의 메시지는 "당신은 당신이 필요로 하는 것을 가지고 있고, 우리는 함께 그것을 찾을 겁니다."이다.

물론 치료사는 전문적인 교육과 경험에서 어렵게 얻은 전문지식을 가지고 있으며, 그 전문지식을 제공하는 것은 조력 관계의 일부이다(제10장). 내담자 또한 중요한 전문지식을 가지고 있다. 제1장의 마지막 부분에서 이야기했듯이, 내담자에 대해 내담자보다 더 잘 아는 사람은 없다. 지속적인 삶에 변화를 통합하는 것은 처방하는 과정prescriptive process이 아니라 협력적인 과정collaborative process이다. 궁극적으로 변화 여부, 이유, 시기, 방법을 결정하는 것은 내담자이다. 그렇다면 유발의 근본적인 태도는 상담과 심리치료에서 내담자는 수동적 수용자 역할을 하고 전문가가 주도적으로 진행하는 것이 아니라 파트너십을 통해 협력적으로 진행하는 것으로 본다. 내담자는 변화에 적극적인 참여자가 된다.

> 유발: "당신은 당신이 필요로 하는 것을 가지고 있고, 우리는 함께 그것을 찾을 겁니다."

호기심curiosity은 또한 유발 태도의 일부이다. 치료사는 내담자가 자원과 재능을 가지고 있다고 가정할 뿐만 아니라 치료사는 그것을 발견하고 싶어 한다. 어떤 내담자가 조력 관계에 어떤 영향을 미칠지 미리 알 수 없다. 내담자의 지혜와 강점에 초점을 맞추고 발견하다 보면 치료사는 내담자에게 감탄할 수 있다.

유발에 대한 치료사의 기여는 무엇을 유발해야 하는지 아는 것을 추가적으로 포함한다. 상담 중 내담자가 어떤 것을 어떻게 표현하고 경험하는 것이 중요한가? 이는 부분적으로 인간 본성과 변화에 대한 암묵적인 모델과 치료과정에 대한 이용 가능한 연구에 의해 안내된다. 저자들은 치료에서 두 가지 근거 기반 유발의 형태를 설명할 것이다. 하지만 유발을 위한 몇 가지 실용적인 도구를 먼저 살펴보겠다.

유발하기의 방법

심리치료 중에 내담자가 하는 말은 진공상태에서 진술되는 것이 아니라 치료사와의 상호작용을 하면서 진술된다. 상담 및 심리치료의 일부 학파에서 조력자는 치유와 성장으로 이어지는 것으로 추정되는 특정 종류의 언어(예, 자유연상, 카타르시스, 감정표현, 긍정적 기대)를 장려한다. 이러한 최적의 언어는 이론적 모델에 따라 질문, 공감적 반영, 홍수법, 끊임없는 침묵을 통해 진술될 수 있다. 치료 방법은 의도적으로 전략적일 수 있고(Haley, 1993; R. J. Kohlenberg & Tsai, 2007), 단순히 자연 치유가 일어나기 위한 치료조건으로 개념화될 수도 있다(Rogers, 1959; Truax & Carkhuff, 1967).

특정 질문을 하거나, 특정 내용을 반영 또는 인정, 요약을 하는 이유를 의식할 수도 있고 의식하지 않을 수도 있다. 치료사들이 그 과정을 인지하고 있건 없건 간에 사실상 모든 유형의 상담과 심리치료에서 유발이 발생한다. 치료사가 유발하고자 하는 내용과 방법은 차이가 있다. 예를 들어, 저자들이 코칭한 한 치료사는 처음에는 내담자가 자신의 가장 부정적인 감정, 그리고 과거와 현재 생활에서 경험한 어려움을 매우 자세히 설명하는 것이 치료적인 것처럼 상담했다. 그러나 그 대신 내담자의 가치, 목표, 강점에 상담의 초점을 맞춤으로써 내담자가 상담회기의 경험과 상담을 지속하려는 의지가 크게 향상되었다.

아마도 유발에 대한 가장 단순한 이해는 상담에서 치료사가 초점을 맞추고 관심을 기울이는 것에 대해 더 많이 듣게 될 것이라는 생각이 내재되어 있다는 것이다. 특정 상담의 '면담기술microskills'을 활용해서 내담자가 말하는 특정 측면을 초대하고 강조할 수 있다. 동기면담에서 적용되고 연구된 이러한 면담기술 네 가지는 약자로 OARS인데, 이는 열린 질문Open question, 인정Affirmation, 반영Reflection, 요약Summary이다(Miller & Rollnick, 2013).

질문questions은 대답을 예상하고 필요로 하기 때문에 그런 의미에서 방향지향적directive이다. 닫힌 질문closed questions은 숫자, 날짜 또는 주소와 같은 특정한 정보를 요구하고, 열린 질문open questions은 내담자에게 더 많은 반응을 요구한다.

- "오늘은 무슨 일로 오셨나요? 제가 어떻게 도와드릴까요?"
- "당신이 이야기한 관계에서 가장 즐거워하는 점은 무엇인가요?"
- "만약 상담이 100% 성공한다면, 무엇이 달라질까요?"
- "어머니에 대해 이야기해 주세요."

치료사가 질문을 할 때 내담자(와 치료사)의 주의attention에 영향을 준다. 질문하는 내용은 치료사가 중요하게 여기는 것이다. 치료사가 무엇을 질문하는지가 중요하다.

인정affirmation(제5장)은 내담자의 진술, 행동 또는 태도의 일부 측면을 긍정적으로 이야기하는 것을 의미한다. 좋든 나쁘든, 무엇이든 치료사가 인정하는 대로 더 많이 듣게 될 것이다(Karpiak & Benjamin, 2004). 내담자가 심리치료에서 무엇을 이야기하는지도 중요하고, 치료사가 무엇을 인정하는지도 중요하다.

반영reflection(제3장)은 내담자가 이야기한 내용의 특정 측면에 초점을 맞춘다. 반영은 긍정적인 강화의 한 형태로 기능할 수 있다(Truax, 1966). 치료사는 반영하는 모든 내용에 대해 더 많이 듣게 될 가능성이 있으며, 내담자의 관심은 그 내용을 더 깊이 고려하도록 유도된다. 치료사가 무엇을 반영하는지가 중요하다.

요약summary은 내담자가 말한 내용과 일어난 일을 종합하는 것이다. 하지만 요약은 종종 말한 모든 것을 포함하지 않는다. 대신 요약은 특별히 포함할 가치가 있는 특정 측면에 초점을 맞춘다. 요약에 무엇을 포함하는지가 중요하다.

이 네 가지 면담기술은 모두 상담 중에 내담자가 말하거나 말하지 않는 것에 영향을 주고, 이는 결국 치료 효과를 예고한다. 상담회기의 순차적 분석은 특정 치료사의 반응이 내담자의 반응을 유도하거나 강화하는 정도를 보여 준다(Bischoff & Tracey, 1995; Drage, Masterson, Tober, Farragher, & Bewick, 2019; Klonek, Lehmann-Willenbrock, & Kauffeld, 2014; Moyers et al., 2007; Walthers et al., 2019; Wiser & Goldfried, 1998).

> 면담기술은 내담자가 말하는 내용에 영향을 주고, 이는 결국 치료 효과를 예고한다.

유발의 일반적인 측정(유일한 것은 아니지만)은 일상적 상호작용 중에 내담자가 사용하는 언어이다. 치료 후 긍정적인 결과는 내담자가 상담회기 중에 특정 사항(예, 동기, 자기 탐색, 자기효능감, 결심)을 더 많이 말하고, 다른 것(예, 논쟁, 절망)을 덜 말하는 정도에서 예측할 수 있다. 최적이라고 간주되는 내담자의 진술의 종류는 심리치료 시스템에 따라 다르지만 여기서 일반적인 주장은 내담자가 치료 중에 말하는 내용은 **유동적이며** 예상되는 결과에 대한 중요한 정보를 포함하고 있다는 것이다. 이상적으로 유발된 내담자의 진술의 특징은 다음과 같다.

1. 관찰 가능하고 안정적으로 측정 가능함
2. 유용할 만큼 충분히 가변적임: 항상 존재하지도 않고 드물게 존재하지도 않음

3. 치료적 의사소통에 반응함
4. 치료 효과와 경험적으로 연관됨

상담회기 내에서 내담자 언어의 이러한 특성은 치료사와 내담자 진술을 후속 결과와 연결하는 심리언어학 연구에서 연구될 수 있다. 저자들은 이러한 기준을 충족시키는 두 가지 예를 제시한다. '경험하기experiencing'와 '변화대화change talk'이다. 이 예들은 관찰 가능하고, 가변적이며, 치료사의 기술에 반응하고, 더 나은 치료 효과를 예측한다.

치료적 유발의 두 가지 예

경험하기

전통적으로 인간중심접근에서는 피상적 일반성superficial generalities, 비인격적 관찰impersonal observations 또는 지적 추상화intellectual abstraction보다는 내담자의 감정feelings과 현재 경험here-and-now experiences을 표현하는 것이 더 중요하다. **경험하기**의 구성은 심리치료에 대한 내담자의 정서적 참여의 깊이(Gendlin, 1961; Rogers et al., 1967)와 치료사와의 상호작용에 자신의 탐색과 관심을 가져오는 능력에 초점을 맞춘 인간중심상담에서 나타났다(Bugental, 1999). 내담자의 경험Client experiencing: EXP은 일반적으로 현상학적 자기 탐색의 일곱 가지 '단계' 각각에 대한 구체적인 설명과 함께 7점 서열척도로 측정되어 왔다(M. H. Klein, Mathieu-Coughlan, & Kiesler, 1986). EXP 평가는 내담자 자신의 언어화에만 기반을 두고 있으며, 특히 말로 표현된 자기개방을 반영한다(Stiles, McDaniel, & Gaughey, 1979). 낮은 수준에서 내담자의 경험은 표면적이고 비인격적이며 개인적 감정이 없다. 1인칭 대명사는 거의 없다. 중간 수준에서 내담자는 더 내성적이다. 사건에 대한 공허한 서술적 설명 대신 그들은 감정과 개인적인 관점을 이야기한다. 즉, 내담자는 사건에 대한 그들만의 경험을 전달한다. 높은 수준의 내담자 경험은 즉각적이고 긴급한 경험에 대한 지속적인 인식과 탐색을 반영한다. 이러한 상담회기 평가는 내담자의 잠재적인 성찰적 경험 깊이를 반영하기 위한 것이다. 상담평가자coder 훈련 후 EXP의 평가자 간 신뢰도가 높다고 보고되었다(M. H. Klein et al., 1986; Watson & Bedard, 2006).

비교적 일관된 결과는 내담자 EXP의 상담회기 내 깊이가 더 나은 치료 효과를 예측한다는 것이다(Hill, 1990; Luborsky, Auerbach, Chandler, Cohen, & Bachrach, 1971; Orlinsky & Howard, 1986; Pascuel-Leone & Yervomenko, 2017; Watson & Bedard, 2006; Wiser & Goldfried, 1998). 이러한 예측 관계는 결혼(Johnson & Greenberg, 1988), 간단한 심리치료(Hill et al., 1988), 인지치료(Castonguay, Goldfried, Wiser, Raue, & Hayes, 1996), 경험적 치료(Goldman, Greenberg, & Pos, 2005; Watson & Bedard, 2006), 정서중심치료(Robichaud, 2004), 조현병이 있거나 없는 내담자(Kiesler, 1971; Rogers et al., 1967)를 포함한 다양한 치료적 맥락에서 관찰되었다.

그렇다면 치료사는 어떻게 내담자의 경험을 촉진할 수 있을까? 위스콘신 연구(Rogers et al., 1967)에서 세 가지 치료조건 중 두 가지(공감, 진정성)가 더 깊은 내담자 상담회기 EXP를 예측했으며, 이는 결과적으로 더 유리한 결과를 예측했다. 후속 연구에서는 치료조건의 총 수준을 조사할 때 더 혼합된 결과를 도출했다(M. H. Klein et al., 1986). 반영은 종종 내담자의 경험, 감정, 의미에 초점을 맞춘다는 점에서 정확한 공감(제3장)이 좋은 후보로 보일 것이다(Elliott et al., 2011a). 그러나 여기서도 관찰된 관계는 치료사의 상담회기 내 공감 수준과 내담자 EXP 사이에 상대적으로 약하고 일관성이 없었다.

치료사와 내담자의 행동은 상호 의존적이기 때문에(Hill, 2005), 상담회기 내 반응에 대한 순차적 분석은 그들의 관계에 대한 보다 세밀한 그림을 제공할 수 있다. 이는 연구자들이 내담자와 치료사가 말하는 전체적인 상관관계를 살펴보기보다는 서로에게 말하는 순서에 주의를 기울일 때 발생한다. 순차적 연구에서는 치료사가 말한 직후 내담자가 말하는 것(그리고 그 반대)을 조사하고 조건부 확률을 생성한다. 이를 통해, 예를 들어 치료사가 감정을 반영할 때 특정 종류의 말(예, EXP)이 발생할 확률을 계산할 수 있다. 이는 치료 회기 동안 내담자가 EXP를 '상향 이동upshift' 또는 '하향 이동downshift'하게 만드는 원인에 대한 가설을 수립하는 데 도움이 될 수 있다.

수잔 와이저Susan Wiser와 마빈 골드프리드Marvin Goldfried(1998)는 정신역동 및 인지행동치료에서 내담자의 경험을 예측하는 치료사 반응을 연구하기 위해 발화별 발화 코딩utterance-by-utterance coding을 활용했다. 흥미롭게도 낮은 EXP(7점 척도에서 1~3점)에서 높은 EXP 수준(4점 이상)으로 이동하는 내담자와 체계적으로 연관된 치료사 행동이나 지향점은 없었다. 하지만 치료사 반응은 내담자가 상담회기에서 높은 EXP를 유지할지 아니면 낮은 EXP로 전환할 것인지를 구별했다. 긍정적이고 수용적이며 공감적인 치료사 반응이 내담자가 높은 EXP를 계속하는 데 도움이 되었다. 낮은 EXP로 하향 이동하는 것은 치료사들이 더 많은 이야기를 하고(특히, 인지행동치료에서) 더 통제적인 치료 방식으로 이야기를 나눌 때 발생했다.

내담자의 평균 EXP 점수는 정서적 경험을 강조하는 치료적 지향에 따라 다를 수도 있다. 비교 연구들은 인지행동치료(Watson & Bedard, 2006) 또는 인간중심치료(Watson & Greenberg, 1996)보다 경험적 치료에서 더 높은 EXP 수준을 보고했으며, 인지행동치료와 정신역동적 심리치료 사이에는 EXP 차이가 없다고 보고했다(Wiser & Goldfried, 1998). 평균 경험하기 평가average experiencing ratings는 내담자에게 높은 EXP 반응의 특징을 직접 지시함으로써 크게 높아질 수 있다(M. H. Klein et al., 1986). 예를 들어, 내담자가 자신의 감정에 명시적으로 주의를 기울이거나 정서적으로 의미 있는 사건을 지나칠 때 머무르도록 격려함으로써 이루어질 수 있다.

따라서 정서적 경험하기emotional experiencing는 신뢰성 있게 측정할 수 있는 내담자 요소이다. 다양한 치료적 접근 방식에 걸쳐 결과를 예측한다. EXP는 인간중심치료 및 다른 경험적 치료에서 이론적으로 중요하며 치료적 개입에 차별적으로 반응한다. EXP를 이용한 순차적 과정 연구는 초기 단계에 있으며 이론적 지향에 관계없이 어떤 치료사 반응이 이를 촉진하거나 방해할 가능성이 더 높은지 결정하는 데 필요하다. 현재까지의 연구에 따르면, 제3~6장에 설명된 치료사 기술(공감, 수용, 긍정적 존중, 진정성)은 내담자가 치료 중에 더 높은 수준의 EXP를 유지하도록 격려한다.

변화대화

언뜻 보기에는 치료 회기 동안 내담자의 언어가 변화를 예측한다는 생각이 이상해 보일 수도 있다. 결국 사람들은 종종 의도하지 않은 말을 하거나 의도하지 않은 행동을 하겠다고 약속한다. 그러나 치료 회기에서 내담자가 말하는 것이 실제로 그들의 신념과 그 이후의 행동을 형성할 수 있다고 가정할 만한 충분한 이유가 있다. 기분유도연구mood induction research(M. Martin, 1990; Westermann, Spies, Stahl, & Hesse, 1996)는 말이 어떻게 감정상태를 이끌어 낼 수 있는지를 보여 준다. 특정 행동을 취할 의도를 밝히는 것은 행동할 가능성을 증가시킨다(Gollwitzer, 1999; Gollwitzer, Wieber, Myers, & McCrea, 2010). 스스로 설명한 가치는 후속 행동을 형성할 수 있다(Rokeach, 1973; Sherman, 2013). 자신의 입장과 반대되는 관점을 공개적으로 옹호하는 반태도적 역할극counterattitudinal role-play은 강요받지 않았다면 옹호하는 입장으로의 태도 변화를 일으킨다(Bem, 1967; Festinger, 1957). 내담자가 진술한 말이 중요하다.

이것은 아마도 치료사에게 놀라운 일이 아닐 것이다. 그러나 치료사가 내담자의 진술을 형성하는 것은 종종 과소평가된다. 의식적이든 아니든, 치료사는 특정 질문, 반영적 경청을 통해 인정하거나 강조하고, 요약에 넣는 내용을 통해 내담자가 회기 중 진술하는 내용에 영향을 준다(DeVargas & Stormshak, 2020; Glynn & Moyers, 2010; Miller & Rollnick, 2013). 내담자에게 무엇을 말하도록 격려하는지가 중요하다.

치료사와 내담자의 이러한 복잡한 상호작용은 부분적으로 공감과 같은 일반적인 치료적 요인의 영향 이상으로 치료사의 결과 간의 큰 차이를 설명할 수 있다. 예를 들어, 부정적인 영향에 대해 지속적으로 묻고 반영하는 것은 내담자의 우울한 기분을 악화시킬 것으로 예상된다. 고통스러운 부부에게 상담회기 중 그들이 계속해서 서로에 대한 불만을 표현하고 그들의 분노를 방어하도록 허용하는 것은 도움이 되지 않을 것이다.

질문과 반영을 선택적으로 활용하는 것은 의식적이고 전략적일 수 있다. 예를 들어, 해결중심치료는 과거에 머물지 않고 미래지향적이고 문제해결에 초점을 둔다(Berg & Reuss, 1997; deShazer et al., 2007). 기능 분석 심리치료functional analytic psychotherapy에서 치료사는 긍정적 변화와 관련된 상담회기 내 임상적 관련 행동을 의식적으로 강화한다(B. S. Kohlenberg, Yeater, & Kohlenberg, 1998; R. J. Kohlenberg & Tsai, 1994). 그러한 접근법에서 치료사는 의식적으로 특정 결과를 향해 나아가기 위해 내담자의 진술에 주의를 기울이고 유발한다.

명시적으로 인간중심접근인 동기면담은 특히 개인적인 동기와 변화에 대한 결심을 표현하는 내담자의 발언에 주의를 기울인다. 이러한 자기 동기화 진술self-motivational statements의 개념은 대릴 벰Daryl Bem(1967, 1972)의 자기지각이론self-perception theory과 연결되어 있다. 즉, 말하는 것을 통해 자신이 무엇을 믿는지를 배우게 된다는 것이다(Miller, 1983). 본질적으로 사람들은 자신의 변화에 대한 동기와 변화에 반대하는 동기를 말로 표현함으로써 변화 여부를 말한다(Miller & Rollnick, 2004). 변화를 선호하는 언어 행위('변화대화'; Amrhein, Miller, Yahne, Knupsky, & Hochstein, 2004; Miller & Rollnick, 2013)는 다음을 포함하여 다양한 유형이 있을 수 있다.

욕구desire(나는 원한다, 바란다)

능력ability(나는 할 수 있다, 할 수 있었다)

이유reasons(만약…… 그렇다면)

필요need(해야 한다, 필요하다)

결단commitment(나는 할 것이다, 결정했다)

변화에 반대하는 표현('유지대화sustain talk')은 양가감정의 반대쪽을 나타내며 변화하지 않겠다는 동일한 진술(원하지 않음, 할 수 없음, 필요 없음 등)의 형태를 띤다.

치료 효과가 그러한 특정 유형의 내담자 진술과 연관되어 있다는 사실을 제외하면 이는 그다지 흥미롭지 않다. 내담자의 변화대화는 특히 내담자의 변화에 반대하는 진술인 유지대화와 비례해서 측정될 때 이후 긍정적인 행동변화 결과를 예측한다(Amrhein, Miller, Yahne, Palmer, & Fulcher, 2003; Bertholet, Faouzi, Gmel, Gaume, & Daeppen, 2010; S. D. Campbell et al., 2010; Daeppen, Bertholet, Gmel, & Gaume, 2007; M. Magill, Apodaca, Barnett, & Monti, 2010; Moyers, Martin, et al., 2007; Moyers, Houck, et al., 2017; Vader et al., 2010). 동기면담의 임상적 방법에서 상담사는 특히 변화대화를 강화하기 위해 변화대화에 주의를 기울이고, 유발하고, 의식적으로 반영한다(Apodaca et al., 2016; Drage et al., 2019; Gaume, Bertholet, Faouzi, Gmel, & Daeppen, 2010; Glynn & Moyers, 2010; Miller & Rollnick, 2013; Miller & Rose, 2009; Moyers, Houck, et al., 2017). 아동보호 개입에 대한 사회복지학 연구에서 가족의 결과는 사회복지사의 유발 기술에 의해 직접 예측되었다(Forrester et al, 2019).

치료사가 변화에 대한 내담자의 진술을 유발하기 위해 적극적으로 노력하는 것은 어떤 모습일까? 다음 대화를 보자.

치료사: 의사가 운동을 더 많이 하라고 했다고 하셨는데 본인 생각과 느낌이 궁금합니다. 신체활동을 늘리면 어떤 이점이 있다고 생각하세요?	열린 질문, 일반적인 대답은 변화대화임
내담자: 아마 기분이 좋아질 것 같아요.	변화대화

치료사: 어떤 면에서 기분이 나아질 수 있다고 생각하세요?	변화대화에 대한 상세한 설명 요청
내담자: 아마 더 건강해지겠죠? 운동하지 않으면 점점 기능이 떨어진다는 걸 알아요.	변화대화
치료사: 용불용설처럼요.	반영
내담자: 맞아요. 나이가 들어도 장애인이 되지 않았으면 좋겠어요.	변화대화
치료사: 더 활동적으로 바뀌면 더 건강해지고, 좋아하는 일을 잘할 수 있게 되는군요. 그 밖에 어떻게 더 좋아질 수 있을까요?	반영 열린 질문
내담자: 아마도 더 많은 에너지를 갖게 될 것 같아요. 일을 마치고 저녁 먹고 나면 피곤해서 TV만 보거든요.	변화대화
치료사: 일종의 악순환이네요. 지쳐서 저녁에 TV를 보는 것 외에 많은 일을 하지 않으시는군요.	반영
내담자: 주말에도 그래요.	
치료사: 그래서 더 활동적이 되면 더 건강해지고, 시간이 지나도 장애가 생기지 않고, 좋아하는 일을 할 수 있는 더 많은 에너지를 가질 수 있네요. 운동을 더 많이 하면 또 어떤 좋은 점이 있을까요?	변화대화 요약 열린 질문
내담자: 아마 잠을 더 잘 수 있을 것 같아요. 하지만 저는 운동을 좋아하지 않아요. 너무 지루하거든요.	변화대화, 유지대화

대화	기법
치료사: 더 활동적이 되기 위해 무엇을 하든, 그것이 지루하거나 '운동'으로 생각되는 것은 원하지 않으시네요. 어떤 종류의 활동을 즐기셨나요?	유지대화 반영, 변화로 초점을 이동하는 열린 질문
내담자: 예전에 테니스를 좋아했어요. 너무 피곤하다고 느끼기 시작할 때는 테니스를 쳤어요.	
치료사: 그렇군요. 테니스는 다시 즐길 수 있을 것 같군요.	반영
내담자: 네, 그럴 수 있을 것 같아요.	변화대화
치료사: 그러니까, '운동'이라는 단어는 신경 쓰지 마세요. 일상생활에서 신체적으로 더 활동적이라고 한다면 또 뭐가 좋을까요?	열린 질문
내담자: 의사 선생님이 체중을 좀 빼도 괜찮다고 했어요.	변화대화
치료사: 체중을 빼는 것은 어떤 도움이 될까요?	열린 질문
내담자: 혈압이 계속 높아지고 있는데 약을 먹고 싶지 않아요.	변화대화
치료사: 독립적인 생활을 하는 걸 중요하게 생각하시는군요. 스스로 해내고 싶고, 변화를 이끌어 내는 것이 자신의 노력임을 알고 싶어 하시고요.	인정, 반영
내담자: 맞아요. 약을 먹지 않아도 혈압을 낮출 수 있을 거예요.	변화대화
치료사: 그리고 테니스나 다른 신체활동도 도움이 될 수 있습니다.	반영

내담자:	네, 그럴 것 같아요. 그리고 소금을 줄이고요.	변화대화
치료사:	정말로 건강을 유지하고 싶어 하는 분이고 건강해지기 위해 할 수 있는 것들을 알고 계십니다. 일상생활에서 더 활동적이기 위해 무엇을 시도해 볼 수 있을까요?	인정, 열린 질문
내담자:	주말에 테니스 치러 갈 수 있어요. 그게 좋을 것 같아요.	변화대화
치료사:	좋네요. 주말에 할 수 있는 일이네요. 평일에 TV 대신 무엇을 해 볼 수 있을까요?	인정, 열린 질문
내담자:	아시는 것처럼 저는 집에서 멀지 않은 작은 산에 오르곤 했어요. 아침에 출근하기 전에 하면 되겠네요. 산을 걷는 게 저녁 시간 TV를 대체할 수 없다는 걸 알지만 즐기면서 할 수 있을 거예요.	변화대화
치료사:	별다른 준비 없이도 시도해 볼 수 있는 일이네요. 테니스나 아침에 출근하기 전에 걷는 것, 이런 활동들이 OO 님이 건강해지고 더 많은 에너지를 가지고 체중 감량도 하고 즐기면서 할 수 있는 거네요.	변화대화 요약
내담자:	그리고 밤에는 저녁 식사 후에 산책을 할 수도 있을 것 같아요.	변화대화

만약 치료사가 운동을 처방하기 시작했다면, 이 대화는 상당히 달라질 수도 있었다. 대신 치료사는 호기심을 갖고 열린 질문을 했는데, 내담자는 예상되는 변화대화를 진술했다. 치료사는 내담자의 말을 반영하고, 몇 번 인정하고, 내담자의

변화대화를 요약했다.

이러한 유발 과정에서 치료사는 내담자가 변화에 대한 동기와 아이디어를 묘사하도록 초대하고, 내담자가 진술한 내용에 대해 반영과 인정을 하고, 요약하게 된다. 그런 방식으로 내담자는 자신의 목소리로 변화를 이야기하는 것을 듣게 되고, 그런 다음 치료사는 그것을 반영할 때 다시 듣게 되고, 그리고 요약하면 내담자는 다시 듣게 된다. 치료사는 말 그대로 사람들이 스스로 변화를 이야기할 수 있도록 돕고 있다(Miller & Rollnick, 2004).

치료사의 자기억제

이 책의 많은 부분은 효과적인 치료사가 하는 일에 관한 것이지만, 무엇을 하지 말아야 하는지 또는 적어도 적당히 실천해야 하는 것에 대해서도 고려할 가치가 있다. 주제에서 벗어난 비공식적인 '잡담'은 치료적 진전과 변화에 대한 동기를 약화시킬 수 있다(Bamatter et al., 2010). 비판(사람들에게 무엇이 잘못되었는지 알려 주는 것), 조언과 지시(사람들에게 무엇을 해야 하는지 알려 주는 것)는 방어성defensiveness을 불러일으키는 경향이 있으며, 이는 차례로 비순응성non-adherence 및 후속 변화의 부족lack of subsequent change을 예측한다(Apodaca et al., 2016; de Almeida Neto, 2017; M. Magill, Bernstein, et al., 2019; Patterson & Forgatch, 1985). 특히 내담자가 언어적으로 방어적이거나 적대적이거나 반대하는 경우에는 더욱 그렇다(Karno & Longabaugh, 2005).

내담자의 저항과 방어를 유발하는 방식의 상담은 긍정적인 변화를 방해할 수 있다. 이것은 치료사가 좋은 의도를 가지고 내담자에게 올바른 방향으로 재촉하려고 할 때 발생할 수 있다. 누군가가 변화에 대해 양가감정을 가지고 있고 치료사가 변화에 찬성하는 주장을 하면, 일반적인 반응은 변화에 반대하는 이야기를 하는 것이다. 만약 치료사가 내담자 자신의 변화 주장을 유발하는 대신 운동을 하라고 주장했다면 앞의 대화는 매우 다르게 진행되었을 수도 있다.

치료사: 정말 운동을 더 하셔야 합니다. [지시하기]

내담자: 저는 운동을 그다지 좋아하지 않아요.

치료사: 하지만 장기적인 건강을 위해서는 운동이 중요합니다. 만약 운동하지 않으면 시간이 지나면서 근육량이 줄어들 거예요. [경고하기]

내담자: 운동은 지루하고, 게다가 퇴근하고 나면 피곤해요.

치료사: 출근하기 전, 아침에 뭔가를 할 수도 있을지도 모릅니다. [조언하기]

내담자: 이보세요! 전 열심히 일합니다. 아침에 이미 6시 반에 일어나는데 잠을 덜 자고 싶지는 않습니다.

여기서 무슨 일이 일어나고 있는가? 치료사가 변화(운동)를 주장함으로써 내담자의 유지대화 진술을 불러일으키고 있다. 내담자는 이미 운동에 대해 양가감정을 경험하고 있다. 내담자가 어떤 주장을 할 것인지는 대화를 어떻게 진행하는지에 따라 다르며, 사람들은 자신이 말하는 것을 듣고 설득될 가능성이 높다.

> 내담자의 방어를 유발하는 방식의 상담은 긍정적인 변화를 방해할 수 있다.

이와 유사하게, 경청을 위한 의사소통 걸림돌(제3장)은 내담자가 자신의 경험을 탐색하는 것을 방해하는 경향이 있다. 의사소통 걸림돌은 종종 경청하면서 좋은 의도로 수행하지만, 내담자의 경험하기를 방해한다.

내담자: 다가오는 회의가 너무 긴장되네요.

치료사: 잘할 거라고 확신합니다. [안심시키기]

내담자: 글쎄요, 잘 모르겠어요.

치료사: 사건이 실제로 일어날 때보다 사건을 예상하고 그것을 상상하는 것이 더 좋지 않습니다. [분석하기]

내담자: 이게 저에게 얼마나 힘든 일인지 선생님은 모르실 거예요!

치료사: 사실은 잘 알고 있습니다. [설득하기]

내담자: 제가 어떤지 어떻게 알 수 있으세요?

치료사: 예전에 저도 여러 사람 앞에서 말하는 게 너무 두려웠어요. 그냥 자신이 아는 것에 집중하면 잘될 거예요. [조언하기]

이 대화는 건전한 조언일 수 있지만, 내담자가 경험하고 있는 것에 대한 것은 아니다. 효과적인 치료사는 경청을 위한 의사소통 걸림돌에 해당되는 표현을 자제한다.

치료사가 경청의 걸림돌이 되는 표현을 자제하는 대신 유발하기를 우선시한다면 이 대화는 어떻게 달라질 수 있을까?

내담자: 다가오는 회의가 너무 긴장되네요.

치료사: OO 님이 제게 말한 오래된 두려움이군요. OO 님이 말할 수 없을 것이고 다른 사람들은 OO 님을 바보라고 생각할 것 같군요. [공감적 반영]

내담자: 선생님이 가르쳐 주신 이완과 시각화를 연습해 보긴 했지만, 여전히 스트레스를 많이 받고 있어요.

치료사: 그동안 연습해 왔던 덕분에 이전보다 준비가 잘 되셨네요. [변화대화를 인지하고 반영하기]

내담자: 몇 시간 동안 이완과 시각화 연습을 하면서 보냈는데 도움이 **될 것 같아요**. 그런데 연습이 효과가 없으면 어떡하죠?

치료사: OO 님은 경주가 어떻게 진행될지 궁금해하며 출발선에 선 운동선수와 같습니다. [불안의 재구조화]

내담자: 사실, 좋은 포인트네요. 어쩌면 큰 대회를 앞두고는 다들 긴장하게 될 것 같아요. 저도 별로 다르지 않은 것 같고요.

유발하기의 또 다른 형태

유발은 긍정적인 변화를 촉진하는 것으로 간주되는 상담회기 중에 내담자가 제공하는 모든 종류의 진술에 초점을 맞출 수 있다. 예를 들어, 자기효능감은 행동 변화와의 상관관계가 광범위하게 연구되었으며(Bandura, 1982, 1997), 자기효능감은 다양한 실험, 훈련, 임상적 개입에 의해 증가될 수 있다(French et al., 2014; Gist & Mitchell, 1992; Williams & French, 2011). 게다가 자기효능감을 향상시키는 개입은 행동의 의도behavioral intentions와 변화change에 영향을 미칠 수 있다(Prestwich et al., 2014; Sheeran et al., 2016). 그러나 지금까지 내담자의 상담회기 중 자기효능감 진술을 전략적으로 유발하는 데 초점을 맞춘 연구는 거의 없었다. 앞에서 설명한 동기면담의 심리언어학 연구에는 변화대화의 한 형태로 **능력**ability에 대한 언어화가 포함되어 있으며, 밀러와 롤닉(2013)은 변화에 대한 내담자의 자신감을 이끌어 내기 위한 절차를 제안했다. 특정 치료사의 반응과 내담자의 자기효능감 진술 사이의 인과관계는 아직 입증되지 않았다.

유발에 관한 연구

유발의 치료적인 가치를 입증하는 데에는 두 가지 구성요소가 포함된다. 첫 번째 구성요소는 이후의 긍정적인 변화나 치료 효과를 예측함으로써 관련된 진술과 관련성이 있다는 것을 입증해야 한다. 여기서는 내담자의 진술에 대한 근거가 강력하다(Houck, Manuel, & Moyers, 2018; M. Magill et al., 2018). 상담회기에 내담자의 유지대화가 비율이 높으면 더 나쁜 결과를 예측하는 반면, 변화대화 비율이 높으면 더 나은 결과를 예측한다. 이러한 결과는 그 자체로는 별로 흥미롭지는 않다. 변화에 반대하는 내담자는 동기화되지 않아 결국 변화하지 않는다. 반면 동기가 높아진 내담자는 변화에 대해 더 긍정적으로 말하고 행동변화를 한다. 즉, 우리는 연기를 발생시킨 화재(동기) 대신 연기(내담자의 진술)를 측정하는 것이다.

두 번째 구성요소는 치료사의 반응이 내담자의 언어와 밀접하게 연관되어 있음을 입증하는 것이다. 치료사가 인정하고, 반영을 활용하고, 지시하거나 강요하지 않을 때 내담자는 더 많은 변화대화(그리고 경험하기)를 이야기하고, 유지대화는 더 적어진다(DeVargas & Stormshak, 2020). 언어가 단순히 내담자가 방으로 들어가는 것의 수동적인 표식이었다면(조절변수), 치료사의 행동과 내담자의 진술의 변화 사이에 이러한 종류의 상관관계가 있어서는 안 된다. 물론, 내담자의 반응이 상담사의 반응을 이끌어 내거나 제3의 요인이 상호관계를 설명할 수 있다는 점에서 이와 같은 상관관계 자체로는 인과관계를 확정하지 못한다. 앞서 언급했듯이 순차 코딩sequential coding은 특정 치료사의 반응에 따라 특정 내담자의 진술의 조건부 확률을 산출하므로 더 유망하다(Hannover, Blaut, Kniehase, Martin, & Hannich, 2013; Moyers & Martin, 2006; Walthers et al., 2019). 변화대화에 대한 다른 근거는 관련 내담자 반응이 무작위로 할당된 상담사 스타일 변화에 따라 체계적으로 달라지는 실험 연구(Miller et al., 1993) 또는 내담자 내 A-B-A-B 설계(Glynn & Moyers, 2010; Patterson & Forgatch, 1985)에서 나타났다.

종합해 보면, 이들 연구는 치료사가 변화에 대한 내담자의 진술을 유발하는(또는 억제하는) 직접적인 역할을 하며, 이러한 진술이 내담자의 치료 효과에 영향을 미칠 가능성이 높다고 강력히 주장한다. 보다 일반적으로, 변화를 위해 내담자의 고유한 자원(내담자 자신의 언어 포함)을 끌어내는 치료사의 능력은 강력하지만 종종 무시되는 치료적 전문성이다.

핵심 포인트

- 심리치료 중 내담자가 말하는 내용은 중요하며 이를 통해 최종 결과를 예측할 수 있다.
- 질문, 반영, 인정, 요약과 같은 치료사의 면담기술이 내담자의 진술에 영향을 준다.
- 변화에 대한 동기, 참여, 희망, 자기효능감과 같은 내담자 요인은 결과를 예측하며, 마찬가지로 치료사의 반응에 영향을 받는다.
- 유발은 내담자 자신의 지혜, 강점, 자원을 불러일으킨다.
- 경험하기와 변화대화는 치료사의 반응에 의해 유발될 수 있는 내담자의 진술의 두 가지 유형이며, 더 나은 치료 효과와 관련이 있다.
- 긍정적인 결과는 치료 목표와 관련 없는 '저항' 및 '잡담'과 같은 것을 유발하지 않음으로써 촉진된다.

제10장
정보와 조언 제공하기

조력 전문가의 역할은 무엇인가? '지시하기directing'로부터 '따라가기following' 스타일에 이르기까지 치료사-내담자 관계는 범위가 다양하다. 이 범위의 한 극단에는 지시하기 스타일이 있는데, 이는 상대방이 해야 할 것이 무엇인지 말해 주는 스타일이다. 즉, 정보, 해결책, 지시 사항 또는 조언을 제시하는 스타일이며 어떤 경우에는 이 역할이 적절한 경우가 있다. 반대 극단에는 전문가가 연민이 가득한 동반자로서 경청하고 공감하며, 수용과 인정을 전달하고, 질문에 대한 답변이나 조언하기를 피하려고 열심히 노력하는 따라가기 스타일이 있다. 적어도 고정관념상으로는 어떤 직업은 지시하기 스타일을 선호하는 경향이 있는데, 그러한 직업에는 보호관찰관, 당뇨병 교육자, 변호사, 스포츠 코치, 재무 자문가 등이 있다. 역시 고정관념에서 보면, 따라가기 스타일에는 인간중심치료 상담사, 호스피스 근무자, 지지적인 친구들이 속한다고 본다.

실제로 보면 대부분은 전문가 역할에 이 두 가지 스타일, 즉 지시하기와 따라가기가 섞여 있고, 기법적 기술technical skills과 관계적 기술relational skills이 섞여 있다. 정보 제공하기 및 조언하기는 과다 사용하기가 쉬운데 그럴 때 내담자의 동기가 저하될 수 있다(Brehm & Brehm, 1981; de Almeida Neto, 2017). 한편, 의사, 변호사, 재정 자문가가 듣기만 하고 조언을 주지 않는다면 해야 할 의무를 하지 않는 것이 된다. 이 양극단 스타일 사이에는 안내자라고 하는 역할이 있다. 안내자는 경청도 잘하고 전문성도 잘 전달한다. 해외 여행을 한다면 여행 가이드가 여행자에게 무엇을 하라고 명령하거나, 무엇을 더 선호하고 즐겨할 것인지를 정해 주지 않는다. 그리고 좋은 가이드는 여행자를 이리저리 쫓아다니기만 하지는 않는다. 전통적으로 지시하기 스타일의 직업에서라도, 안내하기 스타일guiding style이 무엇을 하라고 말하는 스타일보다 훨씬 효과적이다(Rollnick, Fader, Breckon, & Moyers, 2019; Rollnick, Kaplan, & Rutschman, 2016; Rollnick et al., 2020; Steinberg & Miller, 2015; Stinson & Clark, 2017).

치료사로서 가지는 첫 번째 본능은 조언해 주거나 유용한 정보를 주고자 하는 것이다. 전문적 교육을 통해 치료사는 풍부한 지식을 축적했다. 예를 들면, 치료사는 어떤 내담자가 다음과 같을 때 왜 그런지 잘 알고 있다.

- 내담자가 피곤하지만 불안해하면서 체중이 줄었다.
- 아침에 일어나서 방 안에 들어와 있는 낯선 사람들을 보면서 움직이지도 못하고 말도 못 한다.
- 밤에 소변을 보려고 다섯 번 일어난다.
- 같은 유형의 로맨틱한 파트너에게 자주 빠지며 결과적으로 실패한다.
- 월요일에 종종 결석 또는 결근하거나 지각한다.

내담자가 심리적으로 고통받는 것에 대해서 가설을 세우면서, 일련의 해결 방안들을 떠올릴 것이다. 내담자들은 자기가 경험하고 있는 증상을 더 잘 알고 싶고 어떻게 해야 하는지 도움을 받고자 전문가들을 찾는다.

고전적인 비지시적 접근에서 보면, 치료사는 내담자가 하는 질문에 대해 답하거나 충고하지 않으려고 한다. 이것은 칼 로저스 방식을 단순화한 것이라고 볼 수 있다. 로저스는 비지시적이라는 개념을 버리고 보다 긍정적인 인간중심을 강조한 것이다(Kirschenbaum, 2009). 정보를 제공하고 제안하는 것이 상담사의 전문적-윤리적 책임임을 잘 알고 있을 것이다. 조언하는 것 자체로도 때로는 변화를 촉진하기에 충분할 수 있기 때문이다(Averyard, Begh, Parsons, & West, 2012; Chick, Ritson, Connaughton, & Stewart, 1988; G. Edwards et al., 1977; Schmidt & Miller, 1983).

균형을 어디에서 잡아야 할 것인가? 조언하기는 상담사의 업무 중 하나이지만, 여기에서의 질문은 조언을 언제 그리고 어떻게 하는 것이 최상인가 하는 것이다. 전문적인 서비스 업무에 있어서, 정보와 조언 제공하기는 조력 관계 맥락 내에서 하는데, 그런 의미에서 보면, 이 책에서 이제까지 읽은 부분이 모두 적용된다고 할 수 있겠다. 내담자를 교육하거나 조언하기를 바로 시작하기 전에 알아야 하는 함정들이 있다.

심리적 반동

상대방을 설득해서 변화하도록 할 때 그런 노력이 종종 실패하거나 오히려 역효과를 가져오기도 한다. 의도했던 바와 정반대의 결과가 되고 만다(Dillard & Shen, 2005). 제4장에서 언급했던 '심리적 반동psychological reactance'이야말로 설득과 조언에서 흔히 보이는 저항이다(J. W. Brehm, 1966; S. S. Brehm & Brehm, 1981). 이러한 심리적 반동은 "사람들이 조언하는 것과는 반대로 행동하고 싶은 내재적 경향으로…… 서로 동의했음에도 불구하고 그럴 수 있다."(de Almeida Neto, 2017) 개인의 자유가 제약받을 때, 금지된 행동이 더욱 매력적으로 느껴지고 더 자주 발생할 가능성이 높아진다(십대 자녀들에게 "마약은 절대 안 돼!"라고 말했던 경우를 떠올리면 된다). 잭 브렘Jack Brehm과 샤론 브렘Sharon Brehm의 공식에 의하면, 사람들은 자신의 자율성과 선택의 자유가 위협을 당하면 그것을 회복하려는 내재된 동기가 있다. 이와 같은 반응 성향은 아마도 수천 년 동안의 사회적 힘의 위계질서 진화를 거쳐 뿌리를 내린 것으로 보인다. 조언이나 방향 지시에 순응하는 것은 하위 위치임을 받아들이는 것을 의미한다(de Almeida Neto, 2017). 자기결정이론에서도 인간의 동기 면에서 자율성(유능성과 관계성과 함께)이 중요함을 강조하고 있다(Deci & Ryan, 2008; Ryan & Deci, 2017).

정보나 조언을 제공할 때, 이처럼 타고난 자연스러운 반응 성향을 건드리는 것은 피해야 할 함정이다. 그 기원과 상관없이, 조언에 저항하는 사회적 현상에 관해서 연구 기록이 잘 정리되어 있고(Steindl et al., 2015), 저항에는 인지적 · 정서적 요인들이 담겨 있다(Rains, 2013). 일반적으로 나타나는 현상을 넘어서서 개인의 차이를 보이기도 하는데, 저항 반응 성향 차이가 치료사의 지시적인 면에 대한 민감성과 반응성에 영향을 줄 수 있다(Beutler et al., 2011; Dillard & Shen, 2005; Karno & Longabaugh, 2005).

'조언하는 것과는 반대로 행동하고 싶은 타고난 성향'이 심리적 반동이다.

정보와 조언 제공하기 태도

선택의 자유는 내담자에게 베풀어 주는 것이 아니라, 이미 내담자가 가지고 있다. 치료사의 말을 경청할 건지 무시할지 여부, 제공된 정보를 믿을 건지 아닐지 여부, 그리고 조언을 따를 건지 아닐지는 결국 내담자에게 달려 있다. **내담자가 결정**하는 것이며, 상호 조력 관계에서 주어질 뿐이다. 어떤 종류의 정보나 조언을 제공하든 간에, 내담자의 자율성을 인지하고, 받아들이고, 존중하는 태도가 중요하다.

정보와 조언에 따르는 치료적 태도로 적합한 것은 겸손이다. 벽에 걸린 학위증이 어느 정도는 신뢰를 줄 수 있으나, 상호 조력 관계에서 행동이나 생활양식을 다룰 때는 겸손해야 한다. '한 수 위'에서 소통할 때 종종 내담자로부터 방어를 이끌어 내고 조력하려는 노력의 효과를 감소시킨다. "……해서는 안 된다." "……해야 한다." "틀림 없이 ……다." 등으로 주장하는 내용은 사실 그렇지 않다. 이와 같은 유형의 말이 가지는 일반적인 의미는 나쁜 결과에 대한 경고인데, 잠재된 결과에 비추어서 내담자가 선택할 가능성을 고려하면서 자율성을 알려 주는 것이 더 낫다. 오래전부터 알게 된 것인데, 내담자에게 "음주하실 수 없습니다."라고 하면, 내담자는 그 말이 틀렸음을 바로 증명하곤 한다.

내담자의 자율성을 인지하고, 받아들이고, 존중하는 태도가 중요하다.

겸손함과 함께, 내담자는 지식과 강점, 지혜, 자신만의 생각이 있음을 기억하는 태도이다(제9장). 조력 관계에서 치료사의 전문성과 내담자의 삶의 경험과 노하우가 합쳐진다. 일방적으로 이야기하기 전에, 내담자가 이미 알고 있는 것이 무엇인지 이끌어 내야 한다. 해결책을 주기 전에, 내담자가 이미 생각하고 있거나 이미 해 본 것이 무엇인지 알아야 한다. 그렇게 하고 나서 치료사의 전문성을 제공하는 순서를 가지면 된다. 내담자가 이미 가지고 있는 정보와 능력을 우선적으로 존중하는 것이 현명한 태도이다. 현장에서 이러한 태도가 어떻게 나타날까?

정보와 조언 제공하기 방법

허락 구하기

정보나 조언을 주기 전에 하나의 유용한 방법은 허락 구하기asking permission이다. 내담자가 조언을 요청했을 경우라면, 상담사는 이미 허락받은 것이지만, 그래도 다음과 같이 유의하며 대화하는 것이 지혜롭다.

내담자: 어떻게 해야 할까요, 선생님?

상담사: 제가 다른 분들에게 도움이 되었던 것들을 알고 있어요. 그런데 우선 OO 님이 어떤 생각이 있는지 궁금해요.

내담자: 잘 모르겠어요. 친구들에게 지지해 달라고 부탁할 수 있을 것 같긴 해요.

상담사: 좋은 생각이세요. 그 밖에는요?

내담자: 혹시 읽을거리 같은 게 있을까요?

상담사: 글쎄요. 제가 몇 가지 가능한 것들을 제안할 수는 있겠어요. 어떤 것이 OO 님에게 가장 효과가 있을지는 모르겠지만, 다른 분들이 해 보니까 효과가 있었다고 했던 대안들을 말씀드릴 수 있어요, 원하시면.

내담자: 네, 부탁드려요!

내담자가 정보나 조언을 요청하지 않았다면, 치료사는 다음과 같이 허락을 구한다.

- "다른 분들이 효과가 있다고 했던 것들을 말씀드려도 될까요?"
- "이처럼 변화를 실천하는 분들이 일반적으로 거쳐 가는 몇 가지 단계를 말씀드려도 될까요?"
- "……에 대해서 제가 조금 설명해 드려도 될지 모르겠네요."

대부분 내담자는 "예"라고 답하는데, 허락을 요청하는 것이 그들의 자율성을 존중하는 행위이기 때문에 방어벽을 낮춘다.

● 자율성 존중하기

허락 구하기는 자기 유도적 방향성을 존중하는 것이 된다. 정보나 조언 제공하기에 앞서서 내담자의 자율성을 강조하는 말을 넣을 수 있다. 이때 내담자가 모르는 정보를 주는 것이 아니라, 내담자가 동의할지 아닐지, 경청할지 아닐지는 내담자의 권리임을 말해 준다. 어떤 의미에서 상담사는 이 엄연한 진리를 인지하고 양보함으로 시작하는 것이며, 이렇게 하면 내담자는 상담사가 말하는 것을 듣고 고민할 가능성이 커진다(de Almeida Neto, 2017). 서두에 넣을 몇 가지 예는 다음과 같다.

- "이것이 OO 님에게 일리가 있을지는 모르겠는데……."

- "OO 님의 경험에 적용이 될 수도 있고 아닐 수도 있겠는데요……."
- "이 대안 중에서 어느 것이 OO 님에게 가장 도움이 될지 모르겠는데……."
- "이것이 OO 님과 관련이 될 수도 있고 아닐 수도 있는데, 이 계획에 대해서 제가 염려하는 것이 있어서요. 어떤 건지 말씀드려도 될까요?" (허락 구하기 포함)

어떤 면에서 보면, 치료사가 말하려고 하는 것에 대해 반의하고 반대할 수 있음을 허락하는 것이며, 내담자가 이미 가지고 있는 자율성을 수용하는 것이 된다. 대인관계 면에서 보면, '한 수 위'의 위치에 있지 않게 하므로, 내담자가 치료사의 말을 들을 가능성이 커진다.

대안 중에서 선택하기

변화하는 데 도움이 되는 것에 대해서 조언을 제공할 때, 대안을 한 가지보다는 여러 가지를 제공하는 것이 현명하다(Miller & Rollnick, 2013). 대안을 한번에 한 가지만 제공하면, 내담자는 각각의 대안마다 무엇이 잘못되었는지를 지적하곤 한다.

내담자: 그럼, 금주를 어떻게 하나요?

치료사: 어떤 분들은 AA 모임에 가는데 거기서 회복 중인 분들을 만나 서로 지지합니다.

내담자: 그건 제가 해 보았는데요. 좋지 않더라고요. 거기 오는 사람들이 저와는 달랐어요.

치료사: 신약 중에서 알코올 갈망을 낮추는 약이 있는데 금주에 도움이 되고 있어요.

내담자: 약에 의존하고 싶지는 않아요. 중독되니까요.

치료사: 그럼, 집단상담 프로그램이 이곳에 있는데 성공적으로 회복하는 기술

을 배울 수가 있어요.

내담자: 아시다시피 제가 사람들 앞에서 말하는 걸 정말 못해요. 불편해요.

대안을 한 가지씩 제공하는 대신, 몇 가지 가능한 대안을 말하고 나서 내담자에게 그중 어느 것이 최상일지 참고하도록 한다. 마음가짐이 달라지기 때문이다. 즉, 한 가지 가능성에 대해 흠집을 찾게 하는 것보다는 여러 대안에서 선택하도록 하는 것이다.

치료사: 다행인 것은 대부분의 경우 회복한다는 사실이지요. 그리고 저마다 다른 방법으로 회복하고요. 한 가지 옳은 접근이 있는 건 아니고요. 제가 서너 가지 대안으로 사람들이 효과가 있다고 말하는 것을 말씀드리면 어떨까요? 그리고 그중에서 OO 님에게 가장 적합한 것을 생각해 보시면요. 괜찮을까요?

질문하기-제공하기-질문하기

정보를 한꺼번에 많이, 길게 제공하는 것은 피하라. 그것보다는, 조금씩 나누어서 제공하면서 간격을 두고 확인하라. 이것을 '질문하기Ask–제공하기Provide–질문하기Ask' 방식이라고 하는데 정보를 제공할 때 질문을 앞뒤로 사용한다. 정보 제공 전에 사용하는 사전 질문의 예들을 보자.

- "제가 ______에 대해서 조금 말씀드려도 괜찮을까요?" (허락 구하기)
- "말씀해 주세요. _______에 대해서 OO 님이 이미 알고 있는 것이 무엇일까요?" (이 질문은 내담자가 이미 알고 있는 것을 다시 말하지 않아도 되고, 내담자가 잘못 알고 있는 부분에 대해서 치료사가 답할 수 있게 한다.)
- "______에 대해서 OO 님이 가장 알고 싶은 것은 무엇인가요? 어떤 점이 궁

금하세요?" (내담자의 관심사에 맞추어서 정보를 제공할 수 있다.)

- "어디서부터 시작하기를 원하세요? OO 님에게 가장 중요한 것이 무엇일까요?" (우선순위 정하기)

그러고 나서 정보를 조금씩 나누어서 제공하며, 내담자의 응답을 확인하기 위해 다음 질문을 한다.

- "이 정보가 일리가 있나요?"
- "무슨 생각이 드나요?"
- "이전에 생각해 본 것일까요?"
- "제가 어떤 걸 더 말씀드리면 좋을까요?"

그런 다음 내담자의 답변을 경청한다. '질문하기-제공하기-질문하기' 방식은 단일 주기single cycle이므로, 이 리듬을 따라가면서 내담자의 반응과 질문에 따라 정보를 조금씩 나누어 제공하면 하나의 대화 패턴이 될 수 있다.

경청하기

공감적 경청(제3장)은 존중을 전달하며 더 나아가 내담자의 개인적 특성과 자율성을 존중한다. 내담자의 말을 경청하면, 내담자도 치료사의 말을 경청할 가능성이 커진다. 반영적 경청으로 내담자의 말에 주의를 기울이면서 치료사가 제공한 정보나 내담자의 반응에 대해 논쟁하지 않도록 해야 한다. 공감적 경청은 내담자의 반응을 이해하도록 해 주며, 이해하고 있음을 내담자가 알도록 해 준다.

치료사: 말씀드린 내용이 놀라우신가요? 알코올에 내성이 강한 분들이 실제로 위험 수준이 높다는 내용이었어요.

내담자: 제가 생각했던 바로는, 술을 자제할 수 있으면 그렇게 많이 영향을 받지 않는다고 생각했어요.

치료사: 네. 그런 생각이 논리적으로 들릴 수 있어요. 많이들 그렇게 믿고 있고요. 그래서 당황하신 것 같아요.

내담자: 그냥 생각을 많이 해 본 적이 없어서요. 제 경우 다른 사람들보다 술을 많이 마시면서 그걸 거의 못 느끼는 걸 알아요.

치료사: OO 님이 경험하신 거라 잘 아실 거예요. 어떤 의미인지는 생각해 보지 않으신 거고요. 사실, 내성이 위험해요. 이건 피해를 경고하기 위한 화재경보기가 없는 것과 같아요. 지금 어떤 생각이 드세요?

내담자: 절주나 금주를 해야 한다는 말씀인가요?

치료사: 그것이 저의 관심사입니다. 물론 결정은 OO 님께 달려 있고요. 어떤 생각이 드시나요?

앞의 대화에서 보면 존중하는 파트너십이 드러나고 있다. 즉, 내담자의 전문성이 상담사의 전문성만큼이나 중요하다는 것을 전해 준다. 결국 내담자가 자기 행동과 생활양식에 대해서 어떻게 할 것인지를 결정하기 때문이다. 강의하기, 경고하기, 명령하기, 논쟁하기 등은 행동을 바꿀 가능성이 희박하며, 오히려 치료사가 의도했던 바와 정반대의 결과를 가져올 뿐이다. 경청하기를 잊지 말자!

> 내담자의 말을 경청하면 내담자도 치료사의 말을 경청한다.

정보와 조언 제공하기에 관한 연구 결과

내담자가 위협적으로 인식할 수 있는 정보를 제공하거나 어떻게 변해야 하는지 조언을 제공할 때, 어느 정도의 망설임, 방어 및 관성을 예상할 수 있다. 제럴드 패터슨Gerald Patterson과 마리온 포거치Marion Forgatch(1985)의 연구에서 12분마다 상담 스타일을 바꾸면서 상담했는데, 즉 정보와 조언 제공하기(가르치기/지시하기)를 하다가 반영적 경청하기로 바꾸었다. 내담자의 저항 수준이 현저하게 증가한 경우는 가르치기/지시하기 부분에서였고, 상담사가 경청할 때는 저항 수준이 떨어졌다. 이와 유사한 연구(Glynn & Moyers, 2010)에서 12분마다 행동분석으로 진행하다가 인간중심 동기면담으로 바꾸었는데, 내담자는 자신의 음주 변화에 대해 일관되게 반대하거나 찬성했다.

그럼에도 평균적으로 보면, 전문가가 조언할 때 행동 변화에 약간의 긍정적 효과를 가져온다. 전문가의 조언하기가 금연에 어떤 효과를 가져오는지 상당히 많이 연구되었고(Aveyard et al., 2012; Stead et al., 2013), 또 절주에 어떤 효과가 있는지 연구되었다(DiClemente, Corno, Graydon, Wiprovnick, & Knoblach, 2017; Lenz, Rosenbaum, & Sheperis, 2016; McQueen, Howe, Allan, Mains, & Hardy, 2011; Moyer, Finney, Swearingen, & Vergun, 2002; Samson & Tanner-Smith, 2015; Smedslund et al., 2011; Vasilaki, Hosier, & Cox, 2006). 전문가의 조언하기는 우울증에도 긍정적인 변화와 관련 있는 것으로 나타났고(McNaughton, 2009; Schmidt & Miller, 1983), 신체활동에도 긍정적 변화를 가져왔다(Vijay et al., 2016). 전문가 조언의 평균 효과 크기는 크지는 않으나(0.2~0.3) 유의미했다.

이 책 전반에 걸쳐 강조해 온 바와 같이, **어떻게** 조언하느냐가 중요하다. 우선적으로, 정보와 조언 제공하기는 제9장에서 설명한 대인관계 기술 안에서 제공되어야 한다. 핵심적으로, 관계적 맥락 안에서 내담자가 더욱 안전하게 정보와 조언을 받아들여서 고려하도록 하는 것이 목표가 된다. 중요한 것은, 내용만이 아니라 어떻게 그리고 언제 말하는가이다.

해로운 음주에 효과적으로 조언하기 개입에 관한 연구 결과들을 보면, 여섯 가지 요인을 알아냈고, 약자 FRAMES로 정리되었다(Bien, Miller, & Tonigan, 1993; Miller & Sanchez, 1994). 내담자는 우선 음주와 피해에 대해서 개별적으로 피드백Feedback, F(검사 결과 등)을 받았다. 변화하느냐 여부는 내담자의 자유 선택임을 말하는 개인의 책임Responsibility, R을 매우 강조했다. "조언할 때 자율성과 자기방향성을 강화하는 방식으로 해야 한다."(G. Edwards & Orford, 1977, p. 346) 그럼에도 전문가들은 변화해야 한다고 조언Advice, A했다. 한 가지 해결책을 처방하지 않고, 다양한 대안 메뉴Menu, M를 주면서 선택하도록 했고, 역시 자율적 선택을 강조했다. 상담 스타일은 항상 공감적이고Empathic, E 내담자 중심 반영적 경청 스타일이었다(제3장). 마지막으로, 효과적인 단기 개입은 역시 자기효능감Self-efficacy, S을 지지했으며, 자기효능감은 내담자 스스로 변화할 능력이 있다는 낙관적 신념이었다(제8장). 따라서 조언은 공감적 경청, 임파워먼트, 자율성 존중하기 맥락 안에서 제공되었다.

핵심 포인트

- 조력자 역할에서 정보와 조언 제공하기는 당연히 포함된다.
- 전문가의 조언하기는 평균적으로 볼 때 긍정적인 효과를 가져오는데, 어떻게 조언하느냐에 따라서 효과 크기가 달라진다.
- 전문가의 안내하기 스타일은 경청하기와 정보와 조언 제공하기 사이의 균형을 잡도록 해 준다.
- 사람들은 누군가 충고를 하면 비록 그것에 동의하더라도 반대로 행동하는 심리적 반동 경향성이 있다는 사실이 잘 증명되고 있다.
- 효과적인 단기 개입에서 종종 FRAMES를 포함하여 진행한다. 피드백하기, 책임감 강조하기, 조언하기, 대안 메뉴 제공하기, 공감적 스타일로 진행하기, 자기효능감 지지하기 등이다.
- 허락을 구하고, 자율성을 존중하고, 경청하고, 선택 대안들을 제공하는 것은 내담자가 전문가의 조언에 귀 기울이고 고려하도록 하는 데 도움이 된다.

제11장 복잡한 내용을 넘어서

이 책의 이전 장에서, 저자들은 치료사를 더욱 효과적으로 하는 것들이 무엇인지에 대해서 상당히 복잡한 내용들을 다루어 왔다. 이 책에서 기술한 근거 기반 요인들은 정확한 공감, 수용, 긍정적 존중, 진정성, 초점 맞추기, 희망, 유발하기, 정보와 조언 제공하기 등이다. 이러한 치료적 기술들 하나하나가 더 효과적으로 조력 관계에 기여할 수 있음을 보여 주는 사례가 많다.

지금, 독자는 어떤 치료사가 이 모든 소중한 기술들을 전부 또는 몇 가지라도 숙련할 수 있을까 궁금해할 수 있다. 어떻게 하면, 조언을 제공할 때 더 공감적이고, 수용적이고, 진정성을 담아 우아하게 이 모든 것을 할 수 있을까?

그런데 이러한 관계적 요소들은 서로 중복되곤 한다. 마치 변화 과정에서 순위가 높아지면 근거 기반 치료 기법들이 점차 줄어드는 것과 유사하다(Prochaska, 1994; Prochaska & DiClemente, 1984). 마찬가지로, 독립된 장애(불안과 우울) 증상으로 보이는 것들이 신경증의 상위 순위의 유형일 수 있어서(Barlow et al., 2014), 그 개념에 맞는 개입을 함으로써 치료할 수 있다(Barlow, Sauer-Zavala, Carl, Bullis, & Ellard, 2017). 장애disorders와 치료treatments에서처럼, 대인관계 기술들도 서로 다르게 보일 수 있으나, 순위가 다를 수 있다. 치료사가 정확한 공감 기술을 가지고 있다면, 따뜻함과 수용을 전달한 가능성은 커진다. 교사가 학생들의 장점을 정기적으로 인정한다면 성공에 대한 희망을 더 많이 전달하는 것이 된다. 칼 로저스와 제자들은 효과적인 상담의 핵심 조건 중에서 상호 관련되는 세 가지 조건을 강조했으며, 그것은 정확한 공감, 긍정적 존중, 진정성이다(Rogers, 1959; Rogers et al.,

1967; Truax & Carkhuff, 1967). 이와 같은 치료적 요인 수준이 높은 상담사와 짧은 시간 만나더라도 내담자가 만성적 문제에 긍정적 변화를 촉진하는 데 충분할 수도 있다(Babor, 2004; Bernstein et al., 2005; Gaume, Gmel, Faouzi, & Daeppen, 2009; Miller, 2000).

치유자의 도움 측면에서 순위가 높은 것이 있는가? 로저스는 그의 삶의 마지막에 의식의 기본 상태로서 '**현존**presence'에 대해 썼는데, 이는 수용, 공감 및 진정성이 자연스럽게 흐르는 존재 방식a way of being이라고 했다(Rogers, 1980c, 1980d; Weinraub, 2018). 로저스는 종교인은 아니었으나 다음과 같이 자기 경험을 묘사한 바 있다. "나의 내적 영혼이 상대방의 내적 영혼에 다가가 만났다…… 그리고 무언가 거대한 존재의 한 부분이 되었다." 로저스는 이것을 합일이라고 하는 신비로운 경험과 유사하다고 했고 다음과 같이 고백했다. "나는 믿을 수밖에 없다. 다른 많은 사람처럼, 나도 이와 같이 신비스러운 영적 차원의 중요함을 과소평가했다." 그리고 다음과 같이 단언했다. "확신컨대, 여기에서(영적 차원에 대해서) 많은 독자가 나와 다른 견해를 가질 수 있다."(Rogers, 1980d, pp. 129-130)

> 정확한 공감, 긍정적 존중, 진정성 수준이 높은 상담사와 짧은 시간 만나더라도 내담자에게 있어서 긍정적 변화를 촉진할 수 있다.

이러한 경험은 윌리엄 제임스William James(1994/1902)를 매혹했는데, 당시 심리학은 철학의 역사적 뿌리에서 멀리 떨어지지 않았던 때였다. 그러나 20세기 중반에 심리학은 종교적 담론에서 멀리 떨어져 나왔고, 반감을 키우기까지 했으며(Miller, 2005), 종교 심리학이라고 하는 비교적 소외된 전문 분야가 예외적으로 잘 알려져 있었다(Hood, Hill, & Spilka, 2018). 논리적 실증주의가 지배적이어서 학구적인 심리학은 처음에 영혼을 상실했고['psychology'의 그리스어 뿌리는 psyche(영혼)이다], 그다음엔 마음을 상실했다(Delaney & DiClemente, 2005). 그러나 마음을 회복하려는 상당한 노력이 있었는데, 이는 인지와 의식에 관한 연구를 통해서였다.

20세기 말, psyche(영혼)도 돌아왔다. 영성이라는 주제에 문이 다시 열렸고, 미국심리학회에서 그 주제에 관하여 출간한 초기 도서들을 보면 알 수 있다(Miller, 1999; Richards & Bergin, 1997; Shafranske, 1996). 전문직업으로서, 미국 심리학자들은 내담자들과 비교하면 훨씬 덜 종교적이나, 영성이 삶에 중요한 것으로 인정한 것은 명백하다(Delaney, Miller, & Bisonó, 2007). 또한 성격과 가치를 이해하는 데 관심이 생겼고(Peterson & Seligman, 2004) 마음챙김이라고 하는 고대 명상 분야에도 관심이 있었는데(K. W. Brown, Ryan, & Creswell, 2007; S. C. Hayes et al., 2011) 이것을 샤리 겔러Shari Geller와 레슬리 그린버그Leslie Greenberg(2018)가 치료적 현존이라고 하는 로저스의 개념과 연결했다.

의식과 행동이라고 하는 더 높은 차원의 상태를 개념화하기 위해서 (필요하지 않더라도) 초인간적 뿌리를 찾을 수 있다. 고대 문헌에서 보면 불교에서의 mettā('자비')나 이슬람에서의 rahmah('연민')와 같이 자비심 많은 마스터master의 가치들을 소개한다. 1세기 기독교 문서에서는 **아가페**agape에 대해 행동적 용어로 설명하기를 참을성 있고 친절한 사랑의 이기심 없는 형태로서 고집하지 않는 것이라고 했다. 이보다 더 오래된 히브리어 hesed의 개념은 너무 다면적이어서 16세기 번역가 마일스 커버데일Myles Coverdale은 영어로 적합한 하나의 단어를 찾지 못해 절망했고, 이후 그는 두 단어를 조합하여 새로운 용어를 만들었는데, 그것은 '사랑loving'과 '친절함kindness'이었다. '자애심lovingkindness'은 연민적 의도(사랑loving)와 그것의 자비로운 행위(친절함kindness)를 모두 포함한다. 고대 마스터의 가치들을 기술한 것을 토대로 하여, 윌리엄 밀러(2017)는 자애심을 열두 가지 행동 미덕을 내포한 것으로 설명했다. 이는 연민, 공감, 만족, 관대함, 희망, 인정, 용서, 인내심, 겸손, 감사, 도움, 양보 등이다. 이 목록은 이 책에서 소개한 역량 있는 치료사의 속성들과 중복되는 것이 명백하며, 잠재적 치료 요인들을 더 추가적으로 탐색하기를 제안한다고 본다. 이러한 자애심은 조력이나 치료 현장에서뿐 아니라 모든 관계 양상에서 나타날 수 있다.

자애심은 연민적 의도와 그것의 자비로운 행위를 모두 포함한다.

자애심이나 mettā와 같이 더 높은 차원의 가치들과, 역량 있는 치료사를 특징짓는 치료 요인들 사이에 통하는 면이 있을까? 대법관 올리버 웬들 홈스 주니어Oliver Wendell Holmes Jr.의 말을 인용하면, "나는 복잡성 이전의 단순함에는 별 관심이 없지만, 복잡성 이후의 단순함을 위해서는 내 목숨까지 바칠 것이다."라고 했다.[1] 사실, 처음부터 단순함으로 시작하면 일이 잘 안 된다. 예를 들어, 치료사들에게 "내담자를 사랑만 하면 됩니다."라고 말하는 건 도움이 되지 않는다. 왜냐하면 '사랑'은 너무나 많은 의미가 가능하기 때문이다. C. S. 루이스C. S. Lewis(1960)가 말했듯이, 고대 그리스에서 사랑을 네 가지 유형으로 분류했는데, 그중 세 가지는 내담자와는 피하는 것이 좋은 관계로 성적 사랑, 가족 사랑, 감상적인 매력이다. 사랑의 네 번째 유형은 **아가페**로서 고통받는 상대방의 행복, 웰빙, 자유를 향해 사심 없이 능동적으로 전념하는 것을 말한다(Fromm, 1956; Lewis, 1960; Miller, 2000).

동기면담을 개발하던 초기에 밀러와 롤닉은 보다 높은 차원의 이해가 중요함을 알았다. 초판(Miller & Rollnick, 1991)이 출판되고 바로 저자들이 가르쳤던 기법들을 실천하는 훈련생들을 관찰하면서 매우 당황했다. 훈련생들이 기법을 내담자 '에게' 강요하고 있고, 그들이 변화하도록 압도시키고 조종하는 것처럼 보였다. 그것은 훈련생의 잘못이 아니었다. 그들이 받은 훈련에서 무언가 중요한 것이 빠져 있던 것이 분명했다. 그러면 빠진 것이 무엇이었을까? 저자들이 그 빠진 부분을 발견했는데, 그것은 실천하는 사람이 가져야 할 마음가짐이었다. 저자들은 이것

1) 역주: "I would not give a fig for the simplicity this side of complexity, but I would give my life for the simplicity on the other side of complexity." 이 명언은 처음에는 복잡한 문제나 상황에 대한 단순한 해결책이나 접근법은 그다지 가치가 없다고 말하고 있다. 하지만 그 복잡성을 이해하고 그 너머의 단순함을 깨닫게 되면, 그 단순함은 가장 소중한 것이 될 수 있다고 말하고 있다. 따라서 어떤 문제나 상황이 매우 복잡하고 어렵더라도, 그것을 이해하고 극복하면 얻게 되는 진정한 단순함의 가치를 강조하는 것이다.

을 동기면담의 정신spirit으로 부르기 시작했는데, 파트너십partnership, 수용acceptance, 연민compassion, 유발evocation을 포함하는 것이었다(Miller & Rollnick, 2013; Rollnick & Miller, 1995). 로저스가 설명했던, 임상가가 치료를 실천할 때 기초가 되고 영감을 주는 그들의 태도와 확실히 유사한데, 로저스는 내담자 중심 접근이 일련의 기법으로 축소되지 않아야 한다고 걱정한 바 있다.

그러면 치료 관계에서 복잡함을 넘어서는 단순함은 무엇일까? 이것은 현존의 한 방법으로 기술되어 왔고(Rogers, 1980d), 더 높은 차원의 의식이자 실천으로서 다양하게 불리고 있는데, 현존presence(Geller & Greenberg, 2018; Weinraub, 2018), 반응성responsiveness(Norcross, 2011), 진정한 관계real relationship(Gelso et al., 2018), 연민compassion(Armstrong, 2010; Rakel, 2018; The Dalai Lama & Vreeland, 2001) 또는 자애심lovingkindness(Fromm, 1956; Salzberg, 1995; R. Shapiro, 2006) 등이다. 이와 같은 단순함을 완전히 획득하는 것이 조력 관계에서 관계 맺기를 하는 데 선행 조건이라면, 이렇게 시작할 수 있는 사람은 어디에도 없을 것이다. 음악적 예술성에서처럼, 준비성이나 재주가 구성 요인이 되기는 하지만 의도적인 훈련을 통해서 시간이 흐르며 숙련도가 실체화되는 것이다(Chow et al., 2015; Ericsson, Krampe, & Tesch-Römer, 1993; Ericsson & Pool, 2016; Gladwell, 2008). 셰익스피어의 〈햄릿〉이 영국 엘리자베스 시대에 다음과 같이 조언했다.

> 정절이 없어도 있는 척이라도 하십시오.
>
> 모든 감각을 잡아먹는 습관이라는 괴물도…… 천사일 때도 있습니다.
>
> 곱고 착한 행동이 습관이 됐을 경우, 그놈은 적절하게 입을 만한 외투나 예복을 준답니다.
>
> 그 외투나 예복을 입으면…… 천성을 바꿀 수 있습니다.
>
> (햄릿, 3막 4장)

그러니까 다행인 것은, 이 책에서 소개하는 대인관계 기술들을 의도적인 훈련을 하다 보면 제2의 천성적 습관이 된다는 점이다. 어떤 사람들은 처음부터 이러한 대인관계 재능을 가지고 있다. 어떤 사람들은 인정과 반영을 마치 호흡하듯이 자연스럽게 하는 것 같다. 어떤 사람은 친구나 내담자에게 수용과 희망을 즉시적으로 전달해 주니 운이 좋은 사람들이라고 하겠다. 어떤 교사들은 진정성 있는 현존으로 학생들이 가지고 있는 최상의 것을 발견하고 이끌어 낸다. 이런 기술들은 태어날 때 있는 것이 아니라 재능과 연습의 조합에서 나타난다.

단순성이란 아마도 복잡한 것에서 멀리 떨어져 있을 것인데, 왜냐하면 이 책에서 저자들이 고려해 온 각각의 흐름이 한 군으로 **합류**하기 때문이다. 흐름은 하나의 원천에서 흘러나오거나 그렇지 않을 수 있지만 시간이 흐르면 합쳐진다. 특정 대인관계 기술을 의도적으로 훈련하는 것은 그것을 사용할 때 자유로움이나 용이함을 촉진할 뿐 아니라, 그 사람의 본성까지 바꾸기 시작한다. 몇 가지 기술을 성실히 연습하다 보면 어떤 수준에 도달하는 시너지 효과를 줄 수 있는데, 이것이 미덕이나 성격으로 설명된다(Brooks, 2015; Franklin, 2012/1785; Peterson & Seligman, 2004). 로저스는 '존재 방식'과 치료적 현존therapeutic presence으로서의 정확한 공감, 무조건적인 긍정적 존중, 일치성을 설명하였다(Rogers, 1980d; Weinraub, 2018).

다른 많은 진리처럼, 이러한 치료적 현존, 복잡성을 넘어선 단순함은 다소 역설적이다. 이것은 행동 실천이자 근본적인 태도나 정신이며, 이 둘은 서로를 만든다. 성실하게 실천할 때 안내자가 되는 가치 체계가 견고해지고, 또 이 가치 체계는 실천에서 표현된다. 벤자민 프랭클린(1785)은 가치가 이렇게 축적되어 부상하는 것에 대해 다음과 같이 적었다.

> 우리는 교차로에 서 있다. 매분, 매시간, 매일 선택한다. 그 선택은 우리가 허용하는 생각, 우리가 느끼는 열정, 우리가 실천하는 행동을 결정한다. 각 선택은 우리 삶을 다스리는 가치 체계의 맥락 안에 있다. 그 가치 체계를 선택할 때 우리는 정말 실제적인 방식으로 가장 중요한 선택을 한다.

임상 훈련은 확실하게 내담자들에게 이득이 될 방식으로 행동을 배우고 실천하는 방법을 발달시킨다. 과학적으로 거의 관심을 받지 못한 것은, 임상 훈련과 실천이 어떻게 치료사의 가치와 성격을 만드는가에 관한 것이다. 저자들은 때로 임상 훈련 참가자들이 우리가 가르치는 것을 실천함으로써 그들 자신을 변화시킬 수 있다는 사실에 대한 깊은 이해를 표명하기 위해 처음에 정보 제공 동의서에 서명해야 한다고 생각했다. 예를 들어, 수용과 공감적 이해가 오랫동안 실천되면, 더 수용적이고, 인내심 있고, 연민 있는 사람이 될 수 있다고 저자들은 믿는다. 아마도 이것이 바로 실천의 단순함일 것인데, 저자들이 이전 장들chapters에서 씨름해 온 실천의 복잡성을 넘어서는 단순함이라고 본다.

> 임상 훈련과 실천이 어떻게 치료사의 가치와 성격을 만드는가?

핵심 포인트

- 이 책에서 소개한 치료적 기술들은 독립적인 것이 아니라 서로 중복되고 얽혀 있다.
- 이 기술들은 오랫동안 존중되어 온 인간의 덕목들과 닮았고 그 덕목들을 행위화하는 것이다.
- 이러한 복잡한 치료적 기술들은 합류하여 시간이 흐르면서 보다 단순한 존재 방식이 된다.

제3부

학습, 훈련 그리고 임상 과학

만약 치료사가 치료적 기술을 실천하면서 자동적으로 더 나아지지 않는다면, 어떻게 해야 치료적 기술을 발전시키고 다른 사람들도 그렇게 하도록 도울 수 있을까? 이 책의 마지막 제3부에서 저자들은 우선 어떻게 실무자가 자신의 임상 전문성을 개선하고 내담자의 치료 효과를 높일 수 있을지 생각한다(제12장). 그다음, 임상 훈련, 슈퍼비전 그리고 코칭을 위해 다음 장들에서 제시하는 지식의 함의에 관해서 설명한다(제13장). 마지막으로 제14장에서 저자들은 뒤로 물러나 보다 폭넓은 관점을 가지고, 수십 년에 걸친 연구에서 얻은 결실들이 임상 과학이라고 하는 실체에 무엇을 제안할지 관심을 가진다.

제12장

전문성 개발

조력 전문직을 직업으로 선택한 이유는 무엇일까? 대부분의 치료사는 내담자의 고통을 줄이고 긍정적인 성장을 도모하기를 희망한다. 하지만 자신이 한 일이 실제로 어떤 변화를 가져오는지 확실히 알 수 없다면 어떻게 될까?

상담과 심리치료 전문가들은 전문성 개발에 독특하지만 극복할 수 있는 장애물로 인해 어려움을 겪고 있다. 널리 알려진 반복 연구 결과에서 이것이 잘 드러나 있는데, 치료사의 경력이 그들의 전문적 재량, 대인관계 기술, 치료적 동맹을 형성하는 능력이나 내담자의 치료 효과와 무관하다는 것이다(예, Goldberg et al., 2016; Hersoug, Hoglend, Monsen, & Havik, 2001; Lafferty et al., 1989; Truax & Carkhuff, 1976; Tracey, Wampold, Lichtenberg, & Goodyear, 2014; Witteman, Weiss, & Metzmacher, 2012). 평균적으로 본다면, 상담사와 심리치료사들이 경력이 늘어난다고 해서 자동적으로 더 좋아지지 않는다! 경험과 기술의 관계가 관찰되고는 있으나, 그것이 기대하는 방향이 아닐 수도 있다(Erekson et al., 2017). 경험 많은 심리치료사가 신규 심리치료사들보다 더 나은 치료 효과를 내지 **못할** 수도 있다(Goldberg, Hoyt, Nissen-Lie, Nielsen, & Wampold, 2018; Hersoug et al., 2001).

많은 전문직에서 보면, 경험은 기술이 늘고 치료 효과가 더 나아진다는 전망을 주기 때문에 원하는 속성이다. 예를 들어, 외과 의사는 연습을 많이 할수록 외과 기술이 나아진다. 천 번이나 수술을 집도한 외과 의사의 경우, 처음 집도하는 수련의보다 훨씬 숙련되어 있다. 환자의 사망률, 합병증, 부정적 효과 등은 의사의 경험이 많을수록 줄어들고, 이것을 가리켜 '외과 의사 경력 효과surgeon volume effect'

라고 한다(Morche, Mathes, & Pieper, 2016; Mowat, Maher, & Ballard, 2016).

외과 의사와 심리치료사의 이런 차이는 무엇 때문일까? 외과 수술을 하는 동안 그리고 수술 후에 성공에 대한 피드백을 명확하고 즉시적으로 제공한다. 합병증은 명백하고 결과는 상당히 빠르게 나타난다. 게다가 외과 의사는 혼자 집도하는 경우가 거의 없다. 동료들이 함께하면서 집도 절차를 관찰하고 추후 검토를 위해서 녹화하기도 한다.

상담사와 심리치료사들이 경력이 늘어난다고 해서 자동적으로 더 좋아지지 않는다!

신뢰성 있는 피드백이 결여된 상담이나 심리치료는 직업적으로 볼 때 위태롭다. 상담이나 치료 회기는 보통 문을 닫고 하기 때문에 관찰할 수 없고, 치료사의 개인 기록 이외에 다른 기록물이 없다. 건강행동 치료 효과는 흔히 치료를 종결하고 나서 내담자가 얼마나 잘 지내고 있는지로 판단하며, 만약 치료사가 내담자의 치료 효과에 대해서 정보를 전혀 받지 못한다면 피드백을 오랫동안 받지 못하게 된다. 20년간 피드백 없이 심리치료를 한다면 복잡한 기술들이 많이 개선될 가능성은 없다.

그러기에 경험 자체로 전문성이 높아지지 않는다면, 어떻게 대인관계 기술 및 기타 실천 요소들을 개선하여 내담자의 치료 효과를 높일 수 있을까? 학습 장벽이 체계나 정책 측면에서 있을 수 있다. 한편, 치료사가 전적으로 자신의 전문성을 개발하기 위해 할 수 있는 일이 있으며 실제로 다른 방법으로는 달성할 수 없을 수도 있다. 이 점이 제12장의 초점이다. 치료사로서 도전적인 작업 현장에 있더라도 자기가 하는 업무를 개인적으로 더 잘할 수 있게 무엇을 할 수 있는지 제13장에서는 가능한 체계의 변화에 대해 고려한다.

의도적인 훈련

골프 기술을 연마하기를 원한다고 가정하자. 장타 연습을 하기 위해서, 골프채를 가지고 골프장으로 향하고 거기서 골프공을 버킷 가득 산다. 연습 구역에 도착하니 안개가 짙게 피어오르고 있다. 공을 하나씩 칠 때마다 안개 속으로 사라지고 보이질 않는다. 골프채를 휘두를 때는 느낌이 좋았지만, 공이 어디로 갔는지 알 수가 없다. 골프 실력이 많이 향상되었을까?

이와 비슷한 예를 들어, 심리학개론 과목을 듣는 학생의 경우, 시험 준비를 위해서 연습문제를 온라인으로 받을 수 있고, 그럴 경우 정답에 대한 즉각적인 피드백을 받는다. 이럴 때 추후 시험 결과를 엄청나게 개선할 수 있다. 그런데 학생이 500개 연습문제에 답을 했는데 피드백을 받지 못한다면 또는 부정확한 피드백을 받는다면 추후 시험에서 점수가 나아지는 데 도움을 주지 못할 것이다.

그것이 대부분의 치료사가 빠지는 난감한 경우이다. 치료사들은 자신이 치료적 개입을 할 때 전문성을 개발하고 싶어 한다. 초기 훈련을 받고, 일자리를 얻고, 임상 업무에 몰입한다. 업무는 많아지고, 줄어들지 않으며, 열정은 점점 사그라든다. 동료 치료사들이 하는 것을 관찰하거나 자신의 기술에 대해 코칭을 받을 시간은 없다. 슈퍼비전은 고위험 상황에 대한 행정적 문제와 고위험 상황 관리에 초점을 두고 있다. 사례는 많은데, 치료가 종료되고 내담자가 어떻게 지내고 있는지 알기 힘들다. 간혹 일화적으로 피드백을 받으면서 치료 효과가 좋은지 (더 많은 경우에는 나쁘다는 것을) 듣게 된다. 자기가 하는 업무가 얼마나 효과적인지에 대해서 신뢰 있는 피드백을 받지 못한 채 수십 년이 지난다.

저자(윌리엄 R. 밀러 박사)는 경력 초기에, 상당히 큰 규모의 재향군인 대상 행동건강 시설에 방문하는 사람들과 접수면접을 하게 되었다. 그 업무는 매력이 있었다. 엄청나게 다양한 사람이 풍부한 주 호소 문제들을 달고 들어왔다. 저자는 잠정적 진단 소견을 내고, 보고서를 작성하고, 병원에서 제공하는 십여 가지 프로그램 중 하나에 의뢰했다. 그러면서 몇 개월 후 저자는 이 업무를 평생 하면서 전문

업무 역량이 더 나아질 수 없음을 깨닫게 되었다. 나의 진단적 소견이 맞는지를 알 수 없었고, 내가 의뢰했던 사람들이 그 프로그램에 참여했는지도 전혀 알 수 없었다.

어둠 속에서 근무하는 것은 전문가로서의 성장을 저해하고 소진을 촉진할 수 있다. 해결방법 중 하나는 시간을 들여서 '의도적인 훈련deliberate practice'을 해 보는 것이고, 이 용어는 다양한 전문 영역에서 수행한 전문직의 전문성 역량 연구에서 사용된 것으로, 의학, 스포츠, 체스, 경영 등에서 사용된다(Ericsson et al., 1993; Ericsson & Pool, 2016). 의도적인 훈련에 소요된 시간은 최악의 치료 효과를 내는 임상가로부터 최상의 효과를 내는 치료사를 구분 짓는다(Chow et al., 2015).

> 어둠 속에서 근무하는 것은 전문가로서의 성장을 저해하고 소진을 촉진할 수 있다.

상담과 심리치료 분야에서 의도적인 훈련은 두 가지 중요한 요인을 가진다. 첫째, 업무 특징적인 측면들을 반복과 단계적 정교함을 거쳐서 증진하도록 고안된 활동들에 의도적으로 참여한다. 둘째, 실천 후 신뢰 있는 피드백을 받는다(예, Westra et al., 2020). 이 공식을 사용하면([그림 12-1] 참조) 두 가지 요인 중 하나라도 제로일 때, 결과(즉, 전문성 증진) 역시 제로가 된다. 간단한 예를 들자면, 농구 선수들의 경우 규칙적으로 특정 기술들을 연습한다. 자유투(상대방 선수의 반칙에 의해서 주어지는 슛)를 연습할 때, 피드백은 즉각적이다. 즉, 자유투 성공 또는 실패이다. 이처럼 즉각적이고 이분법적인 피드백이야말로 학습에는 최적이다. 하지만 상담이나 심리치료 훈련에는 거의 가능하지 않다. 물론, 치료 효과라는 것이 자유투보다 훨씬 복잡하기는 하다. 하지만 유사한 점이 여전히 있다. 즉, 피드백 없이는 숙달이 불가능하다.

의도적인 훈련을 함으로써 임상적으로 실제 실천을 할 때 마이크로적인 기술에서부터 매크로적인 활용에 이르기까지 어느 것이든 발달시킬 수 있다. 농구와 비유하자면, 마이크로적인 기술로는 자유투, 드리블, 패싱, 레이업 등이 있다. 복잡

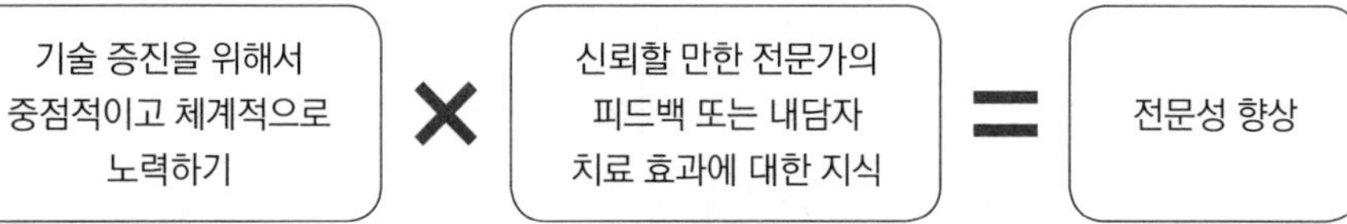

[그림 12-1] 의도적인 훈련을 위한 공식

성은 이러한 기술들을 훈련 시간이나, 픽업 경기, 실제 경기에서 매크로적 수준에서 결합할 때 발생한다. 임상 기술을 발전시키는 데 가장 기본적인 필수 조건은 의도적인 훈련에 시간을 할애하는 것이다(S. D. Miller, Hubble, & Chow, 2020). 이 시간은 어디에서 나올까? 음악가, 운동가, 예술가, 기타 전문가들의 경우, 자기 업무나 삶의 다른 영역에서 찾아야 한다. 의도적인 훈련을 위한 시간을 할애하는 것 이상으로 중요한 것은 훈련한 것을 기록해서 자신이 검토하거나 다른 사람들에게 검토받는 것이다.

치료적인 전문성에 있어서 최소 세 가지 광범위한 영역이 있는데, 개념적인 조직화, 특정 치료에서의 기술적 측면 그리고 대인관계 기술이다. 개념적인 조직화에 포함하는 것은, 임상적 평가하기, 진단적 소견 내리기, 근거 기반 대안 중에서 개입 방법 선별하기 그리고 내담자의 사회적 네트워크 안에 있는 사람들을 치료에 포함할 시점 결정하기 등이다.

기법적 기술은 치료가 가지는 특별한 측면들인데, 여기에는 특수화된 지식과 전문성을 요구한다. 대부분의 치료에서 자기효능감 메커니즘으로 알려진 것들과 관련이 있는 요소들을 포함하는데, 예를 들면 조건화 또는 탈조건화, 바이오피드백, 전이, 인지 도해, 행동적 대처기술 등이 있다. 이처럼 충실도가 있는 치료들을 제공하기 위해서는 각각의 특별한 구성요소들을 역량 있게 전달해야 한다(Bellg et al., 2004; Fixsen, Blase, & Van Dyke, 2019; Henggeler, Schoenwald, Letourneau, & Edwards, 2002; Miller & Rollnick, 2014). 기법적 기술을 학습하고 훈련할 때 흔히 도움이 되는 것은, 단계별 지시 사항을 제공하는 자세한 치료사 매뉴얼이나 지침서이다. 매뉴얼이나 지침서를 보면 때로 점검 목록이 있는데 임상가나 관찰자가 사용하여 기술 실천 시 충실도를 기록하도록 해 준다.

이전 장에서도 언급했듯이, 치료사가 대인관계 치료적 기술의 저장고를 가지고 있다면 상담과 심리치료에서 유능함과 치료 효과를 가져오는 중요한 근거 기반의 구성요소가 된다(예, Barnicot et al., 2014; Zuroff et al., 2010). 제12장에서 저자들은 상담에서의 유능성에서 세 번째 요인이 되는 치료적 대인관계 기술의 전문성 향상에 주력한다. 우선 **무엇을** 훈련해야 하는지 토론하고 나서, 여섯 가지 피드백 영역들을 설명함으로써 학습한 것을 뒷받침하고자 한다.

마이크로적인 대인관계 기술

치료사가 전문적 역량을 얻는 데 유용한 접근 중 하나는 구체적이고 마이크로적인 대인관계 기술들을 훈련하고 나서 그 기술들을 통합하여 복잡하게 적용하는 것이다(Carkhuff, 2019; Egan, 2014). 피아니스트는 음계를 연습하고, 의료 종사자는 심폐소생 절차를 배우고, 테니스 선수는 포핸드와 백핸드를 연습하는데, 자기가 편안하게 느끼고 자동으로 할 수 있을 때까지 계속한다.

예를 들어, 반영적 경청이라고 하는 마이크로적 기술을 살펴보자(제3장). 이 기법은 총체적인 기술이 아니다. 재즈가 음계 연습하는 것 이상인 것처럼, 정확한 공감은 반영하는 것 이상이다(Bozarth, 1984; Rogers, 1980b). 하지만 훌륭한 시작이다.

첫 번째 단계는 공감적 경청 진술들이 어떤 것인지 이해하고 알아차리는 것이다. 상담회기 축어록이나 녹음을 들으면서 그런 진술들을 찾아낼 수 있는가? 치료사의 반영을 규정하는 관찰 시스템이 다양하고(Lane et al., 2005; Miller, Hedrick, & Orlofsky, 1991; Moyers, Rowell, et al., 2016), 공감의 기타 행동적 측면을 규정하는 시스템도 있다(Campinez Navarro et al., 2016). 관찰해서 코딩하는 시스템을 사용하여 공감적 경청 진술들을 확인하고, 그런 진술들을 치료사의 다른 반응 유형과 차별화할 수 있다. 그리고 자신의 결과를 전문가나 동료들의 코딩 결과와 비교할 수도 있다.

간단한 예를 들어, 다음 사례는 의사가 의뢰한 여성 내담자와 나눈 초기 면담에서 발췌한 축어록이다(Miller, Rollnick, & Moyers, 2013). 치료사의 반응 중에서 질문과 반영만 코딩했다.

치료사:	전화로 의사가 이곳에 와서 저와 이야기를 해 보라고 했다고 하셨는데요. 여기 오실 거라는 문자를 제게도 보내셨군요. 그럼, 조금 더 말해 주세요. 요즘 기분이 어떠신지 무슨 일이 있으신지 말해 주세요.	열린 질문
내담자:	최근에 그냥 너무 피곤해요. 낮에 제가 해야 하는 일을 할 만큼의 에너지가 없는 것 같아요.	
치료사:	그러니까 거의 방전된 것 같은 거군요.	반영-비유
내담자:	예.	
치료사:	졸립기도 하고요.	반영-추측
내담자:	예. 잠을 잘 못 자기도 해요.	
치료사:	수면에 대해서 조금 더 말해 주세요. 어떻게 주무시나요?	열린 질문
내담자:	그러니까, 매일 밤 같은 시간에 자러 가는데, 푹 자지 못하고, 매일 새벽 3시 반에 일어나고, 다시 잠들 수가 없어요.	
치료사:	그러니까 그렇게 자는 것이 ○○ 님에게 정상이 아닌 거군요. 밤새 정말 잠을 자곤 했는데, 이제는 반중에 깨서 다시 잠들지 못하는 거네요.	반영
내담자:	맞아요.	

치료사:	그 밖에 어떤 일이 있었나요?	열린 질문
내담자:	모르겠어요. 너무 피곤해서 의사에게 진료를 받으러 갔어요. 그래서 잘 모르겠어요.	
치료사:	신체적으로 문제가 있는지 보려고 진료를 받으신 거네요.	반영
내담자:	네.	
치료사:	의사가 뭐라고 하던가요?	열린 질문
내담자:	저보고 우울한 것 같냐고 물었어요.	
치료사:	어떻게 생각하세요?	열린 질문
내담자:	모르겠어요. 그런 경험이 많지 않아서요.	
치료사:	우울감에 대해서 무엇을 알고 계시나요?	열린 질문으로 내담자가 무엇을 알고 있는지 알고 나서 정보를 제공하고자 함
내담자:	모르겠어요. 많은 사람이 요즘 우울증 약을 먹는 것 같아요.	

이것은 치료사의 언어적 반응을 녹음한 회기들을 검토하기 위한 예시이다. 이 예시에서는 질문과 반영을 코딩했다.

반영을 알고 나면, 두 번째 단계는 반영적 경청 진술들을 만드는 훈련을 하는 것이다. 내담자의 언어 표현을 글로 적거나 녹음하여 훈련할 수 있다(Truax & Carkhuff, 1967, 1976). 혼자서 또는 여러 명이 함께, 임상 회기 내용을 경청하면서 내담자의 언어 표현 직후 멈추고 가능한 공감적 반응들을 만들어 낸다. 반영할 때, 가사뿐 아니라 '음악'을 만들도록 훈련한다. 예를 들어, 질문과 달리 반영에서는 문장 끝에서 말꼬리를 내린다.

반영하기가 쉬워지면, 임상적이 아닌 일상적인 대화에서 시도해 본다. 동료가 내담자 역할을 할 수 있는데, 저자들이 보기에는 화자가 자신의 실제 경험을 이야기하도록 하여 '리얼 플레이'를 사용하는 것이 더 나았다. 청자는 반영적 경청 기술로만 주로 반응한다(Miller, 2018; Rosengren, 2018). 일상 대화에서 반영적 경청을 하는 노력을 한다.

끝으로, 임상 현장에서 시도해 본다. 이때는 (내담자의 동의를 얻어서) 녹음하여 추후 검토하는 것이 특별히 유용하다. 일반적으로 질문을 하거나 조언하고자 할 때에 반영적 경청을 해 본다. 새로운 기술을 시도할 때, 어렵지 않은 사례들로 시작하여, 조금씩 도전적인 사례들에 적용해 본다(Love, Kilmer, & Callahan, 2016). 질문의 수만큼 반영을 해 보는 것이 특히 중요한 시발점이 될 것인데, 이와 같은 균형된 비율이 내담자의 치료 효과를 예측해 준다(DeVargas & Stormshak, 2020).

이제까지 설명한 것은 의도적인 훈련, 치료적인 반응을 알아차리고 만들어 내는 것, 일상생활 및 임상적 대화에서 훈련하는 것 등이다. 이전 장에서 기술했던 기타 치료적인 대인관계 기술 훈련에서도 이와 같은 단계별 순서를 사용할 수 있다.

피드백의 출처

신뢰할 수 있는 피드백이야말로 학습에서 필수적이다. 피드백 없이는 안개 속에서 골프를 치는 것과 같다. 내담자의 치료 효과에 대해서 신뢰할 만하고 적시에 제공된 정보가 부족하기 때문에 상담사와 심리치료사들이 다른 전문직에서 보이는 점진적 전문성을 발달시키지 못한다(Tracey et al., 2014).

피드백만으로는 물론 충분하지 않다. 피드백에 맞추어서 자신의 훈련 행동을 조정하지 않으면 집중적이고 정확한 피드백이라도 쓸모가 없어진다. 임상 훈련 워크숍에서 연습했더라도, 치료사들이 이전의 행동으로 바로 돌아가는 것은 흔히 보이는 결과이다. 더구나 치료사들은 새로운 기술을 사용하고 있다고 믿는다는 것이다(Fixsen, Naoom, Blase, Friedman, & Wallace, 2005; Miller & Mount, 2001; Miller, Sorensen, Selzer, & Brigham, 2006).

> 신뢰할 수 있는 피드백이야말로 학습에서 필수적이다.

다음은, 훈련 시 받을 수 있는 피드백의 유형 여섯 가지를 소개한다. 이 유형들은 단순성에서 그리고 실천과 피드백 사이의 지연delay에서 다양할 수 있다. 또한 신뢰도와 타당도 역시 다양할 수 있다. 어떤 피드백은 내담자의 훌륭한 치료 효과와 무관할 수도 있고 또는 정반대일 수도 있다. 이 점에 대해서는 제12장 후반에서 언급하고 있다. 저자들은 피드백의 유형을 가장 근접성이 있는, 즉 실제 훈련 행동과 가장 가까운 것부터 시작하여, 점차 멀거나 또는 지연된 것까지 설명한다. 처음 두 가지 유형은 치료사 스스로 반영 연습을 하면서 얻을 수 있고, 나머지는 타인으로부터 피드백을 받는 것이다.

회기 내 내담자 반응

이상적인 피드백 유형이란 기술을 실천하자마자 즉시적으로 받는 피드백이다. 마치 골프공이 홀컵에 들어가도록 하는 것과 같다. 회기 내 치료사의 행동에 대해서 내담자가 어떻게 즉각적으로 반응하는지 관찰하는 것이 피드백의 출처가 된다. 예를 들어, 치료사가 공감적 경청 진술을 말하면(제3장), 그것이 정확한지에 대해서 내담자로부터 즉시 피드백을 받는 것이 일반적이다. 이와 유사하게, 정신분석 임상가의 경우 해석을 제공한 후에 내담자가 어떻게 반응하는지 유심히 관찰하며, 그 해석이 적절한지 아니면 미숙한지에 대해 정보를 얻는다.

저자들은 제9장 '유발하기'에서, 치료 효과를 알려 주는 몇 가지 회기 내 내담자 반응들을 소개했다. 예를 들어, 내담자 중심 상담에서 임상가는 내담자가 회기 내에 경험하는 깊이에 주의를 기울인다. 이것이 긍정적 성장과 관련되기 때문이다(Hill, 1990; Luborsky et al., 1971; Orlinsky & Howard, 1986; Pascuel-Leone & Yervomenko, 2017; Watson & Bedard, 2006; Wiser & Goldfried, 1998). 동기면담에서, 임상가는 내담자의 변화대화를 주목하고 유발하고자 노력하면서 유지대화의 수와 비교한다(Apodaca et al., 2016; Drage et al., 2019; Gaume et al., 2010; Moyers et al., 2009). 다양한 기법적 · 관계적 기술을 사용하여 이러한 내담자 과정을 촉진할 수 있다. 회기 내 즉시적인 피드백은 어떤 훈련 행동들이 치료 효과와 관련된 내담자의 반응들을 증가시키는지 (또는 감소시키는지) 알려 준다. 다시 말하면, 회기 내에서 다양한 방법을 시도하고 그것이 내담자 치료 효과와 관련한 반응을 발생시키는지 즉시적인 피드백을 얻을 수 있다.

이와 유사하게, 회기 내 내담자의 반응들을 다루지 않으면 치료 효과가 저하되는 것을 본다. 내담자가 변화에 반대하며 논쟁하는 정도에 따라 변화 가능성이 줄어든다(M. Magill et al., 2018; Miller & Rose, 2009; Vader et al., 2010). 작업동맹에서 '저항resistance' 또는 불화discord가 특정 실천 행동으로 인해 유발되어 치료 효과를 감소시키는 것이다(Bischoff & Tracey, 1995; Drage et al., 2019; Klonek et al., 2014; Patterson & Chamberlain, 1994). 따라서 치료 회기 내에서 저항 행동이 발생하는 경우 이것이 신호가 되는데, 이 저항을 만들어 낸 것이 무엇이든 간에 반복하지 말아야 하는 것이며, 저항을 완화하기 위해서 다른 반응을 해야 함을 의미한다(Engle & Arkowitz, 2006; Miller & Rollnick, 2013). 내담자의 저항에 대응하는 의도적인 훈련은 치료사의 기술을 향상할 수 있을 뿐만 아니라(Westra et al., in press), 내담자의 저항 반응이 연속되는 것을 감소시킨다(Di Bartolomeo, Shukla, Westra, Ghashghaei, & Olson, in press).

회기 내에 내담자의 특정 반응들이 치료 효과와 신뢰도 있는 관련성이 있다면, 치료사들은 관찰을 통해서 어떤 특정 행동이 내담자의 이런 반응을 증가 또는 감소시키는지 지속적으로 피드백을 받을 수 있다. 치료사의 행동에 따라서 피드백이 즉각적으로 따라 나온다면, 치료사의 향후 실천에 변화를 줄 가능성이 커진다.

실천과 자기 검토

반영적 실천을 위한 두 번째 전략은 상담회기를 녹음 또는 녹화해서 (내담자 동의를 얻고) 추후 검토하는 방법이다(Raingruber, 2003). 업무 내용을 녹음하는 것은 현재 흔히 있는 일이다. 업무의 질적 수준 개선을 위해 일상적으로 녹음하는 것이라고 안내할 때 내담자는 거의 반대하지 않는다. 내담자에게 비밀보장, 녹음 자료 보관 기간, 누가 들을지, 언제 어떻게 파기될지 등에 대해서 명확하게 알려 주어야 한다. 녹음 동의서 서명이 적합할 수도 있다. 또한 내담자에게 상담회기 중 녹음을 원하지 않는 부분이 있는 경우 언제든지 중단할 수 있음을 알려야 한다. 내담자 대부분은 이러한 보호에 감사하며 거부하지 않는다.

저자들은 회기 내용을 검토하면서 회기 중에 놓쳤을 것들을 더 많이 듣게 되는 것에 늘 통감하고 있다. 예를 들어, 내담자의 언어 표현 중에서 특정한 것을 경청하려고 할 때 이를 두 번째 들을 때 더 쉽게 알아차리게 된다. 그리고 치료사도 내담자의 이런 특정 반응이 나오기 전 또는 나온 후에 어떻게 반응했는지를 되돌아가서 들을 수 있다. 내담자의 변화대화나 경험을 유발하기 위해 치료사는 무엇을 했나? 내담자가 방어적이거나 논쟁적이거나 또는 잠시 침묵했다면, 바로 직전에 치료사는 무엇을 했을까? 한 연구 결과에서, 내담자의 치료 효과를 우수한 수준으로 올리는 것과 가장 관련이 있던 의도적인 훈련에는 어렵고/도전적인 사례들을 혼자 검토하고, 지난 회기를 마음으로 떠올리고 회상하면서, 미래에 있을 상담회기에 무엇을 해야 할지 마음으로 검토하고 회상하는 것이 포함되어 있었다(Chow et al., 2015).

치료사는 자신의 언어 반응들에 대해서만 중점을 둘 수도 있다. 반영 대 질문의 비율(제3장)을 개선하기 위해서, 반영의 수와 질문의 수를 각각 하나씩 세고, 반영이 복합반영인지 단순반영인지를 헤아리며, 질문 중 열린 질문과 닫힌 질문의 비율을 계산한다. 상담회기 중에 피했던 표현을 들을 수 있다. 반영할 때 목소리를 위로 올리거나 또는 아래로 내렸는지, 그리고 내담자는 이때마다 어떻게 반응했는지 등이다. 마치 운동선수들이 경기 영상을 보면서 주의 깊게 검토하는 것처럼, 치료사도 회기마다 세밀하고 섬세하게 상담 내용을 검토하면서 많이 배우게 된다.

실천 내용을 회상하면서 구조화할 수 있게 돕는 관찰 부호들이 있다. 그것은 단순히 반응 수를 세는 것에서부터 치료사와 내담자의 반응을 하나씩 부호화하게 해 주는 코딩 체계에 이르기까지 다양하다. 회기 내용을 자기 검토하면서 이러한 부호들을 사용할 때, 특정 행동 점수의 수만 세도록 권한다. 왜냐하면 자기 회기 내용에서 글로벌 점수(총점)global ratings를 내는 것은 신뢰도와 객관성을 높이기가 어렵기 때문이다. 예를 들어, 치료사들이 자신의 전반적인 공감 수준을 평가하기보다는 반영 대 질문 비율을 계산함으로써 더 정확하게 알아낼 수 있다. 글로벌 점수의 구성요소들은 진정성, 공감, 긍정적 존중 등이어서 자기 평가 시 편견을 가지는 경향이 있다(즉, 객관적인 관찰자가 평가할 때보다 자신이 평가할 때 더 우호적으로 하는 경향이 있다). 글로벌 점수에서 보면, 전문적 코더/관찰자와 비교하여, 치료사는 자신의 '수준'을 정확하게 평가하는 경우가 드물다.

실천에서 자기 검토를 하는 것이 타인에게 자기 회기 내용을 듣고 검토해 달라고 하는 것에 비해서 훨씬 안전하게 느끼도록 해 준다. 그러나 역시 심각한 한계가 있다. 테니스, 피아노, 체스, 체조 또는 외과적 수술을 모두 혼자 배운다고 상상해 보자. 물론 책을 읽고 또 특정한 기법들은 더욱 일관성 있고 편안해질 때까지 연습할 수 있다. 그러나 경험 있는 코치가 종종 무엇을 놓쳤는지 관찰해 주면서, 구체적이고 중요하면서 때로는 간단하게 제안해 주면 전문성을 증진할 수 있다.

> 실천 시 자기 검토는 심각한 한계일 수 있다.

전문가 피드백과 코칭

어떤 복잡한 기술이든 간에 그것을 배우는 데 흔히 사용하는 전략은 더 전문성을 가진 코치와 함께 작업하는 것이다. 특정 기법적 기술technical skills 또는 관계적 기술relational skills을 발달시켜서 내담자의 치료 효과를 실제로 증진하고자 할 때 누가 도움이 될까?

코치는 연습할 때 관찰하고 적시에 피드백을 준다. 저자들은 교육하는 과정에서 일찍이 배운 것으로, 초보 치료사가 치료 회기에서 일어난 상황을 말로 전달할 때 치료사를 도울 수 있는 것이 제한된다는 사실이었다. 때때로 중요한 것은 치료사가 알아차리지 **못했던** 것들이다. 그 결과, 저자들은 직접 관찰하면서 슈퍼비전을 줄 수 있었는데, 처음에는 일방경(예, Miller et al., 1980), 이후에는 비디오나 오디오로 회기를 녹음하도록 했다. 직접 관찰은 초기 훈련에서는 겁이 날 수 있지만, 테니스 코치에게 "지켜보지 마세요."라든가 피아노 선생님에게 "듣지 마세요. 너무 당황스러울 수 있어요!"라고 말하는 사람은 없다. 사실, 관찰을 통한 코칭은 학습에 풍성한 기회가 되며, 대학원 과정을 마쳐도 코칭 내용이 사라지는 경우는 드물다.

코치들은 또한 시뮬레이션 연습으로 즉시적 피드백을 줄 수 있는데, 마치 훈련된 연기자가 '표준화 환자standard patient'가 되고 이 사람을 면담하는 것처럼 한다. 전문적인 연기자들은 종종 실제 내담자가 하는 것처럼 반응하지는 않는데, 특히 치료사가 심화된 기술을 사용할 때 그러하다(Decker, Carroll, Nich, Canning-Ball, & Martino, 2013). 그럼에도, 이런 시뮬레이션이 전문적 기술의 기본으로 신뢰성이 있으며, 또한 전문성을 증진할 기회가 되어 준다(Miller & Mount, 2001; Miller, Yahne, Moyers, Martinez, & Pirritano, 2004; Sacco et al., 2017). 이전에 언급한 바대로, 정확한 공감(제3장) 등의 기술을 '리얼 플레이real-play' 대화를 통해 연습하는 것도 가능한데, 리얼 플레이란 내담자가 타인의 경험을 말하는 것이 아니라, 자기 경험을 이야기하는 것을 말한다(Miller, Moyers, et al., 2005).

전문가 피드백의 유용성은 물론 코치의 조언이 타당한가에 달려 있는데, 경력만이 임상실천을 증진하지 않음을 기억해야 한다. 임상가에게도, 슈퍼바이저나 코치가 내담자 치료 효과와는 관련이 없는 실천 측면에 중점을 두거나 피해를 주는 실천까지도 할 수 있다. 전문가 조언은 치료 효과를 모니터링할 수 있는 구조화된 관찰 코딩과 객관적 양식을 동반할 때가 가장 잘 보완된다.

작업동맹

작업동맹Working Alliance: WA을 내담자가 평가하는 것—내담자가 치료사와 얼마나 잘 협동하는지—과 궁극적인 치료 효과 사이에 신뢰할 만한 관계가 있다(van

Bentham et al., in press). 따라서 작업동맹 평가는 치료 효과를 알려 주는 합리적 평가이다. 따라서 여기에는 전문성 증진을 위한 또 다른 피드백 기회가 있다(Ackerman & Hilsenroth, 2003; Owen, Miller, Seidel, & Chow, 2016). 치료사와 내담자가 함께 이루려고 하는 것에 대해 합의하고, 정서적으로 강한 유대감을 가지고, 함께 설정한 목표를 달성하고자 협동할 때 작업동맹이 최상이 된다. 여러 면에서 보면, 두 사람이 카누를 타고 호수의 한 편에서 다른 한 편으로 노를 저을 때 한 몸과 마음이 되는 것이 훌륭한 작업동맹이다. 작업동맹을 통해서 대인관계 기술을 개발할 뿐 아니라, 내담자만의 욕구에 융통성 있게 기술을 실천하며 반응한다. 작업동맹 측정에 흔히 사용되는 것으로 작업동맹 검사Working Alliance Inventory가 있으며, 내담자용, 치료사용, 관찰자용이 나뉘어 있다(https://wai.profhorvath.com/Downloads).

인간관계처럼, 작업동맹의 와해는 발생할 수도 있고 실제로 발생한다(Safran et al., 1990). 치료 목표에 의견이 맞지 않거나, 불화를 경험하거나, 같은 방향으로 노를 저어 가야 하는데 협동하지 않으면 그럴 수 있다(Safran & Muran, 2000). 내담자와의 작업동맹에 주의 깊게 관심을 두는 것이 중요한데, 작업동맹의 와해는 내담자 치료 효과를 감소시키는 것과 연관된 것으로 일관성 있게 보고되기 때문이다(Eubanks, Muran, & Safran, 2018). 동맹중심치료Alliance-Focused Therapy: AFT(Eubanks-Carter, Muran, & Safran, 2015)는 치료사가 어떤 치료 방법으로 개입하든지 간에 작업동맹의 와해를 알아차리고 해결하도록 돕고자 개발되었다. 동맹중심치료는 치료사가 자신의 힘든 감정(불안 등) 또는 내담자로부터의 적대감을 알아차리고 견딜 수 있는 능력을 강화하고자 고안된 것이며, 치료사의 자기 인식, 정서 조절, 대인관계 감수성을 증진하도록 돕는다. 이 접근은 지금-그리고-여기here-and-now에서, 내담자로 하여금 공동의 노력으로서 치료적 관계 증진에 관여하게 돕는다. 동맹중심치료는 치료 매뉴얼로 만들어져서 진행하고(Eubanks-Carter et al., 2015), 무작위 임상실험에서 검증되었으며, 기타 치료(예, 인지행동치료)에 추가되어 사용함으로써 치료 효과를 증진한 바 있다(Muran et al., 2018). 동맹중심치료는 정신역동적 전통에 뿌리를 두는데, 상담과 심리치료의 기타 유형에 추가하여 사용된다 (Muran et al., 2018; Safran et al., 2014).

실천을 위한 협력적 공동체

전문적 코치와 정기적으로 만날 수 없는 경우엔 어떻게 해야 할까? 대안은 동기면담 실천을 위한 협력적 공동체를 형성하는 것이다. 학습 공동체는 치료사가 하는 것을 더 잘하도록 돕는 데 목적을 둔다. 경쟁이나 평가를 위한 공동체가 아니며, 의도적인 훈련을 통해 그룹이 함께 기술을 연마하는 공동체이다. 학습 공동체에는 현재 기술의 수준이 다른 사람들이 포함된다. 기술에 **관해서** 이야기하는 것이 아니라, 기술을 실제로 연습하고 실천하는 공동체이다.

공동체를 만들 때, 훌륭한 실천에 대해서 긍정적으로 인정하는 것을 토대로 상호 결속하도록 권한다. 비평하기는 쉽다. 학습자가 더 잘할 수 있는 항목을 14개 목록으로 만들 수 있을지 모르나, 그렇게 하는 경우 학습자의 의욕을 제외하고는 아무것도 바뀌지 않는다. 기술을 관찰할 때, 녹음이든 실제 실천 장면에서든 간에, 학습자는 무엇을 잘하는가? 이미 **잘** 실천하고 있는 것이 무엇인지 인정하기를 하면서, 한 가지 제안을 제공함으로써 학습자가 다음에 노력할 수 있도록 해야 한다. 해 줄 수 있는 제안 중에서, 이 학습자가 배울 수 있는 다음 단계가 무엇인지 잘 식별해야 한다.

실천을 위한 최대 12명의 공동체를 만들 때 저자들이 개발한 구체적인 그룹 형태가 있다. 주사위 2개가 필요하다. 각각 번호를 붙이고 그 번호를 기억해 둔다. 한 번에 한 사람씩 실천을 하고 나머지 사람들은 관찰한다. 녹음한 회기에서 또는 즉석 롤 플레이나 리얼 플레이로 실천할 수 있는데, 그룹원 한 사람이 '내담자' 또는 화자 역할을 맡는다. 10분 분량의 관찰은 훌륭한 작업 샘플을 얻는 데 충분한 시간이며, 지루하거나 지치지 않게 한다. 관찰 대상이 되는 사람을 제외하고 나머지 그룹원은 두 가지 과제를 수행한다. ① 상담사가 잘한 것을 주목하여 구체적인 예제들을 기록한다. ② 상담사가 전문성을 개발하고자 다음에 시도할 만한 제안을 **한 가지** 정한다. 10분간 샘플을 관찰한 후, 관찰자들은 차례대로 인정하기를 하는데, 훌륭한 실천으로 보았던 것을 가능한 한 언제든지 구체적인 예제를 가지고 이야기한다. 각자 한 가지만 말하며, 모두 마치면 그룹원은 계속해서 훌륭한 실천으로 관찰한 바를 모두 언급한다. 이제 번호 매기는 것이 중요하다. 피드백을 받은 사람이 주사위를 던진다(6명 이하의 그룹이면 주사위 한 개를 던지고, 7~12명인 경우에는 주사위 두 개를 던진다). 숫자가 나오면 자기 번호인 사람이 **한 가지** 제안을 한다. 이것이 끝이다. 다른 사람은 아무리 멋진 제안이라도 말하지 않는다. 그러고 나서 다음 순번으로 간다.

피드백을 누가 줄 것인지 무작위로 선정하는 것이 중요하다. 그래서 주사위를 던지는 것(또는 다른 무작위 방법)이다. 저자들이 알게 된 것은, 피드백을 주고자 **원하는** 사람이 늘 그렇게 할 수 있는 최상의 참가자는 아니라는 것이다. 무작위 방법을 사용함으로써 모든 관찰자가 각자 주고자 하는 제안 한 가지에 대해 적극적으로 생각하게 된다.

실천의 자기 검토에서처럼, 공동체가 완전히 폐쇄되어 있다면 결함을 가지게 된다. 동료 학습 공동체가 전문가 피드백을 대신하는 것은 아니다. 치료적 기술을 학습하는 데 공동체 방법을 유일한 전략으로 사용한다면, 마치 치료사가 스스로 자기 기술을 평가할 때 흔히 나타나는, 입증되지 않은 자신감을 증진할 수 있다(Herschell, Kolko, Baumann, & Davis, 2010). 그럼에도, 동료 학습은 힘이 있고 독특한 영향력이 있다. 가장 어려운 수업을 위해서 열정을 가진 대학생들이 형성하는 스터디 모임을 떠올려 보자. 그 학생들은 교수의 피드백이나 지식을 대신하려는 것이 아니라, 그들이 수강하는 공식적인 강의를 생동감 있고 풍요롭게 하는 방식으로 적극적 학습을 도모하려는 것이다.

치료 효과 모니터링

피드백을 줄 때 사용되는 여섯 번째 잠재적 유형은 치료했던 모든 내담자의 치료 효과, 또는 적어도 내담자의 대표 샘플을 모니터링하는 것이다. 이것은 치료 효과 검증 연구에서 늘 하는 것으로, 치료를 받은 모든 참가자에게 시간이 지나면 계속 추후조사를 한다. 대부분 임상 현장에서 치료 효과에 대한 정보 수집이 간헐적이거나 일화적일 수 있는 한편, 임상 연구에서는 '치료 의향'을 가진 모든 참가자에게 있어서 치료 효과를 기록화한다. 치료**과정에서의** 효과는 의약 임상 연구(Miller, LoCastro, Longabaugh, O'Malley, & Zweben, 2005)에서는 가장 관심을 두는 주제인 한편, 심리치료에서는 종종 치료가 종료된 후에 효과 유지 및 삶의 질적 수준으로 판단한다(Longabaugh, Mattson, Connors, & Cooney, 1994; Miller, Walters, et al., 2001). 그 결과, 행동치료 임상 연구의 결과는 치료가 끝난 후에 잘 드러나는 경향이 있어서, 실천과 피드백 사이에 상당한 지연이 있다.

치료 후 내담자의 치료 효과에 대해 어떻게 알 수 있을까? "치료사가 전문적 위약 효과를 가져오거나 심리적으로 해로운 사람이 아님을 확신시키는 한 가지 매우 확실한 방법은, 모든 내담자로부터 치료 효과에 관한 정보를 수집하는 것이다."(Truax & Carkhuff, 1967, p. 369) 정기적으로 추후조사를 위해서 전화하는 것이 가능하다. 의사가 진료 후에 어떤지 전화해 주면 얼마나 감사할지 생각할 수 있다. 어떤 맥락에서 보면, 이것은 상환해 주는 서비스가 될 수 있고, 실제로 훌륭한 지속적 케어에 해당할 수 있다. 중독치료 분야에서 보면, 3~6개월 이내에 정기적 추후조사를 함으로써 초기에 재발 문제를 포착하고 필요한 치료를 더 제공하는 기회를 얻는데, 이러한 접근은 만성화된 증상에 더욱 일반화된 훌륭한 실천이다. 내담자에게 잠재적으로 이득을 주는 것 이상으로, 치료사가 얻는 것은 치료의 지속적인 효과에 관해서 더욱 큰 그림을 그린다는 점이다. 어떻게 하면 치료를 받는 내담자가 추후에 정기적으로 방문을 할까?

지속적으로 실천하는 가운데 비교적 저렴하면서 유용한 임상 연구도 수행할 수 있다. 예를 들어, 현재의 치료 절차에 새로운 구성요소를 가미하여 내담자 치료 효과를 개선하길 희망한다고 가정해 보자. 그것이 개선될지를 어떻게 알 수 있을까? 비교적 간단한 프로그램 평가 설계(Miller, 1980)가 있는데, 임상 연구 기간 동안 실험적 기반 위에 새로운 구성요소를 수행하도록 한 것이다. 내담자를 무작위로 할당하여 추가 요소를 받게 하거나 받지 않게 할 수 있다(예, Bien, Miller, & Boroughs, 1993; J. Brown & Miller, 1993). 관심사가 되는 치료 효과를 모니터링할 때는, 사전에 얼마 동안, 그다음에는 새로운 절차를 실시하는 동안, 그다음에는 다시 추가 요소가 없는 표준 절차로 돌아와서(A-B-A 설계) 모니터링을 한다. 치료 효과가 쉽게 측정되는 경우(예, 접수면접 후에 치료에 참여하는 내담자의 비율), 필요한 결과는 몇 주 또는 몇 개월 내로 나올 수 있다.

제8장에서 언급한 바와 같이, 임상 연구를 수행할 때 얻는 혜택은, 치료에 참여한 모든 사람의 효과를 알 수 있다는 점이다. 이 점은 일상 현장에서는 자주 일어나지 않는다. 이런 접근으로 저자들은 치료 후에 대부분의 내담자가 얼마나 잘하고 있는지를 명백하게 평가할 수 있었다(예, Anton et al., 2006; Miller, Walters, et al., 2001; Project MATCH Research Group, 1997). 이 점은 정확한 데이터나 연구 결과가 아닌 일부 사례를 바탕으로 중독치료 효과에 대해 어두운 소견을 내는 일반인과 전문가와는 뚜렷하게 대조적이다. 저자들은 또한 대부분의 내담자가 스스로 어떻게 하고 있는지 알고자 연락해 오는 것에 대해 감사하는 것을 보았다. 한 장기적 후속 연구에서 한참 후에, 저자들은 내담자가 만난 치료사를 평가하도록 부탁했는데, 자기에게 추수 면담을 해 준 숙련된 연구 조교의 이름을 종종 떠올리곤 하는 것을 보았다. 내담자에게는 이것이 지속적 보살핌으로 느껴진 것이다.

의도적인 훈련에 관한 연구

치료사로서 숙련도를 달성하는 데 있어 의도적인 훈련deliberate practice이 주는 영향을 지지하는 근거가 많이 있다. 대릴 초우Daryl Chow와 동료들의 연구(2015)에서 다중적 모델링을 사용하여 현장 네트워크 내에서 프로그램을 제공하는 자립 임상가들이 모인 대형 그룹에서 치료사가 어떻게 기능하는지 조사하고자 했다. 이 네트워크에 참가하면서, 치료사들은 표준화된 치료 효과 측정 도구를 사용하여 회기마다 내담자의 치료 효과에 관한 피드백을 받았다. 이 연구에는 45개 기관에서 29명의 치료사와 4,580명의 내담자가 참여했다. 여느 때처럼, 어떤 치료사는 신뢰도 있는 더 나은 치료 효과를 냈는데, 내담자 증상의 심각도와 치료사 훈련 및 경험을 통제할 때도 그런 결과가 나왔다. 다른 연구들에서 나타났듯이(G. S. Brown, Lambert, Jones, & Minami, 2005), 어떤 치료사는 일관성 있게 악화된 치료 효과를 보였는데, 내담자들의 심각도 수준은 효과를 내는 치료사들이 만났던 내담자들과 동일한 수준이었다. 피할 수 없는 결과이다. 즉, 어떤 치료사는 다른 치료사에 비해서 내담자들을 더 잘 치료했다(또는 더 악화시켰다). 가장 효과적인 치료사들과 가장 효과적이지 않은 치료사들을 모은 집합에서($n=17$), 의도적인 훈련 활동에 더 많이 참여한 사람들이 또한 높은 수준의 효과를 내는 치료사들이었다. 실제로, 높은 수준의 효과를 내는 치료사들은 가장 낮은 수준의 효과를 내는 치료사들에 비해서 의도적인 훈련 활동에 세 배 정도의 시간을 들이고 있었다. 초우와 동료들(2015)은 또한 **치료사들이 내담자의 치료 효과에 관해서 정기적으로 피드백을 받는다는 맥락에서** 24개의 의도적인 훈련 활동 모두 내담자의 치료 효과 증진과 관련이 있었다는 것을 발견했다(의도적인 훈련+피드백=전문성의 증가와 내담자의 호전).

또 다른 연구에서 의도적인 훈련이 임상적 전문성을 증진하는 역할을 지지했는데, 큰 규모의 정신건강 클리닉에서 7년간 모든 치료사와 그들의 내담자들을 추후조사했다. 치료사들은 이 기간에 내담자의 치료 효과에 관해서 정기적으로 피드백을 받았고, 내담자가 호전되지 않거나 치료사가 힘들어할 때에 자문 시간을 늘렸다. 이 기관에서는 치료사들을 위해서 의도적인 훈련 활동을 수행하고자 다양한 전략을 사용했는데, 어려운 대화를 반복 연습하기, 사례 시뮬레이션하기, 회기 내용 검토하고 회고하기 등이다. 7년간 이러한 질적 수준의 향상을 위한 시도가 수행되면서, 내담자의 치료 효과는 매년 꾸준하게 증진되었으며, 치료사들 전반적으로, 그리고 각자의 사례들에서 그런 결과가 나타났다. 이 연구에서 주목할 점은, 염려되는 사례들이 의도적인 훈련 활동의 중점이 되었으며, 이런 사례를 만날 때 어떻게 다르게 할지에 대해서 적극적이고 체계적인 전략들을 사용했다. 따라서 치료사들이 특별히 도전받는 임상상황에 의도적인 훈련 활동을 집중하는 것이 가치가 있을 것이다.

치료사 자신의 전문적 성장을 책임지는 것이야말로 소외될 수 있는 직업 성향에 영향력 있는 해독제이다. 의도적인 훈련에 적극적으로 몰입하면 치료사의 치료 기술을 증진할 수 있고, 그 결과 내담자의 치료 효과로 나타난다.

핵심 포인트

- 임상가의 치료 전문성과 내담자의 치료 효과는 일반적으로 경력을 통해 개선되지 않는다.
- 의도적인 훈련을 해 보는 것이 의미하는 바는, 전문가의 숙련도를 증진하고자 고안된 활동에 계획적으로 몰입하여 반복하며 연속적으로 정교화하는 것이다.
- 의도적인 훈련과 피드백으로, 치료적 전문성과 내담자의 치료 효과는 함께 증진된다.
- 의도적인 훈련은 기술적인 것뿐 아니라 내담자의 치료 효과에 영향을 주는 대인관계적 치료 기술을 증진하는 데에도 사용될 수 있다.

제13장
치료적 기술 교육

심리치료사의 경력 과정에서 어떤 시점이 오면, 다른 사람들을 가르치고, 슈퍼비전을 하거나 코칭을 하는 책임을 맡을 수 있다. 이미 중요한 업무 중 하나로 훈련, 슈퍼비전, 코칭을 수행하고 있을 수 있다. 이런 업무를 할 때, 실천 역량을 증진하기 위해서 가르칠 내용으로 어떤 측면들을 선택해야 하며, 이때 결정하는 내용은 상담과 심리치료 면에서 더 광범위한 쟁점들을 다루게 된다. 교육 내용에서 대인관계 기술을 어느 정도 강조할 것인가?

임상 훈련에서 보면, 종종 특정 이론에 따라서 그 이론이 권하는 기법들을 구체적으로 수행하는 데 중점을 두고 있다(Crits-Christoph, Frank, Chambless, Brody, & Karp, 1995). 수련생들은 다음과 같은 것들을 배울 수 있다.

- 자기조절 기술, 스트레스 내구력 또는 인지적 재구조화 교육하기
- 둔감화 체계 만들기, 개인의 가치관 명료화하기 또는 기능 분석 완성하기
- 전이 분석하기, 트라우마 사건에 체계적으로 노출하도록 돕기 또는 작업동맹의 결렬을 복구하기

치료사 매뉴얼을 사용하여 특정한 치료를 제공하는 경우 치료 접근의 일관성과 충실도를 높일 수 있고(예, Barlow, 2014; Carroll, 1998; Linehan, 2014; Martell, Dimidjian, & Herman-Dunn, 2013; Miller, 2004), 처방된 특정 절차 수행을 관찰하고 기록하며 치료순응도를 높일 수 있다(Carroll et al., 1998; Miller, Moyers, et al.,

2005). 하지만 치료 매뉴얼이 내담자의 치료 효과를 증진하는 데 일관성이 없는 것으로 나타났다(Beidas & Kendall, 2010; Truijens, Zühlke-Van Hulzen, & Vanheule, 2019). 치료사가 치료 매뉴얼을 준수하는 것만으로는 전문성과 치료 효과를 개선하는 데 불충분한 것으로 보인다.

치료적 관계의 중요성이 널리 인정되고 있지만, 이것이 의미하는 바와 어떻게 달성할지에 대해서는 임상 훈련에서 항상 탐색되어 오지는 않았다. 임상 훈련과 치료사 매뉴얼 모두, 이 책에서 기술하는 치료적 기술에 종종 관심이 매우 적은 편이다. 한편 심리치료에서 특정 치료 기법이나 체계 간의 차이보다도 치료적 기술이 내담자의 치료 효과에 더욱 영향을 주는 것으로 보인다. 제13장에서 저자들은, 임상 교육 현장에서 대인관계적 치료 기술들을 어떻게 포함할 수 있고 또 포함해야 할지에 대해 기술한다. 그전에 우선, 치료사와 치료사의 교육에서 세 가지 메타 전문적 역할에 대해 고려하고자 한다. 훈련가 역할, 코치 역할, 슈퍼바이저 역할 등이다.

메타 전문적 역할: 나는 무엇을 하고 있는가

개인 심리치료를 하는 전문가는 자신의 경력 과정에서, 수백 명의 내담자의 삶에 친절한 개인적 영향력을 발휘했을 것이다. 다른 전문가들을 훈련하고 슈퍼비전을 해 주거나 코칭을 해 줄 기회를 갖는다면, 또 다른 수천 명의 사람을 돌보는 데까지 영향력을 확장할 수 있다. 전문성을 교육하는 것은 치료하는 것과 매우 다른 과업이고, 교육하는 전문가 자신의 대인관계 기술이 또한 절대로 필요하다.

세 가지 메타 전문적 역할—훈련, 슈퍼비전, 코칭—이 서로 혼동될 수 있는데, 치료 시스템 내에서 때로 이 세 가지 역할이 부분적으로 섞이기 때문이다. 이 역할 중에서 한 가지 이상을 동시에 담당하게 될 수도 있다. 따라서 각각의 역할에서 어떤 것을 하게 되는지 고려해야 할 가치가 있다.

훈련

저자들은 '훈련'에 대해 어떤 방식으로든 치료를 증진하기 위해 필요한 기술들을 전달하는 것으로 정의한다. 여기에 포함되는 내용은 다음과 같다.

- 기본 임상 훈련(예, 대학원 과정)
- 이전에 익숙하지 않았던 치료 기술을 (재)훈련(예, 전문가 보수 교육)
- 특정 치료 방법을 준수하도록 증진하거나 자격증 재발급 등으로 질적 수준 관리
- 전문적 기능에서 중요할 수 있는 특정 내용(예, 윤리 강령, 진단기준 등)
- 다양한 치료 유형의 질적 수준과 치료 효과를 증진할 수 있는 대인관계 기술의 지속적 강화

이처럼 복잡한 치료적 기술 중 하나라도 전문성을 전달하기 위해서는 이론 교육 이상의 것이 필요하다는 근거가 강력한데, 이에 대해 이 장에서 더 논의할 것이다. 이 사실은 놀랄 만한 것이 아니다. 예를 들어, 바순이라고 하는 악기를 배우거나, 비행기 조종을 하거나 맹장을 제거하는 수술 기술을 가르치는 수업에서 워크숍을 한다고 생각해 보자. 강의로 시작하는 것이 마땅하나, 학생이 수행하는 것을 관찰하고 슈퍼비전이나 코칭으로 피드백을 주어야 한다. 임상 훈련 연구 결과에서 명백하게 나타난 점은, 워크숍 또는 이론 교육만으로는 실천 역량에 장기적으로 큰 영향을 많이 주지 못한다는 것이다(Herschell et al., 2010; Miller et al., 2006). 그럼에도 이론 교육 모델이 상담과 심리치료의 전문가 보수 교육에 유력한 형태로 남아 있다. 다시 말하면, 임상 숙련도를 증진하는 데 가장 효과가 적은 유형의 교육에 가장 많은 시간을 투자하고 있다.

> 치료 기술의 전문성을 전달하는 데 이론 교육으로는 충분하지 않다.

슈퍼비전

'슈퍼비전'이란 두 사람의 공식적 관계로서 한 사람이 다른 사람에게는 권위자가 된다. 슈퍼비전은 시간을 걸쳐 확장되며, 슈퍼바이지의 기술 향상과 피해 방지를 목적으로 한다. 슈퍼바이저는 일반적으로 면허나 자격증을 가지며, 이들의 과제는 슈퍼바이지의 전문성의 질적 수준을 모니터링하고 전문직의 수문장 역할을 하는 것이다(M. V. Ellis et al., 2014; Hill & Knox, 2013). 따라서 슈퍼바이저는 슈퍼바이지의 실수에 대해 공식적으로 그리고 종종 법적으로 책임을 진다. 슈퍼바이저는 내담자의 돌봄이 위태로운지 살펴보고 그럴 경우에는 슈퍼바이지의 임상 수행을 개입하거나 변경을 지시할 권한이 있다. 교육 계획을 교정할 수 있고 극단적인 경우에는 슈퍼바이지가 임상적 업무 수행을 전혀 하지 못하게 개입할 수 있다. 내담자의 안전이 슈퍼바이저의 첫 번째 관심이자 책임이고, 슈퍼바이지의 훈련 욕구는 이차적으로 중요한 과제이다.

이러한 관계에서, 학습자는 무엇을 말하고 해야 하는지에 대해 주의 깊게 조처해야 하는데, 왜냐하면 교육자가 그들을 평가하고 있다는 것을 알기 때문이다. 이것이 바로 슈퍼바이저 역할이 가지는 책무로서 피할 수 없는 결과이다(Wilson, Davies, & Weatherhead, 2016). 다른 임상 활동에서처럼, 슈퍼비전에서도 고지된 동의를 받아야 하는데, 문제가 발생하는 경우 슈퍼바이저의 권한과 책임을 공식적으로 받아들이는 내용이다.

코칭

'코칭'은 어떤 면에서 협동적 관계를 말한다. 슈퍼바이저나 학습자가 위험 관리를 다룰 때, 슈퍼바이저는 면허나 자격증을 가지고 전문적인 업무를 수행한다. 코칭 역시 높은 수준의 전문성을 가지고 있다고 가정하더라도 관계 면에서 계급적이지 않아서, 학습자를 제재하거나 교정하도록 강요하거나 업무 수행에서 배제할 수 없다. 코치는 학습자와 같은 조직 내에서 일할 수도 있고 그렇지 않을 수도 있다. 일반적으로 코치 역할은 내담자의 안전에 대해서 공식적으로 조직 내 책임은 없다. 내담자의 안전은 다른 방법으로 관리됨을 알기 때문에, 코치는 자유롭게 학습자의 기술 향상에 중점을 둔다.

코칭은 정보 제공을 넘어선다. 코칭은 일반적으로 학습자의 수행을 직접 관찰하여 기술 향상을 위해 피드백과 제안을 하는 것이다. 코칭 관계는 오랫동안 지속될 수도 있고, 외래 자문이나 고급 세미나 수업에서처럼 시간을 정해서 하기도 한다.

훈련, 슈퍼비전, 코칭 과제의 경계를 흐리는 이중 역할은 혼란스러울 수 있다. 어떤 역할을 맡아야 하는지 신중하게 생각하여 자신과 학습자 모두에게 문제가 생기지 않도록 한다. 다음 중 어떤 책임을 맡게 되는지 스스로 질문한다.

- 정보를 제공하는가?
- 관찰할 수 있는 기술을 기준치로 향상시키려고 하는가?
- 지식과 기술 습득을 평가하는가?
- 수련생을 심사/선발하는가?
- 피해를 예방하는가?
- 수련생에게 학습 동기를 증진시키려고 하는가?

치료적 기술 교육

저자들은 20년 간격을 두고 서로 매우 다른 임상심리 프로그램 내에서 훈련받았다. 한 프로그램은, 교수진이 모두 뼛속까지 행동주의 치료사여서 인지치료조차 조심스럽고 회의적으로 생각했다. 또 다른 임상 훈련 프로그램은 광범위하게 절충적이어서, 임상가들이 대여섯 가지의 다양하면서 종종 상충하는 심리치료 학파에 속해 있었다. 그러나 이 두 훈련 프로그램에서 모두, 내담자를 만나기 전에 1년간의 임상 과정에서 치료적 관계에 중점을 두어 훈련을 받았다. 내담자와 작업할 때 촉진적인 방법을 배웠는데, 이러한 방법을 토대로 하여 기타 치료적 기술들을 쌓아 갔고, 적어도 피해를 주지 않도록 항상 신뢰할 수 있는 안전망이 되어 주었다. 저자들이 생각하기로, 신규 치료사와 치료사 대상 훈련에서 이것이 훌륭한 모델이 된다고 본다. 즉, 우선적으로 치료적 관계의 기본에 초점을 두는 훈련을 말한다. 1년 내내 이 특별한 과정을 통해서 관계 기술들을 학습하는 것이 심리치료적 접근에서 어떤 접근이든 간에 추후 역량을 쌓는 데 현명한 투자가 된다고 본다. 초보자들에게는 피해를 입힐 가능성이 적은 치료적 기술의 견고한 토대를 제공할 수 있으며, 다른 치료 형태와 잘 어우러지며 그 효과를 향상할 수 있다.

이 책에서 설명된 치료적 기술들은 치료사뿐 아니라 내담자와 상호교류를 하는 사람들에게도 유용할 수 있다. 이 사람들의 경우 전화를 받거나 정보를 수집하거나 예약 일정을 잡는 일을 하는 사람들일 수 있다(Miller, 2018; Nichos, 2009; Rakel, 2018). 트룩스Truax와 카커프Carkhuff(1967, pp. 107–109)의 연구에서 보면, 훈련 후 일반 치료사든, 심리학과 대학원생이든, 경험 많은 전문가든 이들의 치료 기술 수준에 유의미한 차이는 없었다. 한편 여기서 저자들이 중요하게 강조하는 것은 치료 서비스를 제공하는 사람들을 준비시키는 것이다.

누구에게 교육하는가

훈련, 슈퍼비전, 코칭을 어디서 강조해야 하는지 어떻게 결정해야 하는가? 사람마다 치료적 기술을 개발할 잠재력이 다르다는 것은 명백한 사실이다. 어떤 사람은 타고난 성향으로 인해 신속하게 배우는 것 같고, 어떤 사람은 집중 훈련을 받아도 거의 개선되지 않는다(Miller et al., 2004; Moyers et al., 2008). 임상적으로 재능을 가질 가능성이 가장 많은 사람을 사전에 알아낼 기준 지표는 거의 없다. 과학 연구 문헌에서는 치료 기술의 향상을 신뢰성 있게 **예측하지 않는** 요인들을 몇 가지 명백히 밝히고 있다. 성격(내향성/외향성), 경력 수준, 교육 수준, 성별, 연령 등이다(Miller et al., 2004). 이력서나 대학원 지원서에 넣곤 하는 개인 특성이나 자격증은 대부분의 경우 치료사의 잠재적인 효과와 연관이 없다.

그렇다면 치료적 통찰력을 **가장** 잘 습득할 만한 학습자를 어떻게 구별하는가? 어떤 사람은 이미 관련성이 있는 대인관계 기술을 어느 정도 개발했음을 보이며 우위를 점할 수 있다. 예를 들어, 복잡한 치료들을 배우고 제공할 사람들을 선정할 때 저자들이 알게 된 것은, 공감적 경청 기술의 사전 선별이 동기면담 학습의 속도를 올린다는 사실을 알게 되었다(Miller, Moyers, et al., 2005). 또한 내담자 효과를 더욱 잘 예측해 주었다(Moyers, Houck, et al., 2016). 초급 훈련에서는, 수습 기간을 두고 학습자가 치료적 기술을 현장에서 시연할 능력에 진보 정도를 평가한다. 과학자–실천가 임상 프로그램의 경우, 이러한 점을 고려하여 첫 1년 훈련 기간에 과학 기술을 발전시키기보다는 능력 평가를 통해서 추후에 나타날 만한 염려스러운 대인관계 결함을 발견하는 것이 현명할 것이다. 제2장에서 강조한 바와 같이, "전문직에서는 치료사, 교육자, 상담사 중에서 잡초를 제거하거나 재훈련하는 데 적극적이어야 한다. 이들은 수준 높고 효과적인 재료를 제공하지 못할뿐더러, 이들이 만나는 내담자가 더 **악화될** 가능성이 높기 때문이다."(Truax & Carkhuff, 1967, p. 142, 강조된 부분은 원저를 따름).

이미 발달된 대인관계 기술을 넘어서는 것이 학습 동기이다. 보수 교육 워크숍에서 보면, 학습자가 자신의 전문성 증진을 위해 비용을 지불하고 오는 경우와, "좋든 싫든 이걸 배워야 한다."라고 듣고 온 경우는 매우 다른 학습경험을 한다. 지속적인 구조 체계 내에서 새로운 기술을 소개할 때 저자들은, 모든 구성원을 재훈련하려고 애쓰는 것보다는, 배우기를 가장 원하는 학습자이면서 최상의 잠재력을 보이는 사람들과 시작하는 것이 훨씬 효과적임을 발견했다. 마치 성냥 한 개를 가지고 수많은 촛불을 켜려고 애쓰는 것과 같다. 소그룹 학습자들이 성공할 수 있게 준비시킴으로써 다른 사람들을 차례로 고무시킬 수 있다. 저자들은 동기가 있고 재능 있는 소규모 학습자 그룹을 선택하는 것이 장기적으로 시스템 변화를 가져오는 가장 좋은 방법이라고 믿는다.

> 자격증은 대부분의 경우 치료사의 효과성과 연관이 없다.

관련성

임상 현장에서 교육자로부터 얻는 중요하고 기본적인 메시지는 대인관계 기술이 **중요하다**는 사실이다. 이 사실은 비과학적인 헛소리가 절대 아니다. 반대로, 대인관계 기술의 영향력은 심리학에서 임상 과학이라는 매우 근원적인 곳에 뿌리를 두고 있다(Miller & Moyers, 2017). 근거 기반 치료는 어느 것이든지 그 치료를 제공하는 사람의 특성과 맞물려 있다. 더 나아가, 정확한 공감 등의 치료 기술은 치료에서 근거 기반 구성요소이며 반세기에 걸쳐 입증되어 왔다(Elliott et al., 2011b; 제3장 참조).

태도

대인관계적 치료 기술을 가르칠 때 또 다른 기본 관점은 그 기술들이 단순히 기법이 아니라는 것이다. 로저스(1980d)가 강조했듯이, 치료사의 밑바탕에 있는 '태도', 즉 치료를 이끄는 마음가짐이나 가설이 중요하다. 교육을 받는 치료사들이 기법에 바로 매달리거나 '음악이 없는 가사'에 해당하는 매뉴얼에 매이는 것을 보는데, 이 점은 내담자와 **함께**라기보다 내담자**에게** 무엇인가를 하는 느낌을 준다(Miller & Rollnick, 2013; Rollnick & Miller, 1995). 치료사가 자신의 업무에 대해 어떻게 생각하고, 자신의 역할을 어떻게 이해하는지가 중요하다.

통상적으로, 태도와 가치관은 시간이 흐르면서 대인관계 상호교류를 통해 점차 형성되는 한편, 독특한 경험 때문에 변형되기도 한다(Ajzen & Fishbein, 1980; Miller & C'de Baca, 1994, 2001; Rokeach, 1973). 치료적 태도를 가르치는 것은 우선, 그런 태도가 **중요함**을 전달하는 것으로 시작할 수 있는데, 이렇게 할 때 치료사는 기법보다 더 깊은 수준의 숙고를 하게 고무된다. '생각을 소리로 내기'라고 하는 방법이 인지와 정서를 배우는 데 사용되어 왔는데(Davison, Vogel, & Coffman, 1997), 임상 훈련에서 역시 실천하도록 안내하는 생각들을 분명하게 말로 설명하도록 돕는 데 사용 가능하다. 시뮬레이션이나 녹음 또는 녹화 회기를 검토할 때, 대화를 멈추게 하고 다음과 같은 반영적 질문을 한다.

- "이 시점에서 당신(치료사)은 무슨 생각을 하고 있나요(있었나요)?"
- "여기서 당신은 어디로 가고 있나요?"
- "이 질문을 했던 이유는 무엇인가요?"
- "내담자가 어떻게 반응하기를 바라고 있나요?"
- "내담자가 한 말 중에서 이 부분을 반영한 이유는 무엇인가요?"

이런 질문을 할 때 판단적인 목소리 톤으로 하지 않아야 한다("**도대체 무슨 생각을 한 거였어요!?**"). 대신 호기심을 가지고 질문함으로써 학습자가 어떻게 정보를 처리하고 있는지 이해하고 숙고하도록 도와야 한다.

전문가 시연

서문에서 언급한 대로, 특정 치료 접근의 개발자가 그것을 실제로 실천하는 것을 관찰하는 것이 유익할 수 있다. 분명히, 치료사의 독특한 부분을 모방할 필요가 없겠지만, 치료 방법 개발자가 글 또는 말로 할 때 반영되지 않은 중요한 내용들을 많이 보여 줄 수 있기 때문이다. 개발자가 무엇을 하느냐만이 아니라, **어떻게 그것을 하느냐도** 중요하다. 개발자들의 대인관계 소통이 적어도 개발자가 기술한 구체적인 기법만큼이나 중요할 수 있다. 이와 마찬가지로, 교사가 대인관계 기술에 초점을 맞추어 임상적으로 어떻게 상호 교류하는지 시연하는 것을 학생들이 지켜보는 것이 중요할 것이다. 치료의 내용만큼이나 적어도 내담자와의 관계가 중요하다고 생각한다면, 어떻게 다르게 내담자와 교류하는지 정확히 알고 있는가? 내담자와 대화하는 동안 학생들이 관찰하는 것을 기꺼이 허락할 것인가? 저자들의 의견에 의하면, 상담과 심리치료에서 교사의 중요한 특성은 실제 장면에서 기꺼이 관찰되고자 하는 것이다.

전문가의 상담 관찰, 피드백 그리고 코칭

실천하는 동안 관찰하는 것에 대해서 무언의 편리한 신화가 자리를 잡고 있는데, 그것은 심리치료가 문을 닫고 방 안에서만 이루어질 수 있는 특별한 마술이라는 생각이다. 물론, 개인의 프라이버시라고 하는 요소가 치료를 유일무이하고 독특하게 해 주기는 하나, 심리치료는 마술이 아니며 관찰한다고 해서 효과가 적어지는 것은 아니다. 치료 연구 결과에서 나타난 명백한 사실은, 치료사가 **자신의 수행 관찰을 토대로** 하여 업무에 피드백을 받을 때 이득을 본다는 것이다. 이와 같은 개별화된 피드백은 질적 · 양적으로 주어질 수 있다(Beidas & Kendall, 2010; Miller et al., 2004). 실천과 피드백을 포함한 적극적 학습이 치료 기술을 습득하고 유지함을 예측하며, 독서나 이론 교육 워크숍 훈련만으로는 예측이 안 된다(Herschell et al., 2010; Rakovshik, McManus, Vazquez-Montes, Muse, & Ougrin, 2016). 인터넷을 통한 교육 역시 **만약** 실천과 피드백을 포함한다면 치료 기술을 강화하는 데 유용하다(Kobak, Craske, Rose, & Wolitsky-Taylor, 2013). 실천할 때 관찰하는 것이 중요한 또 다른 이유는, 치료사가 자신의 업무 수행의 질적 수준을 잘못 판단하는 것으로 널리 알려져 있기 때문이다. 가장 효과적이지 않은 치료사는 자신을 가장 효과적인 치료사만큼 유능한 것으로 평가하는데, 대부분 자신의 치료 효과를 극적으로 과대평가한다(S. D. Miller, Hubble, & Chow, 2017). 치료사 훈련에서 경제성과 확장성을 높이려는 노력에도 불구하고, 학습자에게 전문가가 피드백을 주는 것을 대체할 수 있는 중요한 대안은 아직 없다(Herschell et al., 2010).

치료사는 자신의 수행 관찰을 토대로 하여 업무에 피드백을 받을 때 이득을 본다.

체험 학습

학습자는 체험 학습을 하도록 연계하는 것이 대인관계적 치료 기술을 개발하는 데 특별히 중요하다. 앞에서 언급했던 내담자와 함께하는 수행 관찰을 넘어서, 이러한 대인관계 기술을 체험하고 향상할 수 있게 훈련 연습을 구조화하는 것이 유용하다. 롤 플레이role-plays를 흔히 사용하는데, 이때 학습자는 내담자 역할을 하는 동료나 연기자와 대화를 해 나아간다(Ottman, Kohrt, Pdersen, & Schafer, 2020). 그런데 전문적 연기자라 할지라도 실제 내담자가 하는 것처럼 반응하지 않을 수 있다. 즉, 자신이 만들어 낸 역할을 극적으로 묘사하기 때문이다. 임상 학습자나 동료가 내담자 역할을 할 경우 너무 쉬운 내담자가 되어 주거나 또는 비현실적으로 고집이 센 역할을 해 주거나 또는 대인관계적 단서에 무반응하는 내담자 역할을 해 주곤 한다. 롤 플레이를 시작하기에 앞서 내담자 역할을 만드는 시간을 투자하고, 중간에 역할을 조정하는 것이 도움이 된다(예, 심각도나 어려움의 수준). 롤 플레이가 가지는 장점 중 하나는, 어떤 특정 시점에서 '재감기rewind' 하고 다른 방향으로 다시 해 볼 수 있다는 점이다. 저자들의 훈련에서 이 대안을 사용할 때, 내담자 역할을 맡는 사람은 사전에 계획된 방향을 따라가기보다 그 역할 안에서 자연스럽게 느끼면서 즉흥적으로 반응하도록 부탁한다. 표준화된 내담자standardized clients 역할로 롤 플레이를 할 때 학습자에게 겁이 나는 일일지라도, 새로운 치료 접근을 배우는 데 있어서 가치 있는 부분으로 평가되는 게 일반적이다(Napel-Schutz, Abma, Bamelis, & Arntz, 2017).

롤 플레이의 대안으로 유용한 것으로 '리얼 플레이real play'가 있다. 리얼 플레이는 내담자 역할을 맡을 때 자신의 이야기를 하는 것이다. 롤 플레이에 비해서 더욱 진정성이 있는 대화를 하게 되므로 면담자와 내담자 모두 학습을 촉진해 준다.

내담자 역할로 자신의 이야기를 하는 사람은 치료적 대인관계 스타일에 반응하는 경험을 얻게 된다. 면담자는 치료적 기술을 연습하고 내담자는 자신의 실제 경험을 이야기하는데, 주제가 너무 깊을 필요는 없다(Miller 2018; Nichols, 2009). 면담자는 화자를 고쳐 주거나 바꾸려고 시도하지 않는다. 이것은 본질적으로 지지적인 경청자와의 대화이다.

물론, 리얼 플레이에서는 두 사람 모두 맥락 내에서 반응한다. 즉, 누가 관찰하는지, 설정이 안전하게 지각되는지, 수행 및 평가 불안 등이 있다. 예를 들어, 화자는 처음에 안전해 보이는 주제를 선택할 수 있는데, 차츰 공감적인 대화가 무르익으면서 기대했던 것 이상으로 깊이 들어갈 수 있다. 리얼 플레이에서 면담 대상자가 언제든지 종결할 수 있도록 명시적으로 허락해야 한다. 저자들은 면담자에게 이득이 될 수 있도록 훈련 양식을 사용해 오는데, 관찰자들은 모두 면담자가 잘한 부분이나 능숙한 부분의 예를 찾도록 하며, 찾은 것을 기록하고 추후 이야기하도록 한다. 면담자 역할을 하는 사람은 의도적으로 한두 가지 실수를 하도록 제안하기도 한다.

무엇을 교육할까: 실제적인 구성요소

'비특정nonspecific'이라는 말에는 아이러니가 있다. 이 용어가 치료적 기술들이 구체적일 수 없다거나 교육시킬 수 없다는 의미로 사용된다면 말이다. 치료사의 대인관계 기술을 조작적으로 정의하고 측정하는 것이 임상 과학사에서 초기부터 핵심이었고, 이것은 치료과정을 구체화하면서 동시에 내담자 효과와 치료과정을 연결해 준다(Carkhuff & Truax, 1965; Kirschenbaum, 2009; Miller & Moyers, 2017; Truax & Carkhuff, 1967). 이런 기술들을 훈련하는 것은 1960년대에 이미 개발되고 평가되었다. 조작적으로 정의된다면 바람직한 기술들을 현장에서 관찰하고 강화할 수 있다.

정확한 공감(제3장)은 이러한 대인관계적 치료 기술 중에서 가장 많이 연구되어 왔고, 내담자 효과에 가장 강력한 관계로 작용하고 있음이 메타 분석에서 나타난 바 있다(Elliott, Bohart, Watson, & Greenberg, 2011a; Elliott, Bohart, Watson, & Murphy, 2018). 원래, 치료사 평가는 기술의 각 수준별로 기술된 리커트 척도로 측정되었다(Truax & Carkhuff, 1967). 반영적 경청이라고 하는 실천 행동은 신뢰도 있게 부호화될 수 있고, 정확한 공감이라고 하는 관찰자의 총점global ratings과 상관관계가 높다(Villarosa-Hurlocker, O'Sickey, Houck, & Moyers, 2019). 반영적 경청의 숙련도 수준은 병행적 근사치를 통해 향상될 수 있는데, 예로 비언어적 주의 집중, 의미를 추측하여 검증하기, 반영적 진술 만들기, 반영 대 질문의 비율 높이기 등이 있다(Egan, 2014; Miller, 2018; Moyers, Martin, Manuel, Hendrickson, & Miller, 2005; Nichols, 2009; Rosengren, 2018).

치료 효과의 개선에 추가해서, 강력한 대인관계 기술은 치료사에게 또 다른 중요한 이득을 가져다준다. 즉, 내담자와의 대화 중에 순간마다 접근법을 조정해 가는 능력이다. 내담자의 치료를 적응적으로 제공하는 치료적 메타 기술은 '반응성responsiveness'이라고 널리 알려져 있다(Norcross & Wampold, 2019; Stiles, Honos-Webb, & Surko, 1998). 반응적인 치료사는 한 가지 접근을 고집하기보다 내담자의 상황에 따라 어떤 것을 내담자에게 제공할지를 바꾸어 갈 가능성이 높다. 예를 들어, 공감은 기본적인 치료 기술이지만, 내담자의 순간적 반응을 관찰하는 것이 또한 중요하며, 언제 어떤 구체적인 기술(공감을 포함해서)을 사용해야 하는지 선택하는 것이 중요하다(Hatcher, 2015). 연구 결과에 따르면, 연구자의 목표가 획일적인 치료를 제공하는 것인데도 불구하고, 숙련된 치료사는 내담자가 최적의 효과를 달성하도록 치료 절차를 변경해서 실천한다는 것이다(Boswell et al., 2013; Imel, Baer, Martino, Ball, & Carroll, 2011; Zickgraf et al., 2016). 이러한 결과는 내담자의 저항 수준과 관련하여 특별히 흥미롭다(Hatcher, 2015; Karno & Longabaugh, 2005). 유능한 치료사는 내담자가 저항할 때 지시하기나 가르치기 또는 특정 절차 과제로 밀어붙이지 않는다. 이 연구에서 치료사가 **대신** 무엇을 하는지에 대해 설명하지는 않으나, 치료조건이 중요한 역할을 할 가능성이 있다. 연구에서 나타나는 결과들을 모아 보면, 치료 매뉴얼을 엄격히 준수할 때 실제로는 내담자 효과를 훼손한다는 것이다(A. N. C. Campbell et al., 2015; Miller, Yahne, & Tonigan, 2003; Webb, DeRubeis, & Barber, 2010; Zickgraf et al., 2016). 한편 매뉴얼화된 치료 유능성을 숙달한 후에 내담자에게 융통성 있게 반응하는 치료사 능력은 더 좋은 치료 효과를 예측한다(Boswell et al., 2013; Elkin et al., 2014; Safran et al., 1990).

영향을 줄 만한 위치

때로 재능 있는 임상가는 프로그램 관리 및 정책 개발을 통해 조직 구조의 방향성에 영향을 줄 만한 위치에 있게 된다. 이러한 위치에 있는 경우, 임상 과학을 응용하여 내담자 프로그램과 전문가 기술의 질적 수준을 지속적으로 향상할 수 있다. 예를 들어, 신규 치료사를 고용하는 책임을 맡은 행정가의 경우, 프로그램 상황에 중요하고 때론 신속하게 변화를 도모할 기회를 가질 수 있다(Marshall & Nielsen, 2020). 실증적으로 지지를 받는 치료 접근을 실천할 치료사를 고용할 때, 대인관계적 치료 기술에 주의를 집중하고 우선순위를 둠으로써 프로그램의 전반적인 효과를 향상할 수 있다(Moyers, Houck, et al., 2016; Moyers & Miller, 2013). 훈련, 슈퍼비전, 자문 등을 실천함으로써 기관 내 프로그램의 질적 수준을 강화하는 데 사용할 수 있다(Rousmaniere, Goodyear, Miller, & Wampold, 2017). 프로그램 정책과 절차를 변형하여 프로그램 전달에 대한 관찰을 정상화하도록 하여, 미국심리학회에서 요구하는 치료 수련생의 직접 관찰과 일치하도록 할 수 있다(American Psychological Association, 2015). 내담자의 만족도와 치료 효과를 정기적으로 측정함으로써 추후 프로그램을 개선하는 데 활용할 수 있으며, 치료 효과가 평균 이하이거나 내담자에게 피해를 줄 수 있는 서비스 제공자를 발굴하고 대처할 유일한 방법이 된다(Goldberg, Babins-Wagner, & MIller, 2017). 이와 같은 질적 수준의 실천을 더욱 폭넓게 고무할 수 있는 임상가들은 리더십 위치에 있거나 또는 조직 임원으로 있을 때 더욱 가능하다. 왜냐하면 이러한 위치에서, 보수 교육, 면허 및 자격증, 전문가 학술대회, 윤리 강령, 신규 직원 훈련 등을 책임지기 때문이다.

> 내담자의 만족도와 치료 효과를 정기적으로 측정함으로써 서비스를 개선할 수 있다.

전문적 서비스는 과학에서 알려진 내용과, 현장에서 실제로 활용하고 있는 내용 간에 오랜 기간 불안정한 차이가 있었다(E. M. Rogers, 2003). 이미 행동건강 치료법의 효과성에 대해서 많은 것이 알려져 있다. 또한 근거 기반 치료 내에서 내담자의 치료 효과를 개선하거나 방해하는 치료사들의 특성에 대해서도 많이 알려져 있다. 이러한 지식은 개인적 실천, 그리고 영향을 줄 수 있는 기관 정책 수립, 전문가 훈련과 기준을 개발할 수 있는 역할을 가지는 경우라면 더 폭넓게 활용할 수 있다. 치료사의 대인관계 기술이 심리치료 향상에 최대로 기여하는 방법임을 참조해야 한다. 특별히 치료사가 치료 공간을 넘어서서 영향력을 넓힐 수 있다면 더욱 그러하다.

핵심 포인트

- 근거 기반 치료적 대인관계 기술 교육은 치료사와 치료사 훈련 과정 초기에 시작되어야 한다.
- 훈련, 슈퍼비전, 코칭 등의 메타 전문적 역할은 신규 치료사와 기존 치료사를 교육하는 데 서로 다른 기능을 한다.
- 임상적 역량을 가지고 있을 가능성이 가장 많은 사람을 사전에 알아내는 데 있어서 신뢰도 있는 기준은 없다.
- 교육자들은 치료적 대인관계 기술이 중요하고 근거에 기반된 것임을 선포하고 모델링으로 보여 주는 것이 중요하다.
- 이러한 치료 기술은 단순히 기법일 뿐 아니라, 근본적인 태도와 마음가짐을 반영하고 표현하는 것이다.
- 상담과 심리치료의 교육자로서 가져야 할 중요한 특성은 실제 현장에서 기꺼이 관찰되고자 하는 태도이다.

제14장

보다 폭넓은 임상 과학을 향해서

칼 로저스가 1947년에 미국심리학회 회장직을 맡았을 당시, 미국심리학회는 실험 전문가들의 협회였다. 임상가는 드물었고, 상담 및 심리치료를 비과학적이라며 피하거나 적어도 무시했다(Kirschenbaum, 2009). 로저스가 임상 과학에 관여한 것은 아마도 심리학에 가장 큰 중요한 전문적 기여로 볼 수 있다. 그가 내담자에게 해 주는 반영처럼, 자신의 더욱 광범위한 아이디어들을 고정 사실로 간주하지 않고, 검증해야 할 근삿값이자 가설로 간주했다(Miller & Moyers, 2017).

로저스의 과업 이후 임상 과학에서의 개념들이 다듬어지고 또 좁혀졌다. 우리는 이제 치료 효과를 평가할 수 있는 보다 나은 평가도구들을 사용하게 되었다. 1960년대 임상 연구에서는, 임상적 개입의 영향력을 평가할 때 종종 미네소타 다면적 인성검사MMPI 척도 점수와 같은 상당히 투박한 평가도구로 측정했다(예, Rogers et al., 1967). 더 나아가, 적어도 과학 학술지에는 이름이 알려진 치료를 했다고 적기만 하는 것으로는 충분하지 않다. 이제 임상 과학에서 기대하는 것은, 실제 실천이 아니더라도, 치료사가 실제로 제공한 내용을 자기보고 방식으로 작성하는 것을 넘어서서 치료 충실도treatment fidelity를 측정해야 한다. 또한 이제는 충실도에 대한 모니터링을 위해 종종 사용하는 관찰자 평가가 치료적 기전들을 탐색하는 데 촉진적 역할을 해 오고 있으며, 심리치료가 종종 예측된 이유로 효과가 없다는 결과가 나오기도 한다(예, Longabaugh & Wirtz, 2001). 설득할 만한 인과적 관계를 세목화하고 검증하는 일이 임상 과학에서 요구하는 기준이 되었고, 이것이 바로 로저스와 제자들이 선구적으로 했던 바이며, 이들의 과업이 임상 훈련에서 무엇에 중점을 두어야 하는지와 직접적으로 관련을 가지게 되었다(Kirschenbaum, 2009; Truax & Carkhuff, 1967, 1976). 치료적 기전을 가설화하여 알아내고 조작적으로 정의해야 실험적으로 검증 가능해진다(예, Glynn & Moyers, 2010; Longabaugh & Wirtz, 2001; Nock, 2007; Magill et al., 2015; Truax & Carkhuff, 1965). 인과적 관계가 충분히 알려질 때, 임상 훈련이 실천 행동을 바꿀 수 있음을 보여 줄 수 있고, 이어서 치료 효과를 증명해서 보여 주는 치료적 과정에 영향을 줄 수 있는 것이다(M. Magill & Hallgren, 2019; Moyers et al., 2009).

동시에 로저스의 과업과 비교할 때, 지금의 임상 과학은 특별한 치료 기법의 효과성에 초점을 두려는 다소 좁혀진 시각을 가지고 있다. 이러한 결과, '근거 기반' 치료 목록이 개발되었고, 목록에 올려진 절차로만 훈련하고 상환받도록 격려하고 있다. 이는 의료 분야에서 사용하는 청구 코드들과 유사한 원리이다. 이 목록에 올라가는 것은 물론, 근거 기준과 증명해야 할 부담이 따른다. 알려진 치료가 '효과적'이라고 표시하기 위해서 어떤 과학 연구 결과가 있어야 충분할까? 국가 근거 기반 프로그램과 실행 등기부National Registry of Evidence-Based Programs and Practices: NREPP는 근거 수치를 낮게 잡아서 479개의 효과적인 개입 목록을 제시했다(Gorman, 2017). 근거를 어떤 가중치로 줄 것인가에 따라서 진단 특정적 목록이 짧아지고 내용이 다양해진다(예, Chambless et al., 1998; Miller & Wilbourne, 2002).

특정 치료 덕분인가, 아니면 치료적 관계 덕분인가

특정한 근거 기반 치료 절차에 대한 지지자들과, 치료적 관계의 중요성을 옹호하는 사람들 사이에 양극화된 논쟁이 발생했는데, 지금은 통합하려는 신호들이 있다(Hofmann & Barlow, 2014). 치료에서 중요한 것이 치료에 사용되는 특정 절차인가 또는 그런 절차를 제공하는 관계적 맥락인가? 이 질문에 문제가 되는 것은 '또는'이라고 하는 단어이다. 둘 다 중요한 것이 명백한 사실이며, 이것 아니면 저것이라고 하는 이분법은 오해를 불러일으킨다(Miller & Moyers, 2015). 치료사가 무엇을 하든 다르지 않다고 말하는 사람은 거의 없다. 한편, **진실된**bona fide 행동치료 절차들을 무작위 임상 연구에서 서로 비교해 보면, 효과의 평균치는 일반적으로 유사하게 나타난다. 비특정 '늘상 하는 방식의 치료treatment as usual'조차도 고도로 구조화되고, 매뉴얼 기반으로 밀착된 슈퍼비전을 받아 진행하는 심리치료들에 필적할 만한 치료 효과를 낼 수 있다(Wells, Saxon, Calsyn, Jackson, & Donova, 2010; Westerberg, Miller, & Tonigan, 2000). 더 나아가, 특정 치료 절차는 치료를 해 주는 사람과 불가분의 관계이다(Okamoto, Dattilio, Dobson, & Kazantzis, 2019). 치료 수행을 표준화하고자 많은 노력을 하는데, 내담자의 치료 효과는 여전히 치료사들에 따라 달라지고 있다(Crits-Christoph, Baranackie, Kurcias, & Beck, 1991; Kim et al., 2006; Miller & Moyers, 2015; Mulder, Murray, & Rucklidge, 2017; Project MATCH Research Group, 1998).

특정 치료 절차는 치료를 해 주는 사람과 불가분의 관계이다.

구현

치료 방법들을 보급하고 구현implementation하고 질적 관리를 하는 것은 복잡하다. 심리치료의 임상 연구는 보통 매우 통제된 조건에서 진행되며, 지역사회 현장에서 수행할 경우 치료 효과 크기가 줄어드는 경향이 있다(Miller et al., 2006). 역설적으로, 치료 자체가 근거 기반일 수 있어도, 종종 훈련, 보급, 구현에 사용되는 방법들에 대한 과학적 기반이 거의 없는 경우도 있다(Fixsen et al., 2005, 2019; McHugh & Barlow, 2010). 따라서 지역사회 현장에서 실제로 제공되는 내용이 원래 검증된 특정 치료 절차와 매우 다를 수 있다. 실제 실천되는 바를 밀착해 감독하지 않는다면, 근거 기반 치료를 제공하는 것은 그렇게 주장하는 것 이상의 의미가 거의 없다(Miller & Meyers, 1995).

치료 매뉴얼

치료 충실도treatment fidelity를 향상시키기 위한 한 가지 전략은, 치료사가 따라야 할 상세한 절차 매뉴얼을 출판하는 것이었다. 행동적 개입에 관한 임상 연구에 연구비를 지원받기 위해서는, 연구자들이 검증할 수 있는 치료 절차를 구체화해야 하기 때문이다. 이것은 합리적인 요구 사항이며, 치료 매뉴얼이 임상 연구 결과의 부산물로 떠올랐고, 연구 중에 치료를 수행할 때 면밀히 모니터링하고 슈퍼비전을 하는 것이 일반적이다. 질적 관리를 위해서, 임상 연구 과정에서 특정화된 절차로부터 벗어난 치료사들을 '붉은 선으로 표시'하고 이들이 치료 절차를 준수하는 수준이 향상될 때까지는 사례를 더 다루지 못하도록 하고 있다(예, Miller, Moyers, et al., 2005). 이후 치료사 매뉴얼은 지역사회 현장에서 사용하도록 보급하고 있는데, 특별한 훈련이나 모니터링 또는 질적 관리가 없는 것이 흔한 일이다. 임상 연구에서조차 자세하게 작성된 매뉴얼을 따라가는 것이 치료 효과를 유의미하게 향상시킨다는 근거는 거의 없다(Truijens et al., 2019). 예를 들어, 동기면담의 임상 연구 결과에 관한 메타 분석 결과(Hettema et al., 2005)에서 보면, 표준화를 위한 매뉴얼을 사용하지 않은 연구들의 평균 효과 크기($d=0.65 \pm 0.62$)가 매뉴얼 기반 치료 연구들의 평균 효과 크기($d=0.37 \pm 0.62$)보다 상당히 높았다. 기타 메타 분석 결과, 매뉴얼을 가지고 수행한 연구의 효과가 작게나마 나오기는 했으나(Crits-Christoph et al., 1991), 연구 내 직접적인 무작위 비교에서는 매뉴얼 대비 비매뉴얼 치료사 수행의 치료 효과에서 차이가 없었고(Ghaderi, 2006), 내담자의 자기 주도적 변화에서도 차이가 없었다(Miller & Baca, 1983; Miller et al., 1980; van Oppen et al., 2010). 대규모 연구에서는 치료사의 매뉴얼 준수가 높을수록 내담자의 참여율이 더 낮아지는 것과 관련이 있는 것으로 나타났다(B. K. Campbell, Guydish, Le, Wells, & McCarty, 2015). 지역사회 현장에서, 매뉴얼 기반 치료의 평균 치료 효과는 비표준화 일반 치료의 평균 치료 효과에 비해 차이가 없는 것으로 나타났다(예, Wells et al., 2010; Westerberg et al., 2000).

> 자세하게 작성된 매뉴얼을 따라가는 것이 치료 효과를 유의미하게 향상시킨다는 근거는 거의 없다.

임상 과학의 통합을 향하여

최근 수십 년간, 임상 연구는 특정 치료 절차를 검증하는 데 훨씬 더 많은 관심을 두어 왔기 때문에 치료 절차가 실제로 어떻게 수행되는지 그리고 치료 절차를 제공하는 사람들이 주는 영향력에 관해서는 관심이 적었다(Laska, Gurman, & Wampold, 2014). 치료사 효과가 어디든지 있음에도 불구하고, 종종 성가신 분산 요인으로 간주하여 최소화하려고 했다. 그러나 특정 심리치료들의 경우, 치료 효과에 영향을 주는 치료사들이 치료를 제공하고 있다(Kim et al., 2006; Luborsky et al., 1997; Okiishi et al., 2003; Wampold & Bolt, 2006). 약물요법의 경우도 마찬가지이다. 여기서는 치료사-환자 관계에 관해서는 더욱 관심이 적었다. 다현장 임상 연구에서는, 치료 효과를 평균치로 계산하기 때문에, 어떤 현장에서의 약물이나 약물요법이 다른 현장에서보다 더 '효과가 있다'라는 사실에 대해서는 있을 수 없는 것으로 종종 간주된다(Anton et al., 2006; Ball et al., 2007).

윌리엄 밀러William Miller와 개리 로즈Gary Rose(2009, 2010)의 연구에서 제안하는 바는, 행동적 개입에서 '기법적technical'(특정 절차) 구성요소와 '관계적relational' 구성요소를 차별화하는 것이었다. 한편, 기법적/관계적 이분법조차 다소 임의적인데, 왜냐하면 정확한 공감, 수용, 인정 등의 관계적 구성요소들이 여전히 치료사 행동으로 표현되어 연구되기 때문이다. 그렇다고 해서, 관계적 요소들이 치료사 반응일 **뿐임을** 의미하는 것이 아닌데, 상담사의 관찰 가능한 행동을 통해서 관계적 구성요소가 내담자에게 전달되고 또 임상 과학에 접근이 가능하다. 관계적 구성요소를 가리켜 '비특정nonspecific'으로 부르는 것은 도움이 되지 않는다. 만약 관계적 구성요소들을 학습할 수 있고, 측정할 수 있고, 치료 효과에서 중요하다면, 그 요소들을 임상 과학과 훈련 분야에 특정화시켜서 연구하고 포함해야 한다. 그 점이 임상 과학의 초기에 있었던 일이었다. 즉, 치료에 중요한 관계적 구성요소를 정의하고 학습하고 교육하도록 노력하는 일이었다(Truax & Carkhuff, 1967, 1976). 로저스(1957)는 핵심 관계적 조건들을 가리켜 '필요충분조건'이라고 기술한 바 있다. 저자들 역시 로저스의 말에 동의한다. 효과적인 임상실천과 훈련에서 이 요인들은 필요한 구성요소들이다. 한편 그 자체가 늘 충분하지는 않아 보인다(Hofmann & Barlow, 2014). 훌륭한 치료적 관계로 **충분하다**고 주장하는 것은, 다른 것은 어떤 것도 치료에 중요하지 않다라는 의미가 함축되므로, 이 점은 건강 분야에서 더욱 어리석은 주장이 될 것이다. 치료적 관계가 없다면 효과적인 심리치료들이 없다는 주장이 되는 것이다.

어떤 특정 치료가 관계적 요소들의 유용한 효과 이상으로 특정한 혜택을 가져오는지를 묻는 것이 합당하다(예, Singla et al., 2020). 이는 약물치료 연구에서 위약 효과의 통제 조건과 가장 유사한 심리치료에서의 질문이다. 만약 임상가가 어떤 치료를 제공하고 어떤 기대를 하는지를 알고 있다면 위약 효과와 직접적인 유사점은 없다. 치료사와 치료조건이 '교차crossed'(즉, 동일한 치료사가 두 가지 이상의 치료를 제공하는 것)될 때마다 문제가 되기 때문이다. 이와 같은 유형의 교차 설계에서는, 치료조건 간에 잠재적으로 오염될 가능성이 있다(N. Magill, Knight, McCrone, Ismail, & Landau, 2019). '지분' 설계'nested' designs(두 가지 이상의 치료를 각기 다른 치료사가 제공하며, 이들은 자신이 사용하는 접근에 자신감을 가지고 있는 설계)에서, 치료 중 한 가지 치료를 위약 조건으로 할당하는 것은 연구자가 그 효과를 믿지 않고 있음을 말한다. 연구자 충실도 효과(예, 조사자가 선호하는 치료가 '이긴다')가 발생하지만, 항상 그렇지는 않다. 예를 들어, 프로젝트 매치(Project MATCH, 1997)의 경우, 현장 간의 차이에서 의미했던 바는 연구자가 선호하는 주 치료법이 경쟁 상대 치료법에 비해 더 악화되었다.

치료사와 치료 방법은 구별될 수는 없으나, 기법적 구성요소와 관계적 구성요소는 모두 측정 가능하고 연구 가능하며, 상담과 심리치료에서 어떤 일이 일어나고 있는지를 더 잘 이해하는 잠재적 효과 요소들이다. 치료에서 기법적 · 관계적 측면 모두 긍정적 치료 효과에 기여할 수 있고(Hofmann & Barlow, 2014; Schwartz, Chambless, McCarthy, Milrod, & Barber, 2019), 그중 하나가 다른 하나에 전적으로 의존한다고 추정할 특별한 이유는 없다. 예를 들어, 알코올 오용에 관한 복잡하고 매뉴얼 기반의 인지행동치료의 경우, 특정 기법적 내용(예, 갈망 관리 전략)과 관계적 속성(치료사의 공감)이 내담자 치료 효과에 독립적으로 기여했다(Moyers, Houck, et al., 2016).

> 기법적 · 관계적 구성요소는 모두 잠재적인 효과 요소로서 측정되고 연구될 수 있다.

여기서 저자들은 행동 과학에서의 네 가지 상호 관련된 요소를 검토하고자 하는데, 이 요소들은 상담과 심리치료에서 기법적 · 관계적 구성요소에 똑같이 적용된다. ① 핵심 변인들의 정의와 측정, ② 실천-과정의 관련성, ③ 과정-치료 효과의 관련성, ④ 훈련-실천의 관련성 등이다. 저자들은 각각의 관련성을 최근의 동기면담 연구 결과에서 설명할 것이다.

핵심 변인들의 정의와 측정

주의 깊게 관찰하는 일은 과학의 시작이다. 내담자의 어떤 치료 효과가 중요한가? 그리고 치료 효과가 어떻게 조작적으로 정의되고 측정될 수 있는가? 임상 연구에서는 통상적으로 목표 치료 효과를 특정 종료 시점에서 측정할 주요 종속 변인으로 본다. 마찬가지로, 지역사회 치료 현장에서 프로그램 평가는 제공한 프로그램이 의도하는 치료 효과를 명시하고 측정한다.

이러한 치료 효과에 영향을 주는 과정으로 어떤 측정 가능한 과정들이 중요한 것으로 가설화할 수 있는가? 이것이 바로 치료 '메커니즘$_{\text{mechanism}}$' 연구의 영역이며, 회기 중에 치료사와 내담자의 반응들을 측정하는 것을 포함한다. 치료사 역량의 측정은 종종 치료 충실도에 중점을 두어 왔는데, 즉 처방된 (그리고 때로 매뉴얼 기반) 반응을 준수하는 것이었다. 임상 절차에서 충실도 체크리스트가 있어서 치료사 자기보고나 회기 관찰자가 작성할 수 있다. 특정 절차(예, 고위험 상황 평가)가 제공되었는가? 제공되었다면 얼마나 잘했는가?(예, Carroll et al., 1998) 관찰자 역시 평가할 수 있는데, 치료사 공감 등과 같은 총체적 측정을 작성할 수 있고, 이러한 도구는 리커트 척도로 되어 있다. 총체적 평가는 특정 치료사와 내담자 행동 점수를 조합하여 낼 수 있고(예, 치료사가 제공한 인정하기 횟수), 치료과정을 연구하는 데 사용 가능하다(예, Chamberlain, Patterson, Reid, Kavanagh, & Forgatch, 1984; Miller & Mount, 2001; Moyers, Rowell, et al., 2016; Patterson & Forgatch, 1985). 치료의 기법적·관계적 구성요소 모두 평가 가능하며 평가되어야 한다.

핵심 변인들: 동기면담 연구를 통한 설명

동기면담MI의 초기 연구에서, 저자들은 알코올 사용 장애 치료 분야에서 작업하는 혜택을 받았는데, 당시 이 분야는 이미 잘 개발된 치료 효과 평가도구들이 있었고, 주로 알코올 섭취량과 관련 문제의 감소에 초점을 두고 있었다(Litten & Allen, 1992; Miller, Tonigan, & Longabaugh, 1995). 당시 동기면담 관련 과정에서 어떤 과정을 측정하는 것이 중요한지 가설을 만들어야 했다. 치료사 자기보고의 경우, 잘하면 치료 회기 내에 실제로 발생하는 것을 관찰자와 내담자가 평가하는 것과 어느 정도 연관이 있기 때문에, 저자들은 동기면담 기술 코드Motivational Interviewing Skill Code: MISC라고 하는 자세한 관찰 체계를 개발했다(DeJonge, Schippers, & Schaap, 2005; Miller & Mount, 2001; Moyers, Martin, Catley, Harris, & Ahluwalia, 2003). 원래 MISC는 과잉 포괄적이어서, 20분 길이의 치료 회기 내용을 신뢰도 있게 코딩하는 데 몇 시간씩 걸렸다. 이 체계에는, 치료과정 코딩을 위해 치료사 반응과 내담자 반응에 대한 상호 독립적인 코드와 총점 그리고 내담자와 치료사 각각의 대화 시간 기록 등이 포함되었다. 이후 단축형 동기면담 치료 충실도Motivational Interviewing

Treatment Integrity: MITI 코드는 치료사 반응만 부호화했는데, 서너 차례의 개정을 통해서 개선되면서 신뢰도가 향상되었고 중복되거나 부적합한 코드는 제거되었다(Moyers, Rowell, et al., 2016; Pierson et al., 2007). 치료의 질적 수준을 측정하는 MITI 체계와 다른 척도들은 이중 목적을 가질 수 있는데, 치료사들이 자신의 실천을 어떻게 개선할 수 있는지에 대한 정보를 제공할 수 있다.

실천-과정의 관련성

여기서는 치료과정에서 치료사와 내담자 반응 간의 관계에 주력해서 관찰한다. 처방된(그리고 금지된) 치료사의 치료 실천이 회기 내 치료과정에 어떤 영향을 주는가? 치료사에 의해서 내담자의 행동에 어떤 변화가 있는가? 그리고 어떻게 영향을 받는가? 치료사가 보여 주는 어떤 특성의 어떤 실천 행동들이 회기 내 특정 상황에서 어떤 내담자에게 나타나는가? 과정-치료 효과 관련성에 비해, 이러한 관계들을 더 쉽게 알아낼 수 있다. 왜냐하면 내담자와 상담사 반응이 적시에 밀접하게 발생하기 때문이고(몇 초 만에), 이는 관찰자 코딩에서 유사하게 측정되기 때문이다(M. Magill & Hallgren, 2019).

예측된 실천-과정 관련성과 개입 절차는 기존 또는 새로운 이론에서 찾을 수 있다(S. C. Hayes, 2004; Miller, Toscova, Miller, & Sanchez, 2000; Moos, 2007). 그러나 어떤 특정 이론에서 나온 치료라고 해도, 이론 기반이라는 이유로 당연히 효과가 있다는 것을 의미하지는 않는다(예, Morgenstern & Longabaugh, 2000). 인지행동치료의 경우, 내담자 기술 향상은 그 치료법이 효과적인 이유에 대한 논리적 설명이다. 그러나 적어도 알코올 사용 장애의 치료에서, 다수의 연구는 인지행동치료의 효과가 내담자 기술 습득에 의존하지 않음을 보여 주었다(Longabaugh & Magill, 2011; Morgenstern & Longabaugh, 2000). 다른 연구에서는 기술 증가가 향상과 연결되었으나 인지행동치료와 기타 다른 치료에 동일하게 나타났다고 했다(Kadden, Litt, & Cooney, 1992). 확실한 것은, 임상실천-과정 관련성에 대해서 이름이 알려진 치료들의 단순한 주장이라 할지라도 훨씬 더 주의 깊은 연구들이 필요하다는 사실이다(M. Magill, Kiluk, McCrady, Tonigan, & Longabaugh, 2015).

> 어떤 특정 이론에서 나온 치료라고 해도, 이론 기반이라는 이유로 효과가 있는 것을 의미하지는 않는다.

가설화된 실천-과정 관계는 사전 선별된 치료사와 내담자 반응 사이에서 검토될 수 있다. 예를 들어, 행동분석에서는, 회기 내 내담자의 특별한 반응들이 임상적으로 적합한 행동에 대한 긍정적 · 부정적 강화로 인해 영향을 받을 수 있다(R. J. Kohlenberg & Tsai, 2007; C. K. Shaw & Shrum, 1972). 인간중심상담의 경우, '경험하기'가 임상적으로 적합한 내담자 반응인데(Gendlin, 1961; Kiesler, 1971; M. H. Klein et al., 1986), 이 반응은 치료사의 실천 행동에 의해 긍정적으로 그리고 부정적으로 모두 영향을 받을 수 있다(Hill et al., 1988; Wiser & Goldfried, 1998).

또한 실천-과정 관련성을 발견하려면 회기 과정에서 실제로 이 관계를 검토하는 것이 가능하다(Varble, 1968). 그러려면 내담자와 치료사 반응을 선택하여 관찰하는 것이 여전히 필요한데, 관찰하는 과정에서 새로운 반응 유형이나 기대치 않은 관련성이 드러날 수 있다. 이와 관련해서는, 초심자의 마음가짐을 가지고 임상 실천에 관해 연구하려는 자세가 유익할 수 있다. 내담자 중심 상담이나 동기면담은 이론으로 시작하지 않았다(Kirschenbaum, 2009; Miller & Moyers, 2017). 이 둘 모두 현장에서 실천되는 것을 관찰하여, 무엇이 내담자의 치료 효과를 실제적으로 향상하는지에 관해서 검증할 만한 가설들을 설정했고, 이론은 나중에 나온 것이다(Miller & Rose, 2009; Rogers, 1959). 물론, 개발자의 훈련과 경험이 가설을 형성하도록 하며, 내담자와 치료사의 어떤 반응들을 선별해서 관찰할지 알려 준다.

실천-과정 관련성: 동기면담 연구를 통한 설명

동기면담의 초기 형성 당시, '자기 동기화 진술self-motivational statements'은 임상적으로 중요하고 적합한 행동으로 기술되었다(Miller, 1983; Miller & Rollnick, 1991). 이후 '변화대화change talk'라는 용어로 바뀌었는데, 변화대화란 내담자의 언어 표현으로서 특정 변화 목표를 향한 움직임을 나타낸다. 예를 들어, 만약 금연이 자문의 목표라면, '저는 금연해야 한다고 생각해요'가 변화대화가 된다. 한편 '저는 금주를 해야 해요'는 변화대화가 아니다(금주가 목표였다면 변화대화일 수 있다). 심리언어학자 폴 암하인Paul Amrhein은, 변화대화에 여러 가지 언어 표현이 포함되어 있어서 범주로 이해하도록 도왔다. 예를 들면, 욕구(하고 싶어요), 능력(할 수 있어요), 이유(만약…… 그러면……), 필요(해야 해요), 그리고 결단(할 거예요) 등을 알려 주는 표현들이 있다(Amrhein et al., 2003; Miller & Rollnick, 2013). 제9장에서 언급한 바와 같이, 이와 유사한 언어 표현이 현재 상태 유지로도 나올 수 있으며 이것을 '유지대화sustain talk'라고 한다. 초기 연구에서 저자들은 불행히도 유지대화를 '저항resistance'이라고 하는 광범위한 유형에 모두 포함했으나, 이제 알게 된 것은 유지대화란 내담자의 정상적인 양가감정의 한쪽 편일 뿐이라는 사실이다. 양가감정을 관찰하여 측정하는 방법으로 내담자의 변화대화와 유지대화의 '결정저울'이 있다.

변화대화와 유지대화가 내담자의 치료 효과와 관련됨을 다음에 기술할 것이다. 실천-과정 관련성에서 보면, 치료사의 행동이 내담자의 말로 표현된 결정저울에 영향을 줄 수 있음을 보여 주는 것이 중요했다(Miller & Rose, 2009, 2015; Moyers et al., 2017). 이 관련성은 서너 가지 연구 유형에서 지지된 바 있다. 회기 내 반응들의 순차적 분석에서 조건부 확률이 나타낸 결과는, 동기면담 일치 실천 행동이 내담자의 차후 언어 표현으로 변화대화가 나올 가능성을 증가시킨다는 것이었다. 한편, 동기면담 불일치 반응들은 차후에 유지대화를 나오게 할 가능성이 더 높았다(Moyers & Martin, 2006). 또 다른 연구(Villarosa-Hurlocker et al., 2019)에서, 치료사의 관계적 기술(공감, 수용, 협동, 자율성 지지하기)은 내담자의 변화대화에 직접적인 효과가 없었다(참고, M. Magill et al., 2019). 한편 높은 수준의 관계적 기술을 가진 치료사들은 기법적 기술(변화대화의 구체적인 반영 등)을 또한 사용할 가능성이 더 높았고, 따라서 내담자의 변화 언어를 강화했다. 이것은 관계적 기술 **맥락 내에서의** 기법적 기술이었다.

치료사의 실천 행동과 내담자의 과정 사이의 단순 상관관계는 그 자체로 결정적이지는 않다. 예를 들어, 변화대화를 많이 표현하는 내담자가 치료사로부터 공감과 반영을 유발할 가능성이 더 높을 수 있다. 이 때문에, 단순 상관관계를 검토할 때는 치료사-내담자의 대화에서 **순서**를 있는 그대로 보는 것이 중요한 이유가 된다. 예를 들어, 치료사가 공감적 반영을 하고 난 직후에 내담자가 어떤 말을 했는지 추적함으로써 변화대화가 줄어들지, 아니면 증가할지를 측정할 수 있다. 회기 전체 과정에서 이렇게 하면, 만약-그러면이라는 진술의 형태로 조건부 확률을 생성할 수 있다. 즉, 만약 치료사가 공감적 반영을 하면, 내담자의 변화대화 기회는 증가한다가 된다. 치료사와 내담자의 진술이 적시에 어떻게 상호 연결되는지를 보면 보다 강력한 인과적 추정이 가능해진다(Moyers et al., 2009; Nock, 2007).

실천 행동을 실험적으로 조종하면, 더욱 강력한 근거가 나온다. 초기 연구에서, 교차 설계에 내담자들을 무작위로 할당했고, 치료사는 저항을 만날 경우 더 지시적이고 직면적으로 반응하거나, 또는 더 동기면담 일치 방식으로 반응하도록 했다(Miller et al., 1993). 동기면담 일치 조건에 할당된 내담자들은 저항보다 3.4배 많은 변화대화를 진술하였고, 반면에 보다 직면적인 조건에 할당된 내담자들은 동일한 분량(즉, 양가감정)을 진술했다. 참여자 내 경험에서도 유사한 결과가 나왔다. 가족 치료사들이 면담에서 12분 단위로 지시적 교육 스타일과 공감적 경청 스타일을 바꾸어 가며 진행했는데, 계단 함수에서 내담자 저항이 (각각) 증가했다가 감소했다(Patterson & Forgatch, 1985). 이와 유사한 실험 설계에서(Glynn & Moyers, 2010), 치료사가 12분 단위 동기면담 또는 기능 분석을 바꾸어 가며 진행했다. 내담자의 변화대화 대 유지대화 비율이 동기면담의 경우 평균치 1.8로 나왔고, 기능 분석의 경우 평균치 1.0(양가감정)으로 나타났다.

과정-치료 효과의 관련성

이것이 모두 중요한가? 만약 실천이 영향을 준 과정들이 내담자의 치료 효과와 무관하다면 이것은 지적으로 흥미로울 수는 있으나 임상적으로는 의미가 없는 것이 된다. 과정-치료 효과 연구에서 중점을 두는 것은, 더 나은 치료 효과와 관련성이 있는 과정들을 치료과정에서 관찰할 수 있는가, 그리고 임상적으로 관련된 행동은 무엇인가 등이다(R. J. Kohlenberg & Tsai, 2007). 회기 내 어떤 사건들이, 어떤 시점에서, 어떤 문제들을 위한 어떤 치료의 어떤 효과를 예측하는가?

특정 과정과 성공적인 변화의 관련성은 새로운 개념이 아니다. 이는 초이론적 접근 내에서 중요한 관심사였다(Prochaska, 1994; Prochaska & DiClemente, 1984; Prochaska & Velicer, 1997). 그리고 특정 치료 절차보다는 일반적인 근거 기반 원칙들과 과정들을 찾는 기초가 되어 왔다(Anthony, 2003; Anthony & Mizock, 2014; Battersby et al., 2010). 행동적 개입에서는 과정이 폭넓은 범위로 포함되는데, 그중 어떤 것은 개입 특정적이고, 나머지는 더욱 일반적인 요인들이다. 초이론적 모델은 일련의 열 가지 공통과정을 만들었고, 이것은 치료사의 안내로 인한 변화와 자기 지시적 변화 모두에 기저가 된다(Prochaska & Velicer, 1997).

치료의 작은 효과를 감지하기 위해서 동원된 대규모 무작위 임상 실험 연구RCT들은, 과정-치료 효과 관련성을 발견하는 유일한 방법이 아니며, 반드시 최상의 방법도 아니다. 만약 변화 원리와 과정이 견고하다면, 소규모 임상 연구, 유사실험이나 1인 참여자 설계 등에서 관찰 가능해야 한다(Ferster & Skinner, 1957). 무작위 임상 실험 연구에서 특정 치료 절차나 프로그램 구조를 실험하는 것은 매우 많은 비용이 들고 비효율적이며, 또한 실천을 치료 효과에 직접 연결하려고 시도해야 하는데 이 중요한 단계를 빠뜨린다. 이러한 실험 연구에서는 일반적으로 치료 프로그램의 구조가 중요하다고 간주한다. "사실 프로그램은 매우 유사할 수 있는데(긍정적으로, 부정적으로, 또는 둘 모두), 정말 중요한 것은 프로그램 수혜자와 임상가 사이에 일어나는 과정이다."(Anthony, 2003, p. 7)

> 만약 변화 원리와 과정이 견고하다면, 소규모의 임상 연구에서 관찰 가능해야 한다.

사전에 과정-치료 효과 관련성의 법칙과 강점을 설정하는 것이 필수적으로 보이는데, 왜냐하면 치료 실천을 검증함으로써 임상적으로 적합한 과정에 영향을 줄 수 있기 때문이다. 치료 효과의 기저에 깔린 인과적 기전을 가설화하여 검증하는 일은 상당히 최근의 일이며, 임상적 치료 효과 연구에서 보편적으로 강조한 것은 아니었다. 그러나 이제는 새로운 것이 아니다. 찰스 트룩스Charles Truax와 로버트 카커프Robert Carkhuff의 연구(1967)는 실천-과정 관련성과 과정-치료 효과 관련성 모두를 시연해 보이는 것에 초점을 두었다. 예를 들어, 내담자의 경험하기는 증상의 호전을 예측한다(Pascuel-Leone & Yervomenko, 2017). 내담자의 치료 효과와 관련하여 특정 치료 실천을 단순하게 검증하는 임상 연구들이 중간 단계를 건너뛰고 있다. 이전에 언급한 바와 같이, 이 중간 단계를 분명하게 검증한 연구들은 종종 근거 기반 치료가 가설화된 이유 때문에 효과가 있지는 않음을 발견했다(Longabaugh, Magill, Morgenstern, & Huebner, 2013; Longabaugh & Wirtz, 2001).

저자들은 치료에서 관계적 측면 또는 기법적 측면에 특권을 주려는 것이 아니다. 이 둘은 적어도 대화 치료에서 기능적으로 서로 얽혀 있다. 이 둘 모두 치료 효과에 기여하는 것으로서 검증 가능하다(Norcross & Wampold, 2011). 기법적 · 관계적 요소들의 상대적인 중요성은 바뀔 수 있는데, 소위 특정적이라고 하여 연구되어 온 치료, 내담자 또는 문화적 요인들에 따라 달라지고(Sue & Sue, 2015), 언급된 조건에 따라 달라진다(Hofmann & Barlow, 2014). 예를 들어, 치료적 관계는 중독치료에서 특히 중요한 것으로 보인다(Miller et al., 2019; Najavits & Weiss, 1994). 특정 치료가 매우 효과적일 때(예, 항생제), 관계적 요인의 기여도는 줄어드는 것을 감지할 수 있다. 그러나 반대의 경우도 가능하다. 효과적인 개입이 다루기 힘들거나, 또는 유지와 준수가 오랜 기간 중요할 경우, 치료적 관계의 질적 수준이 중요할 수 있다. 한 메타 분석에서(Hettema et al., 2005), 동기면담(관계적이고, 내담자 중심의 방법)이 기존의 다른 치료들과 조합될 때, 내담자의 치료 효과는 12개월 추후

조사에서 더 잘 유지되었다.

과정-치료 효과 결합: 동기면담 연구를 통한 설명

동기면담의 초기 개발 단계에서 예측한 것은, 내담자의 변화대화가 추후 행동 변화와 관련이 있다는 것이었다. 이러한 관련성이 다양한 연구에서 관찰되었지만(Bertholet et al., 2010; T. Martin, Christopher, Houck, & Moyers, 2011; Moyers, Martin, Christopher, et al., 2007; Moyers, Martin, Houck, et al., 2009; Vader et al., 2010), 뜻밖의 발견이 있었는데 그것은 내담자의 유지대화가 종종 치료 효과의 더 강력한 (그리고 반비례적인) 예측 요인이라는 점이다(Baer et al., 2008; S. D. Campbell et al., 2010; M. Magill, Apodaca, et al., 2018; M. Magill, Gaume, et al., 2014). 즉, 치료 효과를 더욱 강력하게 (그리고 부정적으로) 예측하는 것은 내담자의 변화를 향한 언어 표현보다 내담자의 변화에 반대하는 논쟁적 표현이다. 그렇기 때문에 내담자의 유지대화를 최소화하는 방식으로 상담하는 것이 더 중요할 수 있다. 왜냐하면 유지대화는 동기면담 불일치 실천에 의해서 유발되고 강화되는 경향이 있기 때문이다(M. Magill, Gaume, et al., 2014; Miller et al., 1993). 변화대화와 유지대화 모두 이 둘의 비율을 측정함으로써 예측 요인으로 고려될 수 있다(Moyers, Houck, et al., 2016; Moyers, Martin, et al., 2009). 다중 종속 변인 연구에서, 변화대화는 치료 효과의 어떤 변인들을 예측하는 한편, 유지대화는 다른 변인들을 예측한다(예, Marker, Salvaris, Thompson, Tolliday, & Norton, 2019).

관계적('동기면담 정신Motivational Interviewing spirit') 변인들의 직접적 영향력은 중간 정도의 경향을 보인다(McCambridge, Day, Thomas, & Strang, 2011). 그러나 동기면담에서 관계적 요인들은 기법적 기술의 영향을 중재하거나 완화할 수 있다(M. Magill et al., 2018). 한 연구에서 이론상으로 치료사의 동기면담 불일치 반응(경고하기, 지시하기, 직면하기 등)의 빈도가 낮으면, 내담자 치료 효과에 **긍정적**으로 영향을 주었는데, 오직 임상가가 공감, 수용, 진정성 등의 대인관계 기술이 강한 맥락에서였다(Moyers, Miller, et al., 2005). 도널드 포레스터Donald Forrester와 동료들의 연구에서(2019), 가족과 함께 있는 도움이 필요한 아동을 방문한 사회복지사의 업무를 관찰하여 코딩했다. 사회복지사의 대인관계 기술(예, 공감)이 가족의 즉각적인 관계형성과 20주간 추후 관계형성 정도를 예측했으나 가족의 치료 효과를 예측하지는 못했다. 대신 가족의 치료 효과는 사회복지사의 기법적 기술인 유발하기로 예측되었고 치료 효과는 강력했다.

훈련-실천의 관련성

이제까지 14장에서 저자들은 실천-과정 관련성과 과정-치료 효과의 관련성에 대해서 고찰했다. 나머지 관련성으로 검증 가능한 것은 훈련과 실천이다. 치료 접근을 정의하는 (그리고 이상적으로는, 내담자 치료 효과에 영향을 주는) 기법적 또는 관계적 과정이 특별히 있다면, 임상 훈련은 실천 행동에서 이러한 과정들에 영향을 주도록 명백해야 한다. 어떤 훈련 절차가 어느 정도의 기간일 때 어떤 치료사의 실천 행동에 변화를 줄까? 이 질문은 어떤 실천 행동이 가장 중요한지를 아는 것에 따라 다르며, 실천 행동은 관계적 · 맥락적 틀 안에 들어 있어야 하는 것이 필수이다.

특정 치료 절차를 진행할 때 가지는 유능감과 준수 수준은 실천 행동 관찰 체크리스트로 측정 가능하고(예, Godley et al., 2001; Nuro et al., 2005), 또 평가 척도들을 통해 측정될 수 있다(예, Hill, O'Grady, & Elkin, 1992; Vallis, Shaw, & Dobson, 1986). 이와 대조적으로, 관계적 과정은 일반적으로 구체적인 행동 점수보다는 총점으로 측정된다(Colosimo & Pos, 2015; McLeod & Weisz, 2005; Moyers, Rowell, et al., 2016; Truax & Carkhuff, 1976). 관찰 코딩 체계는 실천의 기법적 · 관계적 구성요소를 모두 포함할 수 있다(Hill et al., 1992; Moyers, Rowell, et al., 2016).

임상 훈련의 효과를 평가할 때는 특정 개입이 잘 진행되는지의 충실도를 입증하기 위해서 임상 연구 과정에서 가장 자주 기록된다. 한편 학교와 전문적 학위 프로그램에서는 임상 훈련의 효과성을 연구하는 경우가 훨씬 적고, 전문가 보수 교육의 영향력에 대한 연구도 매우 적다. 그럼에도 흔히 나타나는 연구 결과는 수업이나 워크숍 훈련만으로는 실천 행동의 변화가 최소이거나 빈약한 수준에 그치고 제대로 유지되지 않는다는 점이다(예, Miller et al., 2006). 이 점은 놀랄 만하지는 않은데, 교육 훈련만으로는 복잡한 기술 역량을 개발하는 데 매우 부족하기 때문이다.

훈련-실천 관련성: 동기면담 연구를 통한 설명

동기면담 훈련에 관한 연구는 충격으로 시작되었다. 2일간의 임상 워크숍을 동기면담의 개발자(윌리엄 R. 밀러)가 상담사(*n*=22)를 대상으로 진행했고, 훈련 전과 후에 실제 내담자 회기를 샘플로 제공했다(Miller & Mount, 2001). 훈련 후에 연기자가 시뮬레이션 내담자가 되어 연습 샘플을 수집했다. 동기면담 기술 성취에 대한 참가자의 자기보고가 열렬했던 것과는 대조적으로, 관찰된 실천 행동은 기껏해야 중간 정도로 변화했고, 이후 바로 최저선으로 돌아갔다. 동기면담 불일치 상담 반응의 빈도는 변하지 않았는데, 이 점에 대해서는 언급한 바가 있듯이 내담자 치료 효과에 피해를 줄 수 있다. 더 나아가, 회기 내 내담자의 반응(추후 행동 변화 효과의 신호)은 전혀 변하지 않았다. 끝으로, 훈련 후 동기면담을 더 배우는 것에 대해서 훈련 전에 비해 훈련 후 관심이 적어졌는데, 유의미한 수준으로 낮아졌고, 이에 대해 참여자는 "우리가 이미 배운 것이다."라고 설명했다.

> 수업이나 워크숍 훈련만으로는 실천 행동의 변화가 최소이거나 빈약한 수준에 그친다.

이처럼 황당한 연구에서부터 다음과 같은 보다 나은 질문이 떠올랐다. "동기면담의 숙련도를 높이기 위해서 치료사에게 필요한 것은 무엇인가?" 저자들은 이후 훈련 방법에 대한 무작위 임상 연구에서 다음 사실을 발견했다. 개별 피드백과 코칭—복잡한 기술을 배울 때 흔히 사용되는 두 가지 보조 장치—이 동기면담 기술의 유의미한 개선을 가져왔고, 12개월 추후조사에서 계속 유지되었다(Miller et al., 2004). 회기 내 내담자 반응을 조사했는데, 첫 훈련 이후에 피드백과 코칭 모두를 제공받은 훈련생만이 내담자 변화대화를 증가시키는 데 유의미한 수준으로 성공했다.

또 다른 훈련 실험(Moyers et al., 2017)에서는, 변화대화를 유발하는 기법적 구성요소의 교육을 증강하면서 진행한 일반적인 동기면담 워크숍을 평가했다. 저자들이 가설을 세운 것은, 치료사가 이렇게 언어에 초점을 맞추는 것을 향상하면, 이렇게 특별히 초점을 맞추도록 교육받지 않은 치료사들에 비해서 변화대화와 유지대화에 더 많은 영향을 줄 것이라는 가설이었다. 이 방법은 간접적으로 동기면담의 치료 요인 중 하나를 실험적으로 조종하는 것이었다. 치료사가 변화대화를 유발하고 유지대화를 완화하는 데 많이 집중하도록 하는 것이다. 가설에서처럼, 언어에 초점을 둔 훈련을 받은 치료사들이 그렇지 않은 치료사들에 비해서 내담자로부터 유지대화의 양을 감소시키는 것으로 나타났다. 그러나 내담자의 변화대화에 미치는 영향에 차이가 없었는데, 이 점은 연구에 참여한 내담자들의 다수가 치료에 강제로 들어왔다는 사실과 연관이 있을 것이다. 즉, 이들의 유지대화를 완화시키는 것이 가장 중요한 것이었다.

요약하면, 임상 훈련을 통해서 내담자 치료 효과에 유의미한 영향을 줄 수 있는 동기면담 실천 행동을 향상시키는 것이 가능하다. 지금까지의 동기면담 연구 결과는 다음 세 가지 인과적 관련성을 지지해 오고 있다. 훈련-임상실천, 임상실천-과정 그리고 과정-치료 효과 등이다.

통합적 훈련

행동건강 및 의료 분야에서 모두 임상 훈련은 실천 행동을 형성하는 것을 의미하며, 이렇게 함으로써 치료 효과를 향상하고 피해를 예방하는 것이다. 한편, 상담과 심리치료 훈련에 관한 연구 결과는, 근거 기반 치료를 제공할 때 훈련생의 유능성 시연 능력이 보통 수준(최대한)으로 증가함을 보였다. 또 다른 질문은 배운 기술이 이후 실무에서 어떻게 지속될지에 대한 것이다(Hall, Staiger, Simpson, Best, & Lubman, 2016).

행동건강전문가들은 어떤 기법적 · 관계적 기술에서 유능함을 개발해야(그리고 시연할 수 있어야) 할까? 이론적 배경에 따라서 처방되고 공개된 실천 행동이 다양하다. 특정 치료의 기법 절차에 준수하는 충실도 수준이 평가 가능하다. 그리고 이제는 임상 연구에서 흔히 기대되는 것이다(Henggeler, Melton, Brondino, Scherer, & Hanley, 1997; Miller & Rollnick, 2014). 실천 시 관계적 측면에서의 질적 수준 역시 신뢰도 높게 측정될 수 있다(Moyers, Houck, et al., 2016; Norcross, 2011; Truax & Carkhuff, 1976).

논리적으로 말하면, 임상 훈련은 전문가들을 준비시키는 데 주력해야 하며, 그렇게 함으로써 유익한 치료 효과를 촉진할 수 있는 내담자의 중요한 과정들에 영향을 줄 수 있도록 치료를 수행해야 한다. 적어도, 윤리적으로 중요한 사실은, 치료사가 '우선, 피해를 주지 않도록' 돕는 것이며, 내담자로부터 저항과 해로운 결과를 유발할 가능성을 가진 실천은 피하거나 바꾸어야 한다. 트룩스와 카커프(1967)는 다음과 같이 낙관적으로 주장했다.

> "우리는 전문성의 발달이라는 점에서, 치료사가 환자에게 미치는 효과에 대해 객관적이고 적절하게 자세히 기록하지 못하는 것을 더 이상 참지 못하는 시점—클리닉, 병원, 기관에서뿐 아니라 우리 스스로에게—에 다가가고 있다. 우리는 될 대로 되라는 식의 태도가 치료라는 이름으로 비치료적인 실천을 많이 하게 하는 것을 더 이상 참지 못하는 시점에 다가가고 있다."(p. 377)

지역사회 현장에서의 임상실천을 견고히 하기

결국 임상 과학이 바라는 바는, 정기적인 건강관리 분야에서 예방 및 치료 프로그램의 질적 수준과 치료 효과를 개선하는 것이다. 임상 연구만으로는 적은 수의 참여자에게만 영향을 준다. 연구 결과가 지역사회 현장에서 보급되고 활용되어야 영향을 미칠 수 있다.

정확한 공감 등의 관계적 요소들이 '공통 요인common factors'으로 기술되고는 있으나, 이것이 실제로 얼마나 흔히 활용되는지는 확실하지 않다. 치료적 관계의 중요성을 인정하는 것은 연구 분야에서뿐 아니라, 임상에서의 선별, 고용, 훈련, 질적 관리 등에도 실천적 함의가 있다.

저자들이 의도하는 것 중 하나는 이 책이 임상실천, 연구, 훈련에서 치료적 관계에 대해 더욱더 많은 관심을 불러일으키는 데 쓰이는 것이다. 임상 과학은 치료적 관계에서 시작되었는데, 최근에는 기법적 절차와 기전에 대부분 국한되어 관심을 받고 있다. 이러한 기법은 치료를 제공하는 사람들과 불가분하다. 저자가 바라는 바는 치료사가 자신을 기술자 이상으로 이해하는 것이다. 기법적·관계적 구성요소의 가치를 인정하는 임상 과학이야말로 건강관리의 질적 수준을 더욱 향상시키는 방법으로 오랫동안 지속될 것이다. 치료적 관계에 새롭게 초점을 맞출 때, 상담과 심리치료의 실천에서 더 큰 의미와 즐거움을 주며, 더 나아가 우리가 제공하는 프로그램 서비스를 인간적으로 만들 수 있을 것이다.

핵심 포인트

- 임상 과학에서 처음에는 치료적 과정에 관심을 두었으나, 점차 특정 치료 기법의 효과성에 대한 초점으로 좁혀졌다.
- 치료의 기법적 · 관계적 측면 모두 중요하며, 측정 가능하고 학습 가능하다.
- 내담자의 호전을 저해하고 피해를 가져오는 실천 행동에 특별히 관심을 두어야 한다.
- 상담과 심리치료 분야의 연구는 실천 행동에서 과정에 관련되고, 과정에서 치료 효과로 관련되는 중요한 변인들을 정의하고 측정해야 한다.
- 임상 훈련은 평가되어야 하며, 치료적 과정과 치료 효과에 적합한 실천 행동에 영향을 주어야 한다.
- 결국 임상 과학이 바라는 바는 일상적인 돌봄에서 제공되는 예방 및 치료 서비스 프로그램의 질적 수준을 향상시키는 것이다.

참고문헌

Ackerman, S. J., & Hilsenroth, M. J. (2003). A review of therapist characteristics and techniques positively impacting the therapeutic alliance. *Clinical Psychology Review, 23*(1), 1–33.

Ajzen, I., & Fishbein, N. (1980). *Understanding attitudes and predicting social behavior.* Englewood Cliffs, NJ: Prentice–Hall.

American Psychiatric Association. (1980). *Diagnostic and statistical manual of mental disorders* (3rd ed.). Washington, DC: Author.

American Psychological Association. (2015). Guidelines for clinical supervision in health service psychology. *American Psychologist, 70*(1), 33–46.

Amrhein, P. C., Miller, W. R., Yahne, C., Knupsky, A., & Hochstein, D. (2004). Strength of client commitment language improves with therapist training in motivational interviewing. *Alcoholism-Clinical and Experimental Research, 28*(5), 74A.

Amrhein, P. C., Miller, W. R., Yahne, C. E., Palmer, M., & Fulcher, L. (2003). Client commitment language during motivational interviewing predicts drug use outcomes. *Journal of Consulting and Clinical Psychology, 71*, 862–878.

Anderson, S. C. (1968). Effects of confrontation by high- and low-functioning therapists. *Journal of Counseling Psychology, 15*(5), 411–416.

Anderson, T., Crowley, M. E. J., Himawan, L., Holmberg, J. K., & Uhlin, D. (2016). Therapist facilitative interpersonal skills and training status: A randomized clinical trial on alliance and outcome. *Psychotherapy Research, 26*(5), 511–529.

Anderson, T., McClintock, A. S., Himawan, L., Song, X., & Patterson, C. L. (2016). A prospective study of therapist facilitative interpersonal skills as a predictor of treatment outcome. *Journal of Consulting and Clinical Psychology, 84*, 57–66.

Anderson, T., Ogles, B. M., Patterson, C. L., Lambert, M. J., & Vermeersch, D. A. (2009). Therapist effects: Facilitative interpersonal skills as a predictor of therapist success. *Journal of Clinical Psychology, 65*(7), 755–768.

Anonymous. (1957). *The cloud of unknowing* (I. Progoff, Trans.). New York: Delta Books.

Anthony, W. A. (2003). Studying evidence-based

processes, not practices. *Psychiatric Services, 54*(1), 7.

Anthony, W. A., & Mizock, L. (2014). Evidence-based processes in an era of recovery: Implications for rehabilitation counseling and research. *Rehabilitation Counseling Bulletin, 57*(4), 219–227.

Anton, R. F., O'Malley, S. S., Ciraulo, D. A., Cisler, R. A., Couper, D., Donovan, D. M., … Zweben, A. (2006). Combined pharmacotherapies and behavioral interventions for alcohol dependence. *Journal of the American Medical Association, 295*(17), 2003.

Apodaca, T. R., Jackson, K. M., Borsari, B., Magill, M., Longabaugh, R., Mastroleo, N. R., & Barnett, N. P. (2016). Which individual therapist behaviors elicit client change talk and sustain talk in motivational interviewing? *Journal of Substance Abuse Treatment, 61,* 60–65.

Armstrong, K. (2010). *Twelve steps to a compassionate life.* New York: Knopf.

Aveyard, P., Begh, R., Parsons, A., & West, R. (2012). Brief opportunistic smoking cessation interventions: A systematic review and meta-analysis to compare advice to quit and offer of assistance. *Addiction, 107*(6), 1066–1073.

Azrin, N. H. (1976). Improvements in the community-reinforcement approach to alcoholism. *Behaviour Research and Therapy, 14,* 339–348.

Azrin, N. H., Sisson, R. W., Meyers, R. J., & Godley, M. (1982). Alcoholism treatment by disulfiram and community reinforcement therapy. *Journal of Behavior Therapy and Experimental Psychiatry, 13,* 105–112.

Babor, T. F. (2004). Brief treatments for cannabis dependence: Findings from a randomized multisite trial. *Journal of Consulting and Clinical Psychology, 72,* 455–466.

Baer, J. S., Beadnell, B., Garrett, J. A., Hartzler, B., Wells, E. A., & Peterson, P. L. (2008). Adolescent change language within a brief motivational intervention and substance use outcomes. *Psychology of Addictive Behaviors, 22,* 570–575.

Baldwin, S. A., Wampold, B. E., & Imel, Z. E. (2007). Untangling the allianceoutcome correlation: Exploring the relative importance of therapist and patient variability in the alliance. *Journal of Consulting and Clinical Psychology, 75*(6), 842–852.

Ball, S. A., Martino, S., Nich, C., Frankforter, T. L., van Horn, D., Crits-Christoph, P., … Carroll, K. M. (2007). Site matters: Multisite randomized trial of motivational enhancement therapy in community drug abuse clinics. *Journal of Consulting and Clinical Psychology, 75,* 556–567.

Bamatter, W., Carroll, K. M., Añez, L. M., Paris, M. J., Ball, S. A., Nich, C., … Martino, S. (2010).

Informal discussions in substance abuse treatment sessions with Spanish-speaking clients. *Journal of Substance Abuse Treatment, 39*(4), 353–363.

Bandura, A. (1982). Self-efficacy mechanism in human agency. *American Psychologist, 37,* 122–147.

Bandura, A. (1986). *Social foundations of thought and action: A social cognitive theory.* Englewood Cliffs, NJ: Prentice-Hall.

Bandura, A. (1997). *Self-efficacy: The exercise of control.* New York: Freeman.

Barlow, D. H. (Ed.). (2014). *Clinical handbook of psychological disorders: A step-by-step treatment manual* (5th ed.). New York: Guilford Press.

Barnicot, K., Wampold, B., & Priebe, S. (2014). The effect of core clinician interpersonal behaviours on depression. *Journal of Affective Disorders, 167,* 112–117.

Barrett-Lennard, G. T. (1962). Dimensions of therapist response as causal factors in therapeutic change. *Psychological Monographs: General and Applied, 76*(43), 1–36.

Barrett-Lennard, G. T. (1981). The empathy cycle: Refinement of a nuclear concept. *Journal of Counseling Psychology, 28*(2), 91–100.

Barry, M. J., & Edgman-Levitan, S. (2012). Shared decision making-Pinnacle of patient-centered care. *New England Journal of Medicine, 366*(9), 780–781.

Batson, C. D., Klein, T. R., Highberger, L., & Shaw, L. L. (1995). Immorality from empathy-induced altruism: When compassion and justice conflict. *Journal of Personality and Social Psychology, 68*(6), 1042–1054.

Battersby, M., Von Korff, M., Schaefer, J., Davis, C., Ludman, E., Greene, S. M., ··· Wagner, E. H. (2010). Twelve evidence-based principles for implementing self-management support in primary care. *Joint Commission Journal on Quality and Patient Safety, 36*(12), 561–570.

Beidas, R. S., & Kendall, P. C. (2010). Training therapists in evidence-based practice: A critical review of studies from a systems-contextual perspective. *Clinical Psychology: Science and Practice, 17*(1), 1–30.

Bellg, A., Borrelli, B., Resnick, B., Ogedegbe, G., Hecht, J., Ernst, D., & Czajkowski, S. (2004). Enhancing treatment fidelity in health behavior change studies: Best practices and recommendations from the Behavioral Change Consortium. *Health Psychology, 23*(5), 443–451.

Bem, D. J. (1967). Self-perception: An alternative interpretation of cognitive dissonance phenomena. *Psychological Review, 74*, 183–200.

Bem, D. J. (1972). Self-perception theory. In L. Berkowitz (Ed.), *Advances in experimental social psychology* (Vol. 6, pp. 1–62). New

York: Academic Press.

Benson, H., & Klipper, M. Z. (2000). *The relaxation response*. New York: Quill.

Berg, I. K., & Reuss, N. H. (1997). *Solutions step by step: A substance abuse treatment manual*. New York: Norton.

Bernstein, J., Bernstein, E., Tassiopoulos, K., Heeren, T., Levenson, S., & Hingson, R. (2005). Brief motivational intervention at a clinic visit reduces cocaine and heroin use. *Drug and Alcohol Dependence, 77*, 49–59.

Bertholet, N., Faouzi, M., Gmel, G., Gaume, J., & Daeppen, J. B. (2010). Change talk sequence during brief motivational intervention, towards or away from drinking. *Addiction, 105*, 2106–2112.

Beutler, L. E., Harwood, T. M., Michelson, A., Song, X., & Holman, J. (2011). Resistance/reactance level. *Journal of Clinical Psychology: In Session, 67*(2), 133–142.

Beutler, L. E., Kimpara, S., Edwards, C. J., & Miller, K. D. (2018). Fitting psychotherapy to patient coping style: A meta-analysis. *Journal of Clinical Psychology, 74*(11), 1980–1995.

Beutler, L. E., Machado, P. P. P., & Neufeldt, S. A. (1994). Therapist variables. In A. E. Bergin & S. L. Garfield (Eds.), *Handbook of psychotherapy and behavior change* (4th ed., pp. 229–269). New York: Wiley.

Bien, T. H., Miller, W. R., & Boroughs, J. M. (1993). Motivational interviewing with alcohol outpatients. *Behavioural and Cognitive Psychotherapy, 21*, 347–356.

Bien, T. H., Miller, W. R., & Tonigan, J. S. (1993). Brief interventions for alcohol problems: A review. *Addiction, 88*, 315–336.

Bischoff, M. M., & Tracey, T. J. G. (1995). Client resistance as predicted by therapist behavior: A study of sequential dependence. *Journal of Consulting and Clinical Psychology, 42*(4), 487–495.

Bloom, P. (2016). *Against empathy: The case for rational compassion*. New York: HarperCollins.

Blow, A. J., Sprenkle, D. H., & Davis, S. D. (2007). Is who delivers the treatment more important than the treatment itself?: The role of the therapist in common factors. *Journal of Marital and Family Therapy, 33*(3), 298–317.

Bohart, A. C., & Tallman, K. (1999). *How clients make therapy work: The process of active self-healing*. Washington, DC: American Psychological Association.

Bohart, A. C., & Tallman, K. (2010). Clients: The neglected common factor in psychotherapy. In B. L. Duncan, S. D. Miller, B. E. Wampold, & M. A. Hubble (Eds.), *The heart and soul of change: Delivering what works in therapy* (2nd ed., pp. 83–112). Washington, DC: American Psychological Association.

Boswell, J. F., Gallagher, M. W., Sauer-Zavala, S.

E., Bullis, J., Gorman, J. M., Shear, M. K., … Barlow, D. H. (2013). Patient characteristics and variability in adherence and competence in cognitive-behavioral therapy for panic disorder. *Journal of Consulting and Clinical Psychology, 81*(3), 443–454.

Bozarth, J. D. (1984). Beyond reflection: Emergent modes of empathy. In R. F. Levant & J. M. Shlien (Eds.), *Client-centered therpy and the person-centered approach: New directions in theory, research, and practice* (pp. 59–75). Westport, CT: Praeger/Greenwood.

Brehm, J. W. (1966). *A theory of psychological reactance*. New York: Academic Press.

Brehm, S. S., & Brehm, J. W. (1981). *Psychological reactance: A theory of freedom and control.* New York: Academic Press.

Brooks, D. (2015). *The road to character.* New York: Random House.

Brown, G. S., Lambert, M. J., Jones, E. R., & Minami, T. (2005). Identifying highly effective psychotherapists in a managed care environment. *American Journal of Managed Care, 11*(8), 513–520.

Brown, J., & Miller, W. R. (1993). Impact of motivational interviewing on participation and outcome in residential alcoholism treatment. *Psychology of Addictive Behaviors, 7*, 211–218.

Brown, K. W., Ryan, R. M., & Creswell, J. D. (2007). Mindfulness: Theoretical foundations and evidence for its salutary effects. *Psychological Inquiry, 18*(4), 211–237.

Budge, S. L., Owen, J. J., Kopta, S. M., Minami, T., Hanson, M. R., & Hirsch, G. (2013). Differences among trainees in client outcomes associated with the phase model of change. *Psychotherapy, 50*(2), 150–157.

Bugental, J. (1999). *Psychotherapy isn't what you think: Bringing the psychotherapeutic engagement into the living moment.* Phoenix, AZ: Zeig, Tucker & Co.

Burns, D. D., & Nolen-Hoeksma, S. (1992). Therapeutic empathy and recovery from depression in cognitive-behavioral therapy: A structural equation model. *Journal of Consulting and Clinical Psychology, 60*(3), 441–449.

Burwell-Pender, L., & Halinski, K. H. (2008). Enhanced awareness of countertransference. *Journal of Professional Counseling: Practice, Theory and Research, 36*(2).

Campbell, A. N. C., Turrigiano, E., Moore, M., Miele, G. M., Rieckmann, T., Hu, M. –C., … Nunes, E. V. (2015). Acceptability of a Web-based community reinforcement approach for substance use disorders with treatment-seeking American Indians/Alaska Natives. *Community Mental Health Journal, 51*(4), 393–403.

Campbell, B. K., Guydish, J., Le, T., Wells, E. A.,

& McCarty, D. (2015). The relationship of therapeutic alliance and treatment delivery fidelity with treatment retention in a multisite trial of twelve-step facilitation. *Psychology of Addictive Behaviors, 29*(1), 106–113.

Campbell, R. G., & Babrow, A. S. (2004). The role of empathy in responses to persuasive risk communication: Overcoming resistance to HIV prevention messages. *Health Communication, 16*(2), 159–182.

Campbell, S. D., Adamson, S. J., & Carter, J. D. (2010). Client language during motivational enhancement therapy and alcohol use outcome. *Behavioural and Cognitive Psychotherapy, 38*(4), 399–415.

Campinez Navarro, M., Perula de Torres, L. A., Bosch Fontcuberta, J. M., Barragan Brun, N., Arbonies Ortiz, J. C., Novo Rodriguez, J. M., … Romero Rodriguez, E. M. (2016). Measuring the quality of motivational interviewing in primary health care encounters: The development and validation of the Motivational Interviewing Assessment Scale (MIAS). *European Journal of General Practice, 22*(3), 182–188.

Carkhuff, R. R. (2019). *The art of helping* (10th ed.). Amherst, MA: HRD Press.

Carkhuff, R. R., & Truax, C. B. (1965). Training in counseling and psychotherapy: An evaluation of an integrated didactic and experiential approach. *Journal of Consulting Psychology, 29,* 333–336.

Carroll, K. M. (1998). *A cognitive-behavioral approach: Treating cocaine addiction.* Rockville, MD: National Instsitute on Drug Abuse.

Carroll, K. M., Connors, G. J., Cooney, N. L., DiClemente, C. C., Donovan, D. M., Kadden, R. R., … Zweben, A. (1998). Internal validity of Project MATCH treatments: Discriminability and integrity. *Journal of Consulting and Clinical Psychology, 66*(2), 290–303.

Castonguay, L. G., Boswell, J. F., Constantino, M. J., Goldfried, M. R., & Hill, C. E. (2010). Training implications of harmful effects of psychological treatments. *American Psychologist, 65*(1), 34–49.

Castonguay, L. G., Goldfried, M. R., Wiser, S., Raue, P. J., & Hayes, A. M. (1996). Predicting the effect of cognitive therapy for depression: A study of unique and common factors. *Journal of Consulting and Clinical Psychology, 64*(3), 497–504.

Chamberlain, P., Patterson, G., Reid, J., Kavanagh, K., & Forgatch, M. S. (1984). Observation of client resistance. *Behavior Therapy, 15,* 144–155.

Chambless, D. L., Baker, M. J., Baucom, D. H., Beutler, L. E., Calhoun, K. S., Crits-Christoph, P., … Woody, S. R. (1998). Update on empirically validated therapies: II. *Clinical*

Psychologist, 51(1), 3–16.

Chambless, D. L., & Ollendick, T. H. (2001). Empirically supported psychological interventions: Controversies and evidence. *Annual Review of Clinical Psychology, 52*, 685–716.

Cheavens, J. S., Feldman, J. S., Woodward, J. T., & Snyder, C. R. (2006). Hope in cognitive psychotherapies: On working with client strengths. *Journal of Cognitive Psychotherapy, 20*(2), 135–145.

Chick, J., Ritson, B., Connaughton, J., & Stewart, A. (1988). Advice versus extended treatment for alcoholism: a controlled study. *British Journal of Addiction, 83*(2), 159–170.

Chow, D. L., Miller, S. D., Seidel, J. A., Kane, R. T., Thornton, J. A., & Andrews, W. P. (2015). The role of deliberate practice in the development of highly effective psychotherapists. *Psychotherapy, 52*(3), 337–345.

Coco, G. L., Gullo, S., Prestano, C., & Gelso, C. J. (2011). Relation of the real relationship and the working alliance to the outcome of brief psychotherapy. *Psychotherapy, 48*(4), 359–367.

Collins, N. L., & Miller, L. C. (1994). Self-disclosure and liking: A meta-analytic review. *Psychological Bulletin, 116*(3), 457–475.

Colosimo, K. A., & Pos, A. E. (2015). A rational model of expressed therapeutic presence. *Journal of Psychotherapy Integration, 25*(2), 100–114.

Constantino, M. J., Glass, C. R., Arnkoff, D. B., Ametrano, R. M., & Smith, J. Z. (2011). Expectations. In J. C. Norcross (Ed.), *Psychotherapy relationships that work: Evidence-based responsiveness* (pp. 354–376). New York: Oxford University Press.

Critcher, C. R., Dunning, D., & Armor, D. A. (2010). When self-affirmations reduce defensiveness: Timing is key. *Personality and Social Psychology Bulletin, 36*(7), 947–959.

Critchley, H. D. (2009). Psychophysiology of neural, cognitive and affective integration: fMRI and autonomic indicants. *International Journal of Psychophysiology, 73*(2), 88–94.

Crits-Christoph, P., Baranackie, K., Kurcias, J. S., & Beck, A. T. (1991). Metaanalysis of therapist effects in psychotherapy outcome studies. *Psychotherapy Research, 1*(2), 81–91.

Crits-Christoph, P., Frank, E., Chambless, D. L., Brody, C., & Karp, J. F. (1995). Training in empirically validated treatments: What are clinical psychology students learning? *Professional Psychology: Research and Practice, 26*, 514–522.

Daeppen, J.-B., Bertholet, N., Gmel, G., & Gaume, J. (2007). Communication during brief intervention, intention to change, and outcome. *Substance Abuse, 28*(3), 43–51.

Dalai Lama, The, & Hopkins, J. (2017). *The heart of meditation: Discovering innermost awareness.* Boulder, CO: Shambala Books.

Dalai Lama, The, & Vreeland, N. (2001). *An open heart: Practicing compassion in everyday life.* New York: Little, Brown.

Davis, D. M., & Hayes, J. A. (2011). What are the benefits of mindfulness?: A practice review of psychotherapy-related research. *Psychotherapy, 48*(2), 198–208.

Davison, G. C., Vogel, R. S., & Coffman, S. G. (1997). Think-aloud approaches to cognitive assessment and the articulated thoughts in simulated situations paradigm. *Journal of Consulting and Clinical Psychology, 65*(6), 950–958.

Dawes, R. M. (1994). *House of cards.* New York: Free Press.

de Almeida Neto, A. C. (2017). Understanding motivational interviewing: An evolutionary perspective. *Evolutionary Psychological Science, 3*(4), 379–389.

Deci, E. L., Koestner, R., & Ryan, R. M. (1999). A meta-analytic review of experiments examining the effects of extrinsic rewards on intrinsic motivation. *Psychological Bulletin, 125*(6), 627–668.

Deci, E. L., & Ryan R. M. (2008). Self-determination theory: A macrotheory of human motivation, development, and health. *Canadian Psychology, 49*(3), 182–185.

Decker, S. E., Carroll, K. M., Nich, C., Canning-Ball, M., & Martino, S. (2013). Correspondence of motivational interviewing adherence and competence ratings in real and role-played client sessions. *Psychological Assessment, 25*(1), 306–312.

DeJonge, J. J. M., Schippers, G. M., & Schaap, C. P. D. R. (2005). The Motivational Interviewing Skill Code: Reliability and a critical appraisal. *Behavioural and Cognitive Psychotherapy, 33,* 1–14.

Delaney, H. D., & DiClemente, C. C. (2005). Psychology's roots: A brief history of the influence of Judeo-Christian perspectives. In W. R. Miller & H. D. Delaney (Eds.), *Judeo-Christian perspectives on psychology: Human nature, motivation, and change* (pp. 31–54). Washington, DC: American Psychological Association.

Delaney, H. D., Miller, W. R., & Bisonó, A. M. (2007). Religiosity and spirituality among psychologists: A survey of clinician members of the American Psychological Association. *Professional Psychology: Research and Practice, 38*(5), 538–546.

Deming, W. E. (2000). *The new economics for industry, government, education* (2nd ed.). Cambridge, MA: MIT Press.

deShazer, S., Dolan, Y., Korman, H., Trepper,

T., McCollum, E., & Berg, I. K. (2007). *More than miracles: The state of the art of solution-focused brief therapy*. Binghamton, NY: Haworth Press.

DeVargas, E. C., & Stormshak, E. A. (2020). Motivational interviewing skills as predictors of change in emerging adult risk behavior. *Professional Psychology: Research and Practice, 51*(1), 16–24.

Di Bartolomeo, A. A., Shukla, S., Westra, H. A., Ghashghaei, N. S., & Olson, D. S. (in press). Rolling with resistance: A client language analysis of deliberate practice in continuing education for psychotherapists. *Counselling and Psychotherpy Research*.

DiClemente, C. C. (2003). *Addiction and change: How addictions develop and addicted people recover*. New York: Guilford Press.

DiClemente, C. C., Corno, C. M., Graydon, M. M., Wiprovnick, A. E., & Knoblach, D. J. (2017). Motivational interviewing, enhancement, and brief interventions over the last decade: A review of reviews of efficacy and effectiveness. *Psychology of Addictive Behaviors, 31*(8), 862–887.

Dillard, J. P., & Shen, L. (2005). On the nature of reactance and its role in persuasive health communication. *Communication Monographs, 72*(2), 144–168.

Dimidjian, S., & Hollon, S. D. (2010). How would we know if psychotherapy were harmful? *American Psychologist, 65*(1), 21–33.

Drage, L., Masterson, C., Tober, G., Farragher, T., & Bewick, B. (2019). The impact of therapists' responses to resistance to change: A sequential analysis of therapist-client interactions in motivational interviewing. *Alcohol and Alcoholism, 54*(2), 173–176.

Duan, C., & Hill, C. E. (1996). The current state of empathy research. *Journal of Counseling Psychology, 43*(3), 261–274.

Duncan, B. L., Miller, S. D., Wampold, B. E., & Hubble, M. A. (Eds.). (2010). *The heart and soul of change: Delivering what works in therapy* (2nd ed.). Washington, DC: American Psychological Association.

Edwards, C. J., Beutler, L. E., & Someah, K. (2019). Reactance level. In J. C. Norcross & B. E. Wampold (Eds.), *Psychotherapy relationships that work: Vol. 2. Evidence- based therapist responsiveness* (pp. 188–211). New York: Oxford University Press.

Edwards, G., & Orford, J. (1977). A plain treatment for alcoholism. *Proceedings of the Royal Society of Medicine, 70*(5), 344–348.

Edwards, G., Orford, J., Egert, S., Guthrie, S., Hawker, A., Hensman, C., … Taylor, C. (1977). Alcoholism: A controlled trial of "treatment" and "advice." *Journal of Studies on Alcohol, 38,* 1004–1031.

Egan, G. (2014). *The skilled helper:A problem-management and opportunity development approach to helping* (10th ed.). Belmont, CA: Brooks/Cole Cengage Learning.

Elkin, I., Falconnier, L., Smith, Y., Canada, K. E., Henderson, E., Brown, E. R., & McKay, B. M. (2014). Therapist responsiveness and patient engagement in therapy. *Psychotherapy Research: Journal of the Society for Psychotherapy Research, 24*(1), 52–66.

Elliott, R., Bohart, A. C., Watson, J. C., & Greenberg, L. S. (2011a). Empathy. In J. C. Norcross (Ed.), *Psychotherapy relationships that work: Evidence-based responsiveness* (pp. 132–152). New York: Oxford Unversity Press.

Elliott, R., Bohart, A. C., Watson, J. C., & Greenberg, L. S. (2011b). Empathy. *Psychotherapy, 48*(1), 43–49.

Elliott, R., Bohart, A. C., Watson, J. C., & Murphy, D. (2018). Therapist empathy and client outcome: An updated meta-analysis. *Psychotherapy, 55*(4), 399–410.

Ellis, J. D., Grekin, E. R., Beatty, J. R., McGoron, L., LaLiberte, B. V., Pop, D. E., … Ondersma, S. J. (2017). Effects of narrator empathy in a computer delivered brief intervention for alcohol use. *Contemporary Clinical Trials, 61,* 29–32.

Ellis, M. V., Berger, L., Hanus, A. E., Ayala, E. E., Swords, B. A., & Siembor, M. (2014). Inadequate and harmful clinical supervision: Testing a revised framework and assessing occurrence. *Counseling Psychologist, 42*(4), 434–472.

Elwyn, G., Dehlendorf, C., Epstein, R. M., Marrin, K., White, J., & Frosch, D. L. (2014). Shared decision making and motivational interviewing: Achieving patient-centered care across the spectrum of health care problems. *Annals of Family Medicine, 12*(3), 270–275.

Elwyn, G., & Frosch, D. L. (2016). Shared decision making and motivational interviewing: Achieving patient-centered care across the spectrum of health care problems. *Annals of Family Medicine, 12*(3), 270–275.

Engle, D., & Arkowitz, H. (2006). *Ambivalence in psychotherapy: Facilitating readiness to change.* New York: Guilford Press.

Epton, T., Harris, P. R., Kane, R., van Konigsbruggen, G. M., & Sheeran, P. (2015). The impact of self-affirmation on health-behavior change: A meta-analysis. *Health Psychology, 34*(3), 187–196.

Erekson, D. M., Clayson, R., Park, S. Y., & Tass, S. (2020). Therapist effects on early change in psychotherapy in a naturalistic setting. *Psychotherapy Research, 30*(1), 68–78.

Erekson, D. M., Janis, R., Bailey, R. J., Cattani, K., & Pedersen, T. R. (2017). A longitudinal investigation of the impact of psychotherapist training: Does training improve client outcomes? *Journal of Counseling Psychology, 64*(5), 514–524.

Ericsson, K. A., Krampe, R. T., & Tesch-Römer, C. (1993). The role of deliberate practice in the acquisition of expert performance. *Psychological Review, 100*(3), 363–406.

Ericsson, K. A., & Pool, R. (2016). *Peak: Secrets from the new science of expertise*. Boston: Houghton Mifflin Harcourt.

Eubanks, C. F., Muran, J. C., & Safran, J. D. (2018). Alliance rupture repair: A meta-analysis. *Psychotherapy, 55*(4), 508–519.

Eubanks-Carter, C., Muran, J. C., & Safran, J. D. (2015). Alliance-focused training. *Psychotherapy, 52*(2), 169–173.

Falkenström, F., Markowitz, J. C., Jonker, H., Philips, B., & Holmqvist, R. (2013). Can psychotherapists function as their own controls?: Meta-analysis of the "crossed therapist" design in comparative psychotherapy trials. *Journal of Clinical Psychiatry, 74*(5), 482–491.

Farber, B. A. (2006). *Self-disclosure in psychotherapy*. New York: Guilford Press.

Farber, B. A., & Doolin, E. M. (2011a). Positive regard. *Psychotherapy, 48*(1), 58–64.

Farber, B. A., & Doolin, E. M. (2011b). Positive regard and affirmation. In J. C. Norcross (Ed.), *Psychotherapy relationships that work* (2nd ed., pp. 168–186). New York: Oxford University Press.

Farber, B. A., Suzuki, J. Y., & Lynch, D. A. (2018). Positive regard and psychotherapy outcome: A meta-analytic review. *Psychotherapy, 55*(4), 411–423.

Ferster, C. B., & Skinner, B. F. (1957). *Schedules of reinforcement*. Englewood Cliffs, NJ: Prentice-Hall.

Festinger, L. (1957). *A theory of cognitive dissonance*. Stanford, CA: Stanford University Press.

Finley, J. (2020). Turning to the Mystics: Thomas Merton. Retrieved from https://cac.org/podcast/turning-to-the-mystics.

Fischer, D. J., & Moyers, T. B. (2014). Is there an association between empathic speech and change talk in motivational interviewing sessions? *Alcoholism Treatment Quarterly, 32*(1), 3–18.

Fixsen, D. L., Blase, K. A., & Van Dyke, M. K. (2019). *Implementation practice and science*. Chapel Hill, NC: Active Implementation Research Network.

Fixsen, D. L., Naoom, S. F., Blase, K. A., Friedman, R. M., & Wallace, F. (2005). *Implementation research: A synthesis of the literature*. Tampa: University of South Florida, National Implementation Research Network.

Flückiger, C., Del Re, A. C., Wlodasch, D., Horvath, A. O., Solomonov, N., & Wampold, B. E.

(in press). Assessing the alliance–outcome association adjusted for patient characteristics and treatment processes: A meta-analytic summary of direct comparisons. *Journal of Counseling Psychology*.

Fonagy, P., Gergely, G., & Jurist, E. L. (Eds.). (2002). *Affect regulation, mentalization and the development of self.* New York: Other Press.

Ford, M. E. (1992). *Motivating humans: Goals, emotions, and personal agency beliefs.* Newbury Park, CA: SAGE.

Forrester, D., Westlake, D., Killian, M., Antonopolou, V., McCann, M., Thurnham, A., … Hutchison, D. (2019). What is the relationship between worker skills and outcomes for families in child and family social work. *British Journal of Social Work, 49,* 2148–2167.

Fox, T. (2017). *Therapists' observations of quantum change among clients with drug and alcohol dependency: A thematic analysis*. Doctoral dissertation, University of Leicester, Leicester, UK.

Frank, J. D. (1968). The role of hope in psychotherapy. *International Journal of Psychiatry, 5*(5), 383–395.

Frank, J. D. (1971). Therapeutic factors in psychotherapy. *American Journal of Psychotherapy, 25*(3), 350–361.

Frank, J. D., & Frank, J. B. (1993). *Persuasion and healing: A comparative study of psychotherapy* (3rd ed.). Baltimore: Johns Hopkins University Press.

Frankl, V. E. (2006). *Man's search for meaning.* Boston: Beacon Press.

Franklin, B. (1785). *Report of Dr. Benjamin Franklin, and other commissioners, charged by the King of France, with the examination of the animal magnetism, as now practiced in Paris.* London: J. Johnson.

Franklin, B. (2012/1785). *The art of virtue.* New York: Skyhorse.

French, D. P., Olander, E. K., Chisholm, A., & McSharry, J. (2014). Which behaviour change tachniques are most effective at increasing older adults' self-efficacy and physical activity behavior?: A systematic review. *Annals of Behavioral Medicine, 48*(2), 225–234.

Fromm, E. (1956). *The art of loving.* New York: Bantam.

Gallese, V., Gernsbacher, M. A., Heyes, C., Hickok, G., & Iacoboni, M. (2011). Mirror neuron forum. *Perspectives on Psychological Science, 6*(4), 369–407.

Gaume, J., Bertholet, N., Faouzi, M., Gmel, G., & Daeppen, J. B. (2010). Counselor motivational interviewing skills and young adult change talk articulation during brief motivational interventions. *Journal of Substance Abuse Treatment, 39*(3), 272–281.

Gaume, J., Gmel, G., Faouzi, M., & Daeppen, J. B. (2009). Counselor skill influences outcomes of brief motivational interventions. *Journal of Substance Abuse Treatment, 37*(2), 151–159.

Geller, S. M., & Greenberg, L. S. (2018). *Therapeutic presence: A mindful approach to effective therapy.* Washington, DC: American Psychological Association.

Gelso, C. J., & Carter, J. A. (1994). Components of the psychotherapy relationship: Their interaction and unfolding during treatment. *Journal of Counseling Psychology, 41*(3), 296–306.

Gelso, C. J., & Kanninen, K. M. (2017). Neutrality revisited: On the value of being neutral within an empathic atmosphere. *Journal of Psychotherapy Integration, 27*(3), 330–341.

Gelso, C. J., Kivlighan, D. M., Busa-Knepp, J., Spiegel, E. B., Ain, S., Hummel, A. M., … Markin, R. D. (2012). The unfolding of the real relationship and the outcome of brief psychotherapy. *Journal of Counseling Psychology, 59*(4), 495–506.

Gelso, C. J., Kivlighan, D. M., & Markin, R. D. (2018). The real relationship and its role in psychotherapy outcome: A meta-analysis. *Psychotherapy, 55*(4), 434–444.

Gelso, C. J., & Perez-Rojas, A. E. (2017). Inner experience and the good therapist. In L. G. Castonguay & C. E. Hill (Eds.), *How and why are some therapists better than others?: Understanding therapist effects* (pp. 101–115). Washington, DC: American Psychological Association.

Gendlin, E. T. (1961). Experiencing: A variable in the process of therapeutic change. *American Journal of Psychotherapy, 15*(2), 233–245.

Ghaderi, A. (2006). Does individualization matter?: A randomized trial of standardized (focused) versus individualized (broad) cognitive behavior therapy for bulimia nervosa. *Behaviour Research and Therapy, 44*(2), 273–288.

Giannini, H. C. (2017). Hope as grounds for forgiveness: A Christian argument for universal, unconditional forgiveness. *Journal of Religious Ethics, 45*(1), 58–82.

Gillberg, C. (1996). The long-term outcome of childhood empathy disorders. *European Child and Adolescent Psychiatry, 5*, 52–56.

Gist, M. E., & Mitchell, T. R. (1992). Self-efficacy: A theoretical analysis of its determinants and malleability. *Academy of Management Review, 17*(2), 183–211.

Gladwell, M. (2008). *Outliers: The story of success.* New York: Little, Brown.

Glynn, L. H., & Moyers, T. B. (2010). Chasing change talk: The clinician's role in evoking client language about change. *Journal of Substance Abuse Treatment, 39*(1), 65–70.

Godley, S. H., Meyers, R. J., Smith, J. E., Karvinen, T., Titus, J. C., Godley, M. D., … Kelberg, P. (2001). *The adolescent community reinforcement approach for adolescent cannabis users* (Vol. 4). Rockville, MD: Center for Substance Abuse Treatment.

Goldberg, S. B., Babins-Wagner, R., & Miller, S. D. (2017). Nurturing expertise at mental health agencies. In T. Rousmaniere, R. K. Goodyear, S. D. Miller, & B. E. Wampold (Eds.), *The cycle of excellence: Using deliberate practice to improve supervision and training* (pp. 199–217). Hoboken, NJ: Wiley.

Goldberg, S. B., Hoyt, W. T., Nissen-Lie, H. A., Nielsen, S. L., & Wampold, B. E. (2018). Unpacking the therapist effect: Impact of treatment length differs for high- and low-performing therapists. *Psychotherapy Research, 28*(4), 532–544.

Goldberg, S. B., Rousmaniere, T., Miller, S. D., Whipple, J., Nielsen, S. V., Hoyt, W. T., & Wampold, B. E. (2016). Do psychotherapists improve with time and experience?: A longitudinal analysis of outcomes in a clinical setting. *Journal of Counseling Psychology, 63*(1), 1–11.

Goldman, R. N., Greenberg, L. S., & Pos, A. E. (2005). Depth of emotional experience and outcome. *Psychotherapy Research, 15*(3), 248–260.

Goldstein, A. P., & Shipman, W. G. (1961). Patients' expectancies, symptom reduction and aspects of he initial psychotherapeutic interview. *Journal of Clinical Psychology, 17,* 129–133.

Gollwitzer, P. M. (1999). Implementation intentions: Simple effects of simple plans. *American Psychologist, 54*(7), 493–503.

Gollwitzer, P. M., Wieber, F., Myers, A. L., & McCrea, S. M. (2010). How to maximize implementation intention effects. In C. R. Agnew, D. E. Carlston, W. G. Graziano, & J. R. Kelly (Eds.), *Then a miracle occurs: Focusing on behavior in social psychological theory and research* (pp. 137–161). New York: Oxford University Press.

Gordon, T. (1970). *Parent effectiveness training.* New York: Wyden.

Gordon, T., & Edwards, W. S. (1997). *Making the patient your partner: Communication skills for doctors and other caregivers.* New York: Auburn House.

Gorman, D. M. (2017). Has the National Registry of Evidence-Based Programs and Practices (NREPP) lost its way? *International Journal of Drug Policy, 45,* 40–41.

Gotink, R. A., Chu, P., Busschbach, J. J. V., Benson, H., Fricchione, G. L., & Hunink, M. (2015). Standardized mindfulness-based interventions in healthcare: An overview of systematic reviews and meta-analyses of RCTd. *PLOS ONE, 10*(4), e0124344.

Grafanaki, S. (2001). What counselling research has

taught us about the concept of congruence: Main discoveries and unsolved issues. In G. Wyatt (Ed.), *Congruence* (pp. 18–35). Monmouth, UK: PCCS Books.

Greenberg, L. S., & Elliott, R. (1997). Varieties of empathic responding. In A. C. Bohart & L. S. Greenberg (Eds.), *Empathy reconsidered: New directions in psychotherapy* (pp. 167–186). Washington, DC: American Psychological Association.

Greenberg, L. S., & Geller, S. (2001). Congruence and therapeutic presence. In G. Wyatt (Ed.), *Rogers' therapeutic conditions: Evolution, theory and practice: Vol. 1. Congruence* (pp. 131–149). Ross-on-Wye, UK: PCCS Books.

Haley, J. (1993). *Uncommon therapy: The psychiatric techniques of Milton H. Erickson*. New York: Norton.

Hall, K., Staiger, P. K., Simpson, A., Best, D., & Lubman, D. I. (2016). After 30 years of dissemination, have we achieved sustained practice change in motivational interviewing? *Addiction, 111*(7), 1144–1150.

Hannover, W., Blaut, C., Kniehase, C., Martin, T., & Hannich, H. J. (2013). Interobserver agreement of the German translation of the Motivational Interviewing Sequential Code for Observing Process Exchanges (MI-SCOPE;D). *Psychology of Addictive Behaviors, 27*(4), 1196–1200.

Harris, K. B., & Miller, W. R. (1990). Behavioral self-control training for problem drinkers: Components of efficacy. *Psychology of Addictive Behaviors, 4*, 82–90.

Hatcher, R. L. (2015). Interpersonal competencies: Responsiveness, technique, and training in psychotherapy. *American Psychologist, 70*(8), 747–757.

Haug, T., Nordgreen, T., Öst, L.-G., Tangen, T., Kvale, G., Hovland, O. J., ··· Havik, O. E. (2016). Working alliance and competence as predictors of outcome in cognitive behavioral therapy for social anxiety and panic disorder in adults. *Behaviour Research and Therapy, 77*, 40–51.

Hayes, J. A., Gelso, C. J., & Hummel, A. M. (2011). Managing countertransference. *Psychotherapy, 48*(1), 88–97.

Hayes, S. C. (2004). Acceptance and commitment therapy, relational frame theory, and the third wave of behavioral and cognitive therapies. *Behavior Therapy, 35*(4), 639–665.

Hayes, S. C., Lafollette, V. M., & Linehan, M. M. (Eds.). (2011). *Mindfulness and accceptance: Expanding the cognitive-behavioral tradition.* New York: Guilford Press.

Henggeler, S. W., Melton, G. B., Brondino, M. J., Scherer, D. G., & Hanley, J. H. (1997). Multisystemic therapy with violent and chronic juvenile offenders and their families: The role of treatment fidelity in successful dissemination. *Journal of Consulting and Clinical Psychology, 65*(5), 821–833.

Henggeler, S. W., Schoenwald, S. K., Letourneau, J. G., & Edwards, D. L. (2002). Transporting efficacious treatments to field settings: The link between supervisory practices and therapist fidelity in MST programs. *Journal of Clinical Child and Adolescent Psychology, 31,* 155–167.

Henretty, J. R., Currier, J. M., Berman, J. S., & Levitt, H. M. (2014). The impact of counselor self-disclosure on clients: A meta-analytic review of experimental and quasi-experimental research. *Journal of Counseling Psychology, 61*(2), 191–207.

Herschell, A. D., Kolko, D. J., Baumann, B. L., & Davis, A. C. (2010). The role of therapist training in the implementation of psychosocial treatments: A review and critique with recommendations. *Clinical Psychology Review, 30*(4), 448–466.

Hersoug, A. G., Hoglend, P., Monsen, J. T., & Havik, O. E. (2001). Quality of working alliance in psychotherapy: Therapist variables and patient/therapist similarity as predictors. *Journal of Psychotherapy Practice and Research, 10*(4), 205–216.

Hettema, J., Steele, J., & Miller, W. R. (2005). Motivational interviewing. *Annual Review of Clinical Psychology, 1,* 91–111.

Hill, C. E. (1990). Exploratory in-session process research in individual psychotherapy: A review. *Journal of Consulting and Clinical Psychology, 58*(3), 288–294.

Hill, C. E. (2005). Therapist techniques, client involvement, and the therapeutic relationship: Inextricably intertwined in the therapy process. *Psychotherapy: Theory, Research and Practice, 42*(4), 431–442.

Hill, C. E., Helms, J. E., Tichenor, V., Spiegel, S. B., O'Grady, K. E., & Perry, E. S. (1988). Effects of therapist response modes in brief psychotherapy. *Journal of Counseling Psychology, 35*(3), 222–233.

Hill, C. E., & Knox, S. (2013). Training and supervision. In M. J. Lambert (Ed.), *Bergin and Garfield's handbook of psychotherapy and behavior change* (6th ed., pp. 775–811). Hoboken, NJ: Wiley.

Hill, C. E., Knox, S., & Pinto-Coelho, K. G. (2018). Therapist self-disclosure and immediacy: A qualitative meta-analysis. *Psychotherapy, 55*(4), 445–460.

Hill, C. E., O'Grady, K. E., & Elkin, I. (1992). Applying the Collaborative Study Psychotherapy Rating Scale to rate therapist adherence in cognitive-behavior therapy, interpersonal therapy, and clinical management. *Journal of Consulting and Clinical Psychology, 60*(1), 73–79.

Hofmann, S. G., & Barlow, D. H. (2014). Evidence-based psychological interventions and the common factors approach: The beginnings of a rapprochement? *Psychotherapy, 51*(4), 510–513.

Hojat, M. (2007). *Empathy in patient care: Antecedents, development, measurement and outcomes.* New York: Springer.

Holländare, F., Gustafsson, S. A., Berglind, M., Grape, F., Carlbring, P., Andersson, G, … Tillfors, M. (2016). Therapist behaviours in internet-based cognitive behaviour therapy (ICBT) for depressive symptoms. *Internet Interventions, 3,* 1–7.

Hood, R. W., Jr., Hill, P. C., & Spilka, B. (2018). *The psychology of religion: An empirical approach* (5th ed.). New York: Guilford Press.

Horvath, A. O. (2000). The therapeutic relationship: From transference to alliance. *Journal of Clinical Psychology, 56*(2), 163–173.

Horvath, A. O., Del Re, A. C., Flückinger, C., & Symonds, D. (2011). Alliance in individual psychotherapy. *Psychotherapy, 48*(1), 9–16.

Horvath, A. O., & Greenberg, L. S. (1994). *The working alliance: Theory, research, and practice.* New York: Wiley.

Houck, J. M., Manuel, J. K., & Moyers, T. B. (2018). Short- and long-term effects of within-session client speech on drinking outcomes in the COMBINE study. *Journal of Studies on Alcohol and Drugs, 79*(2), 217–222.

Howe, L. C., Goyer, J. P., & Crum, A. J. (2017). Harnessing the placebo effect: Exploring the infuence of physician characteristics on placebo response. *Health Psychology, 36*(11), 1074–1082.

Hunt, G. M., & Azrin, N. H. (1973). A community-reinforcement approach to alcoholism. *Behaviour Research and Therapy, 11,* 91–104.

Imel, Z. E., Baer, J. S., Martino, S., Ball, S. A., & Carroll, K. M. (2011). Mutual influence in therapist competence and adherence to motivational enhancement therapy. *Drug and Alcohol Dependence, 115*(3), 229–236.

Imel, Z. E., Sheng, E., Baldwin, S. A., & Atkins, D. C. (2015). Removing very lowperforming therapists: A simulation of performance-based retention in psychotherapy. *Psychotherapy, 52*(3), 329–336.

Imel, Z. E., & Wampold, B. (2008). The importance of treatment and the science of common factors in psychotherapy. In S. D. Brown & R. W. Lent (Eds.), *Handbook of counseling psychology* (pp. 249–266). New York: Wiley.

Imel, Z. E., Wampold, B. E., Miller, S. D., & Fleming, R. R. (2008). Distinctions without a difference: Direct comparisons of psychotherapies for alcohol use disorders. *Psychology of Addictive Behaviors, 22*(4), 533–543.

James, W. (1994/1902). *The varieties of religious experience*. New York: Modern Library Edition.

Janis, I. L. (1959). Decisional conflicts: A theoretical analysis. *Conflict Resolution, 3*, 6–27.

Janis, I. L., & Mann, L. (1976). Coping with decisional conflict. *American Scientist, 64*, 657–666.

Janis, I. L., & Mann, L. (1977). *Decision making: A psychological analysis of conflict, choice and commitment*. New York: Free Press.

Johnson, S. M., & Greenberg, L. S. (1988). Relating process to outcome in marital therapy. *Journal of Marital and Family Therapy, 14*(2), 175–183.

Jones, R. A. (1981). *Self-fulfilling prophecies: Social, psychological, and physiological effects of expectancies*. New York: Psychology Press.

Jung, C. G. (1957). *The undiscovered self: The dilemma of the individual in modern society*. New York: Little, Brown & Company.

Jung, C. G., Read, H., Adler, G., & Hully, R. F. C. (Eds.). (1969). *Collected works of C. G. Jung: Vol. 11. Psychology and religion: West and East* (2nd ed.). Princeton, NJ: Princeton University Press.

Kabat-Zinn, J. (2013). *Full catastrophe living: Using the wisdom of your body and mind to face stress, pain, and illness* (rev. ed.). New York: Bantam Books.

Kabat-Zinn, J. (2016). *Mindfulness for beginners: Reclaiming the present moment and your life*. Boulder, CO: Sounds True.

Kadden, R. M., Litt, M. D., & Cooney, N. L. (1992). Relationship between roleplay measures of coping skills and alcoholism treatment outcomes. *Addictive Behaviors, 17*, 425–437.

Kaptchuk, T. J., Kelley, J. M., Conboy, L. A., Davis, R. B., Kerr, C. E., Jacobson, E. E., ⋯ Lembo, A. J. (2008). Components of placebo effect: Randomised controlled trial in patients with irritable bowel syndrome. *British Medical Journal, 336*(7651), 999–1003.

Karno, M. P., & Longabaugh, R. (2005). An examination of how therapist directiveness interacts with patient anger and reactance to predict alcohol use. *Journal of Studies on Alcohol, 66*, 825–832.

Karpiak, C. P., & Benjamin, L. S. (2004). Therapist affirmation and the process and outcome of psychotherapy: Two sequential analytic studies. *Journal of Clinical Psychology, 60*(6), 656–659.

Katz, A. D., & Hoyt, W. T. (2014). The influence of multicultural counseling competence and anti-black prejudice on therapists' outcome expectancies. *Journal of Counseling Psychology, 61*(2), 299–305.

Kelley, F. A., Gelso, C. J., Fuertes, J. N., Marmarosh, C., & Lanier, S. H. (2010). The real relationship inventory: Development and psychometric investigation of the client form. *Psychotherapy: Theory, Research, and Practice, 47*(4), 540–553.

Kelm, Z., Womer, J., Walter, J. K., & Feudtner, C. (2014). Interventions to cultivate physician empathy: A systematic review. *BMC Medical Education, 14*(219).

Keng, S.-L., Smoski, M. J., & Robins, C. J. (2011). Effects of mindfulness on psychological health: A review of empirical studies. *Clinical Psychology Review, 31*(6), 1041–1056.

Kiesler, D. J. (1971). Patient experiencing and successful outcome in individual psychotherapy of schizophrenics and psychoneurotics. *Journal of Consulting and Clinical Psychology, 37*(3), 370–385.

Kiesler, D. J., Klein, M. H., Mathieu, P. L., & Schoeninger, D. (1967). Constructive personality change for therapy and control patients. In C. R. Rogers, E. T. Gendlin, D. J. Kiesler, & C. B. Truax (Eds.), *The therapeutic relationship and its impact* (pp. 251–294). Madison: University of Wisconsin Press.

Kiken, L. G., Garland, E. L., Bluth, K., Palsson, O. S., & Gaylord, S. A. (2015). From a state to a trait: Trajectories of state mindfulness in meditation during intervention predict changes in trait mindfulness. *Personality and Individual Differences, 81*, 41–46.

Kim, D.-M., Wampold, B. E., & Bolt, D. M. (2006). Therapist effects in psychotherapy: A random-effects modeling of the National Institute of Mental Health Treatment of Depression Collaborative Research Program data. *Psychotherapy Research, 16*(2), 161–172.

Kirschenbaum, H. (2009). *The life and work of Carl Rogers.* Alexandria, VA: American Counseling Association.

Kirschenbaum, H., & Henderson, V. L. (Eds.). (1989). *Carl Rogers: Dialogues.* Boston: Houghton-Mifflin.

Kivlighan, D. M., Jr., & Holmes, S. E. (2004). The importance of therapeutic factors: A typology of therapeutic factors studies. In J. L. DeLucia-Waack, D. A. Gerrity, C. R. Calodner, & M. T. RIva (Eds.), *Handbook of group counseling and psychotherapy* (pp. 23–36). Thousand Oaks, CA: SAGE.

Klein, M. H., Mathieu-Coughlan, P., & Kiesler, D. J. (1986). The experiencing scales. In L. S. Greenberg & W. M. Pinsof (Eds.), *The psychotherapeutic process: A research handbook* (pp. 21–71). New York: Guilford Press.

Klein, W. M. P., & Harris, P. R. (2010). Self-affirmation enhances attentional bias toward threatening components of a persuasive message. *Psychological Science, 20*(12), 1463–1467.

Klonek, F. E., Lehmann-Willenbrock, N., & Kauffeld, S. (2014). Dynamics of resistance to change: A sequential analysis of change agents in action. *Journal of Change Management, 14*(3), 334–360.

Kluckhohn, C., & Murray, H. A. (Eds.). (1953). *Personality in nature, society, and culture.* New York: Knopf.

Knox, S., & Hill, C. E. (2003). Therapist self-disclosure: Research-based suggestions for practitioners. *Journal of Clinical Psychology, 59*(5), 529–539.

Kobak, K. A., Craske, M. G., Rose, R. D., & Wolitsky-Taylor, K. (2013). Web-based therapist training on cognitive behavior therapy for anxiety disorders: A pilot study. *Psychotherapy, 50*(2), 235–247.

Kohlenberg, B. S., Yeater, E. A., & Kohlenberg, R. J. (1998). Functional analytic psychotherapy, the therapeutic alliance, and brief psychotherapy. In J. D. Safran & J. C. Muran (Eds.), *The therapeutic alliance in brief psychotherapy* (pp. 63–93). Washington, DC: American Psychological Association.

Kohlenberg, R. J., & Tsai, A. G. (1994). Functional analytic psychotherapy: A radical ehavioral approach to treatment and integration. *Journal of Psychotherapy Integration, 4,* 175–201.

Kohlenberg, R. J., & Tsai, M. (2007). *Functional analytic psychotherapy: Creating intense and curative therapeutic relationships.* New York: Springer.

Kolden, G. G., Klein, M. H., Wang, C.-C., & Austin, S. B. (2011). Congruence/genuineness. *Psychotherapy, 48*(1), 65–71.

Kolden, G. G., Wang, C.–C., Austin, S. B., Chang, Y., & Klein, M. H. (2018). Congruence/genuineness: A meta-analysis. *Psychotherapy, 55*(4), 424–433.

Koocher, G. P., & Keith-Spiegel, P. (2016). *Ethics in psychology and the mental health professions: Standards and cases* (4th ed.). New York: Oxford University Press.

Kortlever, J. T. P., Ottenhoff, J. S. E., Vagner, G. A., Ring, D., & Reichel, L. M. (2019). Visit duration does not correlate with perceived physician empathy. *Journal of Bone and Joint Surgery, 101,* 296–301.

Kraus, D. R., Bentley, J. H., Alexander, P. C., Boswell, J. F., Constantino, M. J., Baxter, E. E., & Castonguay, L. G. (2016). Predicting therapist effectiveness from their own practice-based evidence. *Journal of Consulting and Clinical Psychology, 84*(6), 473–483.

Krigel, S. W., Grobe, J. E., Goggin, K., Harris, K. J., Moreno, J. L., & Catley, D. (2017). Motivational interviewing and the decisional balance procedure for cessation induction in smokers not intending to quit. *Addictive Behaviors, 64*, 171–178.

Kugelmass, H. (2016). "Sorry, I'm not accepting new patients": An audit study of access to mental health care. *Journal of Health and*

Social Behavior, 57(2), 168–183.

Lafferty, P., Beutler, L. E., & Crago, M. (1989). Differences between more and less effective psychotherapists: A study of select therapist variables. *Journal of Consulting and Clinical Psychology, 57*(1), 76–80.

Lamm, C., Batson, C. D., & Decety, J. (2007). The neural substrate of human empathy: Effects of perspective-taking and cognitive appraisal. *Journal of Cognitive Neuroscience, 19*(1), 42–58.

Lane, C., Huws-Thomas, M., Hood, K., Rollnick, S., Edwards, K., & Robling, M. (2005). Measuring adaptations of motivational interviewing: The development and validation of the behavior change counseling index (BECCI). *Patient Education and Counseling, 56*(2), 166–173.

Larson, D. G. (2020). *The helper's journey: Empathy, compassion and the challenge of caring* (2nd ed.). Champaign, IL: Research Press.

Larson, D. G., Chastain, R. L., Hoyt, W. T., & Ayzenberg, R. (2015). Self-concealment: Integrative review and working model. *Journal of Social and Clinical Psychology, 34*(8), 705–774.

Laska, K. M., Gurman, A. S., & Wampold, B. E. (2014). Expanding the lens of evidence-based practice in psychotherapy: A common factors perspective. *Psychotherapy, 51*(4), 467–481.

Lazarus, G., Atzil-Slonim, D., Bar-Kalifa, E., Hasson-Ohayon, I., & Rafaeli, E. (2019). Clients' emotional instability and therapists' inferential flexibility predict therapists' session-by-session empathic accuracy. *Journal of Counseling Psychology, 66*(1), 56–69.

Leake, G. J., & King, A. S. (1977). Effect of counselor expectations on alcoholic recovery. *Alcohol Health and Research World, 1*(3), 16–22.

Lenz, A. S., Rosenbaum, L., & Sheperis, D. (2016). Meta-analysis of randomized controlled trials of motivational enhancement therapy for reducing substance use. *Journal of Addictions and Offender Counseling, 37*(2), 66–86.

Levenson, R. W., & Ruef, A. M. (1992). Empathy: A physiological substrate. *Journal of Personality and Social Psychology, 63*(2), 234–246.

Levitt, H. M., Minami, T., Greenspan, S. B., Puckett, J. A., Henretty, J. R., Reich, C. M., & Berman, J. M. (2016). How therapist self-disclosure relates to alliance and outcomes: A naturalistic study. *Counselling Psychology Quarterly, 29*(1), 7–28.

Levitt, H. M., & Pomerville, A. (2016). A qualitative meta-analysis examining clients' experiences of psychotherapy: A new agenda. *Psychological Bulletin, 142*(8), 801–830.

Lewis, C. S. (1960). *The four loves*. New York: Harcourt Brace.

Lietaer, G. (2001a). Authenticity, congruence and transparency. In D. Brazier (Ed.), *Beyond Carl Rogers: Towards a psychotherapy for the 21st century* (pp. 17–46). London: Constable & Robinson.

Lietaer, G. (2001b). Being genuine as a clinician: Congruence and transparency. In G. Wyatt (Ed.), *Rogers' therapeutic conditions: Evolution, theory and practice: Vol. 1. Congruence* (pp. 36-54). Ross-on-Wye, UK: PCCS Books.

Linehan, M. M. (2014). *DBT skills training manual.* New York: Guilford Press.

Linehan, M. M., Dimeff, L. A., Reynolds, S. K., Comtois, K. A., Welch, S. S., Heagerty, P., & Kivlahan, D. R. (2002). Dialectical behavior therapy versus comprehensive validation therapy plus 12-step for the treatment of opioid dependent women meeting criteria for borderline personality disorder. *Drug and Alcohol Dependence, 67*(1), 13–26.

Litten, R. Z., & Allen, J. P. (1992). *Measuring alcohol consumption: Psychosocial and biochemical methods*. Totowa, NJ: Humana Press.

Locke, E. A., & Latham, G. P. (1990). *A theory of goal setting and task performance.* Englewood Cliffs, NJ: Prentice-Hall.

Longabaugh, R., & Magill, M. (2011). Recent advances in behavioral addiction treatments: Focusing on mechanisms of change. *Current Psychiatry Reports, 13*(5), 383–389.

Longabaugh, R., Magill, M., Morgenstern, J., & Huebner, R. (2013). Mechanisms of behavior change in treatment for alcohol and other drug use disorders. In B. M. McCrady & E. E. Epstein (Eds.), *Addictions: A comprehensive guidebook* (2nd ed., pp. 572–596). New York: Oxford University Press.

Longabaugh, R., Mattson, M. E., Connors, G. J., & Cooney, N. L. (1994). Quality of life as an outcome variable in alcoholism treatment research. *Journal of Studies on Alcohol, 12*(Suppl.), 119–129.

Longabaugh, R., & Wirtz, P. W. (Eds.). (2001). *Project MATCH hypotheses: Results and causal chain analyses* (Project MATCH Monograph Series, Vol. 8). Bethesda, MD: National Institute on Alcohol Abuse and Alcoholism.

Longabaugh, R., Zweben, A., LoCastro, J. S., & Miller, W. R. (2005). Origins, issues and options in the development of the Combined Behavioral Intervention. *Journal of Studies on Alcohol, 66*(4), S179–S187.

Love, P. K., Kilmer, E. D., & Callahan, J. L. (2016). Deliberate interleaving practice in psychotherapy training. *Psychotherapy Bulletin, 51*(2), 16–21.

Luborsky, L., Auerbach, A. H., Chandler, M., Cohen, J., & Bachrach, H. M. (1971). Factors influencing the outcome of psychotherapy: A review of quantitative research. *Psychological Bulletin, 75*(3), 145–185.

Luborsky, L., McLellan, A. T., Diguer, L., Woody, G., & Seligman, D. A. (1997). The psychotherapist matters: Comparison of outcomes across twenty-two therapists and seven patient samples. *Clinical Psychology: Science and Practice, 4,* 53–65.

Luborsky, L., McLellan, A. T., Woody, G. E., O'Brien, C. P., & Auerbach, A. (1985). Therapist success and its determinants. *Archives of General Psychiatry, 42*, 602–611.

Lynch, A., Newlands, F., & Forrester, D. (2019). What does empathy sound like in social work communication?: A mixed-methods study of empathy in child protection social work practice. *Child and Family Social Work, 24*(1), 139–147.

Magill, M., Apodaca, T. R., Barnett, N. P., & Monti, P. M. (2010). The route to change: Within-session predictors of change plan completion in a motivational interview. *Journal of Substance Abuse Treatment, 38*(3), 299–305.

Magill, M., Apodaca, T. R., Borsari, B., Gaume, J., Hoadley, A., Gordon, R. E. F., ⋯ Moyers, T. (2018). A meta-analysis of motivational interviewing process: Technical, relational, and conditional process models of change. *Journal of Consulting and Clinical Psychology, 86*(2), 140–157.

Magill, M., Bernstein, M. H., Hoadley, A., Borsari, B., Apodaca, T. R., Gaume, J., & Tonigan, J. S. (2019). Do what you say and say what you are going to do: A preliminary meta-analysis of client change and sustain talk subtypes in motivational interviewing. *Psychotherapy Research, 29*(7), 860–869.

Magill, M., Gaume, J., Apodaca, T. R., Walthers, J., Mastroleo, N. R., Borsari, B., & Longabaugh, R. (2014). The technical hypothesis of motivational interviewing: A meta-analysis of MI's key causal model. *Journal of Consulting and Clinical Psychology, 82*(6), 973–983.

Magill, M., & Hallgren, K. A. (2019). Mechanisms of behavior change in motivational interviewing: Do we understand how MI works? *Current Opinion in Psychology, 30,* 1–5.

Magill, M., Janssen, T., Mastroleo, N., Hoadley, A., Walthers, J., Barnett, N., & Colby, S. (2019). Motivational interviewing technical process and moderated relational process with underage young adult heavy drinkers. *Psychology of Addictive Behaviors, 33*(2), 128–138.

Magill, M., Kiluk, B. D., McCrady, B. S., Tonigan, J. S., & Longabaugh, R. (2015). Active ingredients of treatment and client mechanisms of change in behavioral treatments for alcohol use disorders: Progress 10 years later. *Alcoholism: Clinical and Experimental*

Research, 39(10), 1852–1862.

Magill, N., Knight, R., McCrone, P., Ismail, K., & Landau, S. (2019). A scoping review of the problems and solutions associated with contamination in trials of complex interventions in mental health. *BMC Medical Research Methodology, 19*(4).

Marker, I., Salvaris, C. A., Thompson, E. M., Tolliday, T., & Norton, P. J. (2019). Client motivation and engagement in transdiagnostic group cognitive behavioral therapy for anxiety disorders: Predictors and outcomes. *Cognitive Therapy and Research, 43*(5), 819–833.

Marshall, C., & Nielsen, A. S. (2020). *Motivatoinal interviewing for leaders in the helping professions: Facilitating change in organizations.* New York: Guilford Press.

Martell, C. R., Dimidjian, S., & Herman-Dunn, R. (2013). *Behavioral activation for depression: A clinician's guide.* New York: Guilford Press.

Martin, M. (1990). On the induction of mood. *Clinical Psychology Review, 10*(6), 669–697.

Martin, P. J., Moore, R. E., & Sterne, A. L. (1977). Therapists as prophets: Their expectancies and treatment outcomes. *Psychotherapy: Theory, Research and Practice, 14*(2), 188–195.

Martin, P. J., Sterne, A. L., Moore, J. E., & Friedmeyer, M. H. (1976). Patient's and therapists' expectancies and treatment outcome: An elusive relationship reexamined. *Research Communications in Psychology, Psychiatry and Behavior, 1*(2), 301–314.

Martin, T., Christopher, P. J., Houck, J. M., & Moyers, T. B. (2011). The structure of client language and drinking outcomes in Project MATCH. *Psychology of Addictive Behaviors, 25*(3), 439–445.

Martino, D., Ball, S. A., Nich, C., Frankforter, T. C., & Carroll, K. M. (2009). Informal discussions in substance abuse treatment sessions. *Journal of Substance Abuse Treatment, 36,* 366–375.

McCambridge, J., Day, M., Thomas, B. A., & Strang, J. (2011). Fidelity to motivational interviewing and subsequent cannabis cessation among adolescents. *Addictive Behaviors, 36,* 749–754.

McClintock, A. S., Anderson, T. M., Patterson, C. L., & Wing, E. H. (2018). Early psychotherapeutic empathy, alliance, and client outcome: Preliminary evidence of indirect effects. *Journal of Clinical Psychology, 74,* 839–848.

McGregor, D. (2006). *The human side of enterprise* (annotated ed.). New York: McGraw Hill.

McHugh, R. K., & Barlow, D. H. (2010). The dissemination and implementation of evidence-based psychological treatments: A review of current efforts. *American Psychologist, 65*(2), 73–84.

McLellan, A. T., Woody, G. E., Luborsky, L., & Goehl, L. (1988). Is the counselor an "active ingredient" in substance abuse rehabilitation?: An examination of treatment success among four counselors. *Journal of Nervous and Mental Disease, 176,* 423–430.

McLeod, B. D. (2009). Understanding why therapy allegiance is linked to clinical outcomes. *Clinical Psychology: Science and Practice, 16*(1), 69–72.

McLeod, B. D., & Weisz, J. R. (2005). The therapy process observational coding system-alliance scale: Measure characteristics and prediction of outcome in usual clinical practice. *Journal of Consulting and Clinical Psychology, 73*(2), 323–333.

McNaughton, J. L. (2009). Brief interventions for depression in primary care: A systematic review. *Canadian Family Physician, 55*(8), 789–796.

McQueen, J., Howe, T. E., Allan, L., Mains, D., & Hardy, V. (2011). Brief interventions for heavy alcohol users admitted to general hospital wards. *Cochrane Database of Systematic Reviews, 10*(8).

Mento, A. J., Steel, R. P., & Karren, R. J. (1987). A meta-analytic study of the effects of goal setting on task performance: 1966–1984. *Organizational Behavior and Human Decision Processes, 39*(1), 52–83.

Messina, I., Palmieri, A., Sambin, M., Kleinbub, J. R., Voci, A., & Calvo, V. (2013). Somatic underpinnings of perceived empathy: The importance of psychotherapy training. *Psychotherapy Research, 23*(2), 169–177.

Miller, S. D., Hubble, M. A., & Chow, D. (2017). Professional development. In T. Rousmaniere, R. K. Goodyear, S. D. Miller, & B. E. Wampold (Eds.), *The cycle of excellence: Using deliberate practice to improve supervision and training* (pp. 23–47). Hoboken, NJ: Wiley.

Miller, S. D., Hubble, M. A., & Chow, D. (2020). *Better results: Using deliberate practice to improve therapeutic effectiveness.* Washington, DC: American Psychological Association.

Miller, W. R. (1978). Behavioral treatment of problem drinkers: A comparative outcome study of three controlled drinking therapies. *Journal of Consulting and Clinical Psychology, 46,* 74–86.

Miller, W. R. (1980). Maintenance of therapeutic change: A usable evaluation design. *Professional Psychology, 11,* 660–663.

Miller, W. R. (1983). Motivational interviewing with problem drinkers. *Behavioural Psychotherapy, 11,* 147–172.

Miller, W. R. (1994). Motivational interviewing: III. On the ethics of motivational intervention. *Behavioural and Cognitive Psychotherapy, 22,* 111–123.

Miller, W. R. (Ed.). (1999). *Integrating spirituality into treatment: Resources for practitioners.*

Washington, DC: American Psychological Association.

Miller, W. R. (2000). Rediscovering fire: Small interventions, large effects. *Psychology of Addictive Behaviors, 14*, 6–18.

Miller, W. R. (Ed.). (2004). *Combined Behavioral Intervention manual: A clinical research guide for therapists treating people with alcohol abuse and dependence* (Vol. 1). Bethesda, MD: National Institute on Alcohol Abuse and Alcoholism.

Miller, W. R. (2005). What is human nature?: Reflections from Judeo-Christian perspectives. In W. R. Miller & H. D. Delaney (Eds.), *Judeo-Christian perspectives on psychology: Human nature, motivation, and change* (pp. 11–29). Washington, DC: American Psychological Association.

Miller, W. R. (2015). No more waiting lists! *Substance Use and Misuse, 50*(8–9), 1169–1170.

Miller, W. R. (2017). *Lovingkindness: Realizing and practicing your true self*. Eugene, OR: Wipf & Stock.

Miller, W. R. (2018). *Listening well: The art of empathic understanding*. Eugene, OR: Wipf & Stock.

Miller, W. R., & Baca, L. M. (1983). Two-year follow-up of bibliotherapy and therapist-directed controlled drinking training for problem drinkers. *Behavior Therapy, 14*, 441–448.

Miller, W. R., Benefield, R. G., & Tonigan, J. S. (1993). Enhancing motivation for change in problem drinking: A controlled comparison of two therapist styles. *Journal of Consulting and Clinical Psychology, 61*, 455–461.

Miller, W. R., & C'de Baca, J. (1994). Quantum change: Toward a psychology of transformation. In T. Heatherton & J. Weinberger (Eds.), *Can personality change?* (pp. 253–280). Washington, DC: American Psychological Association.

Miller, W. R., & C'de Baca, J. (2001). *Quantum change: When epiphanies and sudden insights transform ordinary lives*. New York: Guilford Press.

Miller, W. R., & Danaher, B. G. (1976). Maintenance in parent training. In J. D. Krumboltz & C. E. Thoresen (Eds.), *Counseling methods* (pp. 434–444). New York: Holt, Rinehart & Winston.

Miller, W. R., & DiPilato, M. (1983). Treatment of nightmares via relaxation and desensitization: A controlled evaluation. *Journal of Consulting and Clinical Psychology, 51*(6), 870–877.

Miller, W. R., Forcehimes, A. A., & Zweben, A. (2019). *Treating addiction: A guide for professionals* (2nd ed.). New York: Guilford Press.

Miller, W. R., Gribskov, C. J., & Mortell, R. L.

(1981). Effectiveness of a self-control manual for problem drinkers with and without therapist contact. *International Journal of the Addictions, 16*, 1247–1254.

Miller, W. R., Hedrick, K. E., & Orlofsky, D. (1991). The Helpful Responses Questionnaire: A procedure for measuring therapeutic empathy. *Journal of Clinical Psychology, 47*, 444–448.

Miller, W. R., LoCastro, J. S., Longabaugh, R., O'Malley, S., & Zweben, A. (2005). When worlds collide: Blending the divergent traditions of pharmacotherapy and psychotherapy outcome research. *Journal of Studies on Alcohol*(Suppl. 15), 17–23.

Miller, W. R., & Meyers, R. J. (1995, Spring). Beyond generic criteria: Reflections on life after clinical science wins. *Clinical Science* (Spring), 4–6.

Miller, W. R., Meyers, R. J., & Tonigan, J. S. (2001). A comparison of CRA and traditional approaches. In R. J. Meyers & W. R. Miller (Eds.), *A community reinforcement approach to addiction treatment* (pp. 62–78). Cambridge, UK: Cambridge University Press.

Miller, W. R., & Mount, K. A. (2001). A small study of training in motivational interviewing: Does one workshop change clinician and client behavior? *Behavioural and Cognitive Psychotherapy, 29*, 457–471.

Miller, W. R., & Moyers, T. B. (2015). The forest and the trees: Relational and specific factors in addiction treatment. *Addiction, 110*(3), 401–413.

Miller, W. R., & Moyers, T. B. (2017). Motivational interviewing and the clinical science of Carl Rogers. *Journal of Consulting and Clinical Psychology, 85*(8), 757–766.

Miller, W. R., Moyers, T. B., Arciniega, L., Ernst, D., & Forcehimes, A. (2005). Training, supervision and quality monitoring of the COMBINE Study behavioral interventions. *Journal of Studies on Alcohol*(Suppl. 15), 188–195.

Miller, W. R., & Muñoz, R. F. (1976). *How to control your drinking*. Englewood Cliffs, NJ: Prentice-Hall.

Miller, W. R., & Rollnick, S. (1991). *Motivational interviewing: Preparing people to change addictive behavior*. New York: Guilford Press.

Miller, W. R., & Rollnick, S. (2004). Talking oneself into change: Motivational interviewing, stages of change, and the therapeutic process. *Journal of Cognitive Psychotherapy, 18*, 299–308.

Miller, W. R., & Rollnick, S. (2013). *Motivational interviewing: Helping people change* (3rd ed.). New York: Guilford Press.

Miller, W. R., & Rollnick, S. (2014). The effectiveness and ineffectiveness of complex behavioral interventions: Impact of treatment fidelity. *Contemporary Clinical Trials, 37*(2), 234–241.

Miller, W. R., Rollnick, S., & Moyers, T. B. (2013). *Motivational interviewing: Helping people change* [DVD series]. Carson City, NV: Change Companies.

Miller, W. R., & Rose, G. S. (2009). Toward a theory of motivational interviewing. *American Psychologist, 64*(6), 527–537.

Miller, W. R., & Rose, G. S. (2010). Motivational interviewing in relational context. *American Psychologist, 65*(4), 298–299.

Miller, W. R., & Rose, G. S. (2015). Motivational interviewing and decisional balance: Contrasting responses to client ambivalence. *Behavioural and Cognitive Psychotherapy, 43*(2), 129–141.

Miller, W. R., & Sanchez, V. C. (1994). Motivating young adults for treatment and lifestyle change. In G. Howard (Ed.), *Issues in alcohol use and misuse by young adults* (pp. 55–82). Notre Dame, IN: University of Notre Dame Press.

Miller, W. R., Sorensen, J. L., Selzer, J. A., & Brigham, G. S. (2006). Disseminating evidence-based practices in substance abuse treatment: A review with suggestions. *Journal of Substance Abuse Treatment, 31*(1), 25–39.

Miller, W. R., Taylor, C. A., & West, J. (1980). Focused versus broad-spectrum behavior therapy for problem drinkers. *Journal of Consulting and Clinical Psychology, 48*(5), 590–601.

Miller, W. R., Tonigan, J. S., & Longabaugh, R. (1995). *The Drinker Inventory of Consequences (DrInC): An instrument for assessing adverse consequences of alcohol abuse.* Bethesda, MD: National Institute on Alcohol Abuse and Alcoholism.

Miller, W. R., Toscova, R. T., Miller, J. H., & Sanchez, V. (2000). A theory-based motivational approach for reducing alcohol/drug problems in college. *Health Education and Behavior, 27,* 744–759.

Miller, W. R., Walters, S. T., & Bennett, M. E. (2001). How effective is alcoholism treatment in the United States? *Journal of Studies on Alcohol, 62,* 211–220.

Miller, W. R., & Wilbourne, P. L. (2002). Mesa Grande: A methodological analysis of clinical trials of treatment for alcohol use disorders. *Addiction, 97*(3), 265–277.

Miller, W. R., Yahne, C. E., Moyers, T. B., Martinez, J., & Pirritano, M. (2004). A randomized trial of methods to help clinicians learn motivational interviewing. *Journal of Consulting and Clinical Psychology, 72*(6), 1050–1062.

Miller, W. R., Yahne, C. E., & Tonigan, J. S. (2003). Motivational interviewing in drug abuse services: A randomized trial. *Journal of Consulting and Clinical Psychology, 71,* 754–763.

Miller, W. R., Zweben, J. E., & Johnson, W. (2005). Evidence-based treatment: Why, what, where, when, and how? *Journal of Substance Abuse Treatment, 29,* 267–276.

Mohr, D. C. (1995). Negative outcome in psychotherapy: A critical review. *Clinical Science and Practice, 2*(1), 1–27.

Monahan, J. (Ed.). (1980). *Who is the client?: The ethics of psychological intervention in the criminal justice system.* Washington, DC: American Psychological Association.

Moos, R. H. (2007). Theory-based processes that promote the remission of substance use disorders. *Clinical Psychology Review, 27*(5), 537–551.

Morche, J., Mathes, T., & Pieper, D. (2016). Relationship between surgeon volume and outcomes: A systematic review of systematic reviews. *Systematic Reviews, 5*(204).

Morgenstern, J., & Longabaugh, R. (2000). Cognitive-behavioral treatment for alcohol dependence: A review of evidence for its hypothesized mechanisms of action. *Addiction, 95,* 1475–1490.

Mowat, A., Maher, C., & Ballard, E. (2016). Surgical outcomes for low-volume vs high-volume surgeons in gynecology surgery: A systematic review and metaanalysis. *American Journal of Obstetrics, 215*(1), 21–33.

Moyer, A., Finney, J. W., Swearingen, C. E., & Vergun, P. (2002). Brief interventions for alcohol problems: A meta-analytic review of controlled investigations in treatment-seeking and non-treatment-seeking populations. *Addiction, 97*(3), 279–292.

Moyers, T. B., Houck, J. M., Glynn, L. H., Hallgren, K. A., & Manual, J. K. (2017). A randomized controlled trial to influence client language in substance use disorder treatment. *Drug and Alcohol Dependence, 172*, 43–50.

Moyers, T. B., Houck, J. M., Rice, S. L., Longabaugh, R., & Miller, W. R. (2016). Therapist empathy, combined behavioral intervention, and alcohol outcomes in the COMBINE research project. *Journal of Consulting and Clinical Psychology, 84*(3), 221–229.

Moyers, T. B., Manuel, J. K., Wilson, P., Hendrickson, S. M. L., Talcott, W., & Durand, P. (2008). A randomized trial investigating training in motivational interviewing for behavioral health providers. *Behavioural and Cognitive Psychotherapy, 36,* 149–162.

Moyers, T. B., & Martin, T. (2006). Therapist influence on client language during motivational interviewing sessions. *Journal of Substance Abuse Treatment, 30*(3), 245–252.

Moyers, T. B., Martin, T., Catley, D., Harris, K. J., & Ahluwalia, J. S. (2003). Assessing the integrity of motivational interventions:

Reliability of the Motivational Interviewing Skills Code. *Behavioural and Cognitive Psychotherapy, 31,* 177–184.

Moyers, T. B., Martin, T., Christopher, P. J., Houck, J. M., Tonigan, J. S., & Amrhein, P. C. (2007). Client language as a mediator of motivational interviewing efficacy: Where is the evidence? *Alcoholism: Clinical and Experimental Research, 31*(10, Suppl.), 40s–47s.

Moyers, T. B., Martin, T., Houck, J. M., Christopher, P. J., & Tonigan, J. S. (2009). From in-session behaviors to drinking outcomes: A causal chain for motivational interviewing. *Journal of Consulting and Clinical Psychology, 77*(6), 1113–1124.

Moyers, T. B., Martin, T., Manuel, J. K., Hendrickson, S. M. L., & Miller, W. R. (2005). Assessing competence in the use of motivational interviewing. *Journal of Substance Abuse Treatment, 28,* 19–26.

Moyers, T. B., & Miller, W. R. (2013). Is low therapist empathy toxic? *Psychology of Addictive Behaviors, 27*(3), 878–884.

Moyers, T. B., Miller, W. R., & Hendrickson, S. M. L. (2005). How does motivational interviewing work?: Therapist interpersonal skill predicts client involvement within motivational interviewing sessions. *Journal of Consulting and Clinical Psychology, 73*(4), 590–598.

Moyers, T. B., Rowell, L. N., Manuel, J. K., Ernst, D., & Houck, J. M. (2016). The Motivational Interviewing Treatment Integrity code (MITI 4): Rationale, preliminary reliability and validity. *Journal of Substance Abuse Treatment, 65,* 36–42.

Mulder, R., Murray, G., & Rucklidge, J. (2017). Common versus specific factors in psychotherapy: Opening the black box. *The Lancet Psychiatry, 4*(12), 953–962.

Muran, J. C., Safran, J. D., Eubanks, C. F., & Gorman, B. S. (2018). The effect of alliance-focused training on a cognitive-behavioral therapy for personality disorders. *Journal of Consulting and Clinical Psychology, 86*(4), 384–397.

Najavits, L. M., & Weiss, R. D. (1994). Variations in therapist effectiveness in the treatment of patients with substance use disorders: An empirical review. *Addiction, 89,* 679–688.

Napel-Schutz, M. C., Abma, T. A., Bamelis, L. L. M., & Arntz, A. (2017). How to train experienced therapists in a new method: A qualitative study into therapists' views. *Clinical Psychology and Psychotherapy, 24*(2), 359–372.

Nenkov, G. Y., & Gollwitzer, P. M. (2012). Pre- versus postdecisional deliberation and goal commitment: The positive effects of defensiveness. *Journal of Experimental Social Psychology, 48,* 106–121.

Neubert, M. J. (1998). The value of feedback

and goal setting over goal setting alone and potential moderators of this effect: A meta-analysis. *Human Performance, 11*(4), 321–335.

Nichols, M. P. (2009). *The lost art of listening: How learning to listen can improve relationships* (2nd ed.). New York: Guilford Press.

Nock, M. K. (2007). Conceptual and design essentials for evaluating mechanisms of change. *Alcoholism: Clinical and Experimental Research, 31*(10, Suppl.), 4s–12s.

Norcross, J. C. (Ed.). (2011). *Psychotherapy relationships that work: Evidence based responsiveness* (2nd ed.). New York: Oxford University Press.

Norcross, J. C., & Wampold, B. E. (2011). Evidence-based therapy relationships: Research conclusions and clinical practice. In J. C. Norcross (Ed.), *Psychotherapy relationships that work: Evidence-based responsiveness* (2nd ed., pp. 423–430). New York: Oxford University Press.

Norcross, J. C., & Wampold, B. E. (2019). Evidence-based psychotherapy responsiveness: The third task force. In J. C. Norcross & B. E. Wampold (Eds.), *Psychotherapy relationships that work: Vol. 2. Evidence-based therapist responsiveness* (3rd ed., pp. 1–14). New York: Oxford University Press.

Norris, L. A., Rifkin, L. S., Olino, T. M., Piacenti, J., Albano, A. M., Birmaher, B., … Kendall, P. C. (2019). Multi-informant expectancies and treatment outcomes for anxiety in youth. *Child Psychiatry and Human Development, 50,* 1002–1010.

Norton, P. J., & Little, T. E. (2014). Does experience matter?: Trainee experience and outcomes during transdiagnostic cognitive-behavioral group therapy for anxiety. *Cognitive Behaviour Therapy, 43*(3), 230–238.

Nuro, K. F., Maccarelli, L., Baker, S. M., Martino, S., Rounsaville, B. J., & Carroll, K. M. (2005). *Yale Adherence and Competence Scale (YACS II) guidelines* (2nd ed.). New Haven, CT: Yale University.

O'Halloran, P. D., Shields, N., Blackstock, F., Wintle, E., & Taylor, N. F. (2016). Motivational interviewing increases physical activity and self-efficacy in people living in the community after hip fracture: A randomized controlled trial. *Clinical Rehabilitation, 30*(11), 1108–1119.

Okamoto, A., Dattilio, F. M., Dobson, K. S., & Kazantzis, N. (2019). The therapeutic relationship in cognitive-behavioral therapy: Essential features and common challenges. *Practice Innovations, 4*(2), 112–123.

Okiishi, J., Lambert, M. J., Nielsen, S. L., & Ogles, B. M. (2003). Waiting for supershrink: An empirical analysis of therapist effects. *Clinical*

Psychology and Psychotherapy, 10, 361–373.

Orlinsky, D. E., Grawe, K., & Parks, B. K. (1994). Process and outcome in psychotherapy: Noch einmal. In A. E. Bergin & S. L. Garfield (Eds.), *Handbook of psychotherapy and behavior change* (pp. 270–376). New York: Wiley.

Orlinsky, D. E., & Howard, K. I. (1986). Process and outcome in psychotherapy. In S. L. Garfield & A. E. Bergin (Eds.), *Handbook of psychotherapy and behavior change* (3rd ed., pp. 311–381). New York: Wiley.

Ottman, K., Kohrt, B. A., Pedersen, G., & Schafer, A. (2020). Use of role plays to assess therapist competency and its association with client outcomes in psychological interventions: A scoping review and competency research agenda. *Behaviour Research and Therapy, 130*(103531).

Owen, J., Drinane, J. M., Kivlighan, M., Miller, S., Kopta, M., & Imel, Z. (2019). Are high-performing therapists both effective and consistent? A test of therapist expertise. *Journal of Consulting and Clinical Psychology, 87*(12), 1149–1156.

Owen, J., Miller, S. D., Seidel, J., & Chow, D. (2016). The working alliance in treatment of military adolescents. *Journal of Consulting and Clinical Psychology, 84*(3), 200–210.

Pascuel-Leone, A., & Yervomenko, N. (2017). The client "experiencing" scale as a predictor of treatment outcomes: A meta-analysis on psychotherapy process. *Psychotherapy Research, 27*(6), 653–665.

Patterson, G. R., & Chamberlain, P. (1994). A functional analysis of resistance during patient training therapy. *Clinical Psychology: Science and Practice, 1*(1), 53–70.

Patterson, G. R., & Forgatch, M. S. (1985). Therapist behavior as a determinant for client noncompliance: A paradox for the behavior modifier. *Journal of Consulting and Clinical Psychology, 53*(6), 846–851.

Perez-Rosas, V., Wu, X., Resnicow, K., & Mihalcea, R. (2019). What makes a good counselor?: Learning to distinguish between high-quality and low-quality counseling conversations. In P. Nakov & A. Palmer (Eds.), *Proceedings of the 57th annual meeting of the Association for Computational Linguistics* (pp. 926–935), Florence, Italy.

Peterson, C., & Seligman, M. E. P. (2004). *Character strengths and virtues: A handbook and classification*. New York: Oxford University Press.

Pfeiffer, E., Ormhaug, S., Tutus, D., Holt, T., Rosner, R., Larsen, T., & Jensen, T. (2020). Does the therapist matter?: Therapist characteristics and their relation to outcome in trauma-focused cognitive behavioral therapy for children and adolescents. *European Journal* of Psychotraumatology, 11(1), 1776048.

Pierson, H. M., Hayes, S. C., Gifford, E. V., Roget, N., Padilla, M., Bissett, R., … Fisher, G. (2007). An examination of the Motivational Interviewing Treatment Integrity code. *Journal of Substance Abuse Treatment, 32*, 11–17.

Pieterse, A. L., Lee, M., Ritmeester, A., & Collins, N. M. (2013). Towards a model of self-awareness development for counselling and psychotherapy training. *Counseling Psychology Quarterly, 26*(2), 190–207.

Pope, K. S., & Tabachnick, B. G. (1993). Therapists' anger, hate, fear, and sexual feelings: National survey of therapist responses, client characteristics, critical events, formal complaints, and training. *Professional Psychology: Research and Practice, 24*(2), 142–152.

Prestwich, A., Kellar, I., Parker, R., MacRae, S., Learmonth, M., Sykes, B., … Castle, H. (2014). How can self-efficacy be increased? Meta-analysis of dietary interventions. *Health Psychology Review, 8*(3), 270–285.

Prochaska, J. O. (1994). Strong and weak principles for progressing from precontemplation to action on the basis of twelve problem behaviors. *Health Psychology, 13*, 47–51.

Prochaska, J. O., & DiClemente, C. C. (1984). *The transtheoretical approach: Crossing traditional boundaries of therapy*. Homewood, IL: Dow/Jones Irwin.

Prochaska, J. O., & Velicer, W. F. (1997). The transtheoretical model of health behavior change. *American Journal of Health Promotion, 12*(1), 38–48.

Prochaska, J. O., Velicer, W. F., Rossi, J. S., Goldstein, M. G., Marcus, B. H., Rakowski, W., … Rossi, S. R. (1994). Stages of change and decisional balance for 12 problem behaviors. *Health Psychology, 13*(1), 39–46.

Project MATCH Research Group. (1997). Matching alcoholism treatments to client heterogeneity: Project MATCH posttreatment drinking outcomes. *Journal of Studies on Alcohol, 58*(1), 7–29.

Project MATCH Research Group. (1998). Therapist effects in three treatments for alcohol problems. *Psychotherapy Research, 8*, 455–474.

Raingruber, B. (2003). Video-cued narrative reflection: A research approach for articulating tacit, relational, and embodied understandings. *Qualitative Health Research, 13*(8), 1155–1169.

Rains, S. A. (2013). The nature of psychological reactance revisited: A meta-analytic review. *Human Communication Research, 39*(1), 47–73.

Rakel, D. (2018). *The compassionate connection: The healing power of empathy and mindful listening*. New York: Norton.

Rakovshik, S. G., McManus, F., Vazquez-Montes,

M., Muse, K., & Ougrin, D. (2016). Is supervision necessary?: Examining the effects of Internet-based CBT training with and without supervision. *Journal of Consulting and Clinical Psychology, 84*(3), 191–199.

Rashid, T., & Seligman, M. P. (2018). *Positive psychotherapy: Clinician manual*. New York: Oxford University Press.

Richards, S. P., & Bergin, A. E. (1997). *A spiritual strategy for counseling and psychotherapy*. Washington, DC: American Psychological Association.

Robichaud, L. K. (2004). Depth of experiencing as a client prognostic variable in emotion-focused therapy for adult survivors of childhood abuse. Master's thesis, University of Windsor, Windsor, Ontario. Retrieved from https://scholar.uwindsor.ca/cgi/viewcontent.cgi?article=2641&context=etd.

Rogers, C. R. (1951). *Client-centered therapy*. New York: Houghton Mifflin.

Rogers, C. R. (1957). The necessary and sufficient conditions of therapeutic personality change. *Journal of Consulting Psychology, 21*(2), 95–103.

Rogers, C. R. (1959). A theory of therapy, personality, and interpersonal relationships as developed in the client-centered framework. In S. Koch (Ed.), *Psychology: The study of a science: Vol. 3. Formulations of the person and the social contexts* (pp. 184–256). New York: McGraw-Hill.

Rogers, C. R. (1961). *On becoming a person: A therapist's view of psychotherapy*. Boston: Houghton Mifflin.

Rogers, C. R. (1962). The nature of man. In S. Doniger (Ed.), *The nature of man in theological and psychological perspective* (pp. 91–96). New York: Harper & Brothers.

Rogers, C. R. (1980a). Can learning encompass both ideas and feelings? In *A way of being* (pp. 263–291). New York: Houghton Mifflin.

Rogers, C. R. (1980b). Empathic: An unappreciated way of being. In *A way of being* (pp. 137–163). New York: Houghton Mifflin.

Rogers, C. R. (1980c). The foundations of a person-centered approach. In *A way of being* (pp. 113–136). Boston: Houghton Mifflin.

Rogers, C. R. (1980d). *A way of being*. Boston: Houghton Mifflin.

Rogers, C. R., Gendlin, E. T., Kiesler, D. J., & Truax, C. B. (Eds.). (1967). *The therapeutic relationship and its impact: A study of psychotherapy with schizophrenics*. Westport, CT: Greenwood Press.

Rogers, E. M. (2003). *Diffusion of innovations* (5th ed.). New York: Free Press.

Rohsenow, D. R., & Marlatt, G. A. (1981). The balanced placebo design: Methodological considerations. *Addictive Behaviors, 6*,

107–122.

Rokeach, M. (1973). *The nature of human values.* New York: Free Press.

Rollnick, S., Fader, J. S., Breckon, J., & Moyers, T. B. (2019). *Coaching athletes to be their best: Motivational interviewing in sports*. New York: Guilford Press.

Rollnick, S., Kaplan, S. G., & Rutschman, R. (2016). *Motivational interviewing in schools: Conversations to improve behavior and learning.* New York: Guilford Press.

Rollnick, S., & Miller, W. R. (1995). What is motivational interviewing? *Behavioural and Cognitive Psychotherapy, 23*, 325–334.

Rollnick, S., Miller, W. R., & Butler, C. C. (2008). *Motivational interviewing in health care: Helping patients change behavior.* New York: Guilford Press.

Rollnick, S., Miller, W. R., & Butler, C. C. (in press). *Motivational interviewing in health care* (2nd ed.). New York: Guilford Press.

Rosengren, D. B. (2018). *Building motivational interviewing skills: A practitioner workbook* (2nd ed.). New York: Guilford Press.

Rosenthal, R., & Jacobson, L. (1966). Teachers' expectancies: Determinants of pupils' IQ gains. *Psychological Reports, 19,* 115–118.

Rousmaniere, T., Goodyear, R. K., Miller, S. D., & Wampold, B. E. (2017). *The cycle of excellence: Using deliberate practice to improve supervision and training.* Hoboken, NJ: Wiley.

Rubies-Davis, C. M., & Rosenthal, R. (2016). Intervening in teachers' expectations: A random effects meta-analytic approach to examining the effectiveness of an intervention. *Learning and Individual Differences, 50,* 83–92.

Rubino, G., Barker, C., Roth, T., & Fearon, P. (2000). Therapist empathy and depth of interpretation in response to potential alliance ruptures: The role of therapist and patient attachment styles. *Psychotherapy Research, 10,* 408–420.

Rutter, M. (2006). Implications of resilience concepts for scientific understanding. *Annals of the New York Academy of Sciences, 1094,* 1–12.

Rutter, M. (2013). Annual Research Review: Resilience–Clinical implications. *Journal of Child Psychology and Psychiatry, 54*(4), 474–487.

Ryan, R. M., & Deci, E. L. (2008). A self-determination theory approach to psychotherapy: The motivational basis for effective change. *Canadian Psychology, 49,* 186–193.

Ryan, R. M., & Deci, E. L. (2017). *Self-determination theory: Basic psychological needs in motivation, development, and wellness.* New York: Guilford Press.

Sacco, P., Ting, L., Crouch, T. B., Emery, L., Moreland, M., Bright, C., … DiClemente, C. (2017). SBIRT training in social work education: Evaluating change using standardized patient simulation. *Journal of Social Work Practice in the Addictions, 17*(1–2), 150–168.

Safran, J. D., Crocker, P., McMain, S., & Murray, P. (1990). Therapeutic alliance rupture as a therapy event for empirical investigation. *Psychotherapy: Theory, Research, Practice, Training, 27*(2), 154–165.

Safran, J. D., & Muran, J. C. (2000). *Negotiating the therapeutic alliance: A relational treatment guide*. New York: Guilford Press.

Safran, J. D., Muran, J. C., Demaria, A., Boutwell, C., Eubanks-Carter, C., & Winston, A. (2014). Investigating the impact of alliance-focused training on interpersonal process and therapists' capacity for experiential reflection. *Psychotherapy Research, 24*(3), 269–285.

Salzberg, S. (1995). *Lovingkindness: The revolutionary art of happiness*. Boston: Shambhala.

Samson, J. E., & Tanner-Smith, E. E. (2015). Single-session alcohol interventions for heavy drinking college students: A systematic review and meta-analysis. *Journal of Studies on Alcohol and Drugs, 76*(4), 530–543.

Sandell, R., Lazar, A., Grant, J., Carlsson, J., Schubert, J., & Broberg, J. (2006). Therapist attitudes and patient outcomes: III. A latent class analysis of therapists. *Psychology and Psychotherapy: Theory, Research and Practice, 79*(4), 629–647.

Schmidt, M. M., & Miller, W. R. (1983). Amount of therapist contact and outcome in a multidimensional depression treatment program. *Acta Psychiatrica Scandinavica, 67*, 319–332.

Schnellbacher, J., & Leijssen, M. (2009). The significance of therapist genuineness from the client's perspective. *Journal of Humanistic Psychology, 49*(2), 207–228.

Schofield, W. (1964). *Psychotherapy: The purchase of friendship*. Englewood Cliffs, NJ: Prentice-Hall.

Schottke, H., Fluckiger, C., Goldberg, S. B., Eversmann, J., & Lange, J. (2017). Predicting psychotherapy outcome based on therapist interpersonal skills: A five-year longitudinal study of a therapist assessment protocol. *Psychotherapy Research: Journal of the Society for Psychotherapy Research, 27*(6), 642–652.

Schumann, A., Meyer, C., Rumpf, H.-J., Hannover, W., Hapke, U., & John, U. (2005). Stage of change transitions and processes of change: Decisional balance and self-efficacy in smokers: A transtheoretical model validation using longitudinal data. *Psychology of Addictive Behaviors, 19*(1), 3–9.

Schwartz, R. A., Chambless, D. L., McCarthy, K. S., Milrod, B., & Barber, J. P. (2019). Client resistance predicts outcomes in cognitive-behavioral therapy for panic disorder. *Psychotherapy Research, 29*(8), 1020–1032.

Seligman, M. E. P. (2012). *Flourish: A visionary new understanding of happiness and well-being.* New York: Free Press.

Shafranske, E. P. (Ed.). (1996). *Religion and the clinical practice of psychology.* Washington, DC: American Psychological Association.

Shapiro, A. K. (1971). Placebo effects in medicine, psychotherapy, and psychoanalysis. In A. E. Bergin & S. L. Garfield (Eds.), *Handbook of psychotherapy and behavior change: An empirical analysis* (pp. 439–473). New York: Wiley.

Shapiro, R. (2006). *The sacred art of lovingkindness: Preparing to practice.* Woodstock, VT: Skylight Paths.

Shapiro, S. L., Astin, J. A., Bishop, S. R., & Cordova, M. (2005). Mindfulness-based stress reduction for health care professionals: Results from a randomized trial. *International Journal of Stress Management, 12*(2), 164–176.

Shaw, B. F. (1999). How to use the allegiance effect to maximize competence and therapeutic outcomes. *Clinical Psychology: Science and Practice, 6*(1), 131–132.

Shaw, C. K., & Shrum, W. F. (1972). The effects of response-contingent reward on the connected speech of children who stutter. *Journal of Speech, Language, and Hearing Research, 37*(1), 75–88.

Sheeran, P., Maki, A., Montanaro, E., Avishai-Yitshak, A., Bryan, A., Klein, W. M. P., … Rothman, A. J. (2016). The impact of changing attitudes, norms, and self-efficacy on health-related intentions and behavior: A meta-analysis. *Health Psychology, 35*(11), 1178–1188.

Sherman, D. K. (2013). Self-affirmation: Understanding the effects. *Social and Personality Psychology Compass, 7*(11), 834–845.

Singla, D. R., Hollon, S. D., Velleman, R., Weobong, B., Nadkarni, A., Fairburn, C. G., … Patel, V. (2020). Temporal pathways of change in two randomized controlled trials for depression and harmful drinking in Goa, India. *Psychological Medicine, 50*(1), 68–76.

Smedslund, G., Berg, R. C., Hammerstrom, K. T., Steiro, A., Leiknes, K. A., Dahl, H. M., & Karlsen, K. (2011). Motivational interviewing for substance abuse. *Cochrane Database of Systematic Reviews*(5).

Smith, D. D., Kellar, J., Walters, E. L., Reibling, E. T., Phan, T., & Green, S. M. (2016). Does emergency physician empathy reduce thoughts of litigation?: A randomized trial. *Emergency Medicine Journal, 33,* 548–552.

Smith, M. L., Glass, G. V., & Miller, T. I. (1980). *The benefits of psychotherapy.* Baltimore:

Johns Hopkins University Press.

Snyder, C. R. (1994). *The psychology of hope.* New York: Free Press.

Snyder, C. R., Ilardi, S. S., Cheavens, H., Michael, S. T., Yamhure, L., & Sympson, S. (2000). The role of hope in cognitive-behavior therapies. *Cognitive Therapy and Research, 24*(6), 747–762.

Snyder, C. R., Michael, S. T., & Cheavens, J. S. (1999). Hope as psychotherapeutic foundation of common factors, placebos, and expectancies. In M. A. Hubble, B. L. Duncan, & S. D. Miller (Eds.), *The heart and soul of change: What works in therapy* (pp. 179–200). Washington, DC: American Psychological Association.

Soma, C. S., Baucom, B. R. W., Xiao, B., Butner, J. E., Hilpert, P., Narayanan, S., … Imel, Z. E. (2020). Coregulation of therapist and client emotion during psychotherapy. *Psychotherapy Research, 30*(5), 591–603.

Somers, A. D., Pomerantz, A. M., Meeks, J. T., & Pawlow, L. A. (2014). Should psychotherapists disclose their own psychological problems? *Counselling and Psychotherapy Research, 14*(4), 249–255.

Stack, L. C., Lannon, P. B., & Miley, A. D. (1983). Accuracy of clinicians' expectancies for psychiatric rehospitalization. *American Journal of Community Psychology, 11*(1), 99–113.

Stead, L. F., Buitrago, D., Preciado, N., Sanchez, G., Hartmann-Boyce, J., & Lancaster, T. (2013). Physician advice for smoking cessation. *Cochrane Database of Systematic Reviews, 5.*

Steinberg, M. P., & Miller, W. R. (2015). *Motivational interviewing in diabetes care.* New York: Guilford Press.

Steindl, C., Jonas, E., Sittenthaler, S., Traut-Mattausch, E., & Greenberg, J. (2015). Understanding psychological reactance: New developments and findings. *Zeitschrift für Psychologie, 223,* 205–214.

Stiles, W. B., Honos-Webb, L., & Surko, M. (1998). Responsiveness in psychotherapy. *Clinical Psychology: Science and Practice, 5*(4), 439–458.

Stiles, W. B., McDaniel, S. H., & Gaughey, K. (1979). Verbal response mode correlates of experiencing. *Journal of Consulting and Clinical Psychology, 47*(4), 795–797.

Stinson, J. D., & Clark, M. D. (2017). *Motivational interviewing with offenders: Engagement, rehabilitation, and reentry.* New York: Guilford Press.

Strauss, A. Y., Huppert, J. D., Simpson, H. B., & Foa, E. (2018). What matters more?: Common or specific factors in cognitive-behavioral therapy for OCD: Therapeutic alliance and expectations as predictors of treatment outcome. *Behaviour Research and Therapy,*

105, 43–51.

Strupp, H. H. (1960). *Psychotherpists in action: Explorations of the therapist's contribution to the treatment process.* New York: Grune & Stratton.

Sue, D. W., & Sue, D. (2015). *Counseling the culturally diverse: Theory and practice* (7th ed.). New York: Wiley.

Suzuki, J. Y., & Farber, B. A. (2016). Toward greater specificity of the concept of positive regard. *Person-Centered and Experiential Psychotherapies, 15*(4), 263–284.

Swoboda, C. M., Miller, C. K., & Wills, C. E. (2017). Impact of a goal setting and decision support telephone coaching intervention on diet, psychosocial, and decision outcomes among people with Type 2 diabetes. *Patient Education and Counseling, 100*(7), 1367–1373.

Szumski, G., & Karwowski, M. (2019). Exploring the Pygmalion effect: The role of teacher expectations, academic self-concept, and class context in students' math achievement. *Contemporary Educational Psychology, 59*(101787).

Teasdale, A. C., & Hill, C. E. (2006). Preferences of therapists-in-training for client characteristics. *Psychotherapy: Theory, Research and Practice, 43*(1), 111–118.

Thich Nhat Hanh. (2015). *The miracle of mindfulness: An introduction to the practice of meditation* (Mobi Ho, Trans.). Boston: Beacon Press.

Thwaites, R., Bennett-Levy, J., Cairns, L., Lowrie, R., Robinson, A., Haaroff, B., … Perry, H. (2017). Self-practice/self-reflection as a training strategy to enhance therapeutic empathy in low intensity CBT practioners. *New Zealand Journal of Psychology, 46*(2), 63–70.

Tracey, T. J. G., Wampold, B. E., Lichtenberg, J. W., & Goodyear, R. K. (2014). Expertise in psychotherapy: An elusive goal? *American Psychologist, 69*(3), 218–229.

Truax, C. B. (1966). Reinforcement and non-reinforcement in Rogerian psychotherapy. *Journal of Abnormal Psychology, 71*, 1–9.

Truax, C. B., & Carkhuff, R. R. (1965). The experimental manipulation of therapeutic conditions. *Journal of Consulting Psychology, 29,* 119–124.

Truax, C. B., & Carkhuff, R. R. (1967). *Toward effective counseling and psychotherapy.* Chicago: Aldine.

Truax, C. B., & Carkhuff, R. R. (1976). *Toward effective counseling and psychotherapy: Training and practice.* New Brunswick, NJ: Aldine Transaction.

Truijens, F., Zühlke-Van Hulzen, L., & Vanheule, S. (2019). To manualize, or not to manualize: Is that still the question?: A systematic review of empirical evidence for manual superiority in psychological treatment. *Journal of Clinical Psychology, 75,* 329–343.

Tryon, G. S., & Winograd, G. (2011). Goal consensus and collaboration. *Psychotherapy, 48*(1), 50–57.

Tubbs, M. E. (1986). Goal setting: A meta-analytic examination of the empirical evidence. *Journal of Applied Psychology, 71*(3), 474–493.

Turner, J. A., Deyo, R. A., Loeser, J. D., Con Korff, M., & Fordyce, W. E. (1994). The importance of placebo effects in pain treatment and research. *Journal of the American Medical Association, 271,* 1609–1614.

Vader, A. M., Walters, S. T., Prabhu, G. C., Houck, J. M., & Field, C. A. (2010). The language of motivational interviewing and feedback: Counselor language, client language, and client drinking outcomes. *Psychology of Addictive Behaviors, 24*(2), 190–197.

Valle, S. K. (1981). Interpersonal functioning of alcoholism counselors and treatment outcome. *Journal of Studies on Alcohol, 42,* 783–790.

Vallis, T. M., Shaw, B. F., & Dobson, K. S. (1986). The Cognitive Therapy Scale: Psychometric properties. *Journal of Consulting and Clinical Psychology, 54*(3), 381–385.

van Bentham, P., Spijkerman, R., Blanken, P., Kleinjan, M., Vermeiren, R. J. M., & Hendriks, V. M. (in press). A dual perspective on first-session therapeutic alliance: Strong predictor of youth mental health and addiction treatment outcome. *European Child and Adolescent Psychiatry*.

van Oppen, P., van Balkom, A. J. L. M., Smit, J. H., Schuurmans, J., van Dyck, R., & Emmelkamp, P. M. G. (2010). Does the therapy manual or the therapist matter most in treatment of obsessive-compulsive disorder?: A randomized controlled trial of exposure with response or ritual prevention in 118 patients. *Journal of Clinical Psychiatry, 71*(9), 1158–1167.

Vanier, J. (1998). *Becoming human.* New York: Paulist Press.

Varble, D. L. (1968). Relationship between the therapists' approach-avoidance reactions to hostility and client behavior in therapy. *Journal of Consulting and Clinical Psychology, 32*(3), 237–242.

Vasilaki, E. I., Hosier, S. G., & Cox, W. M. (2006). The efficacy of motivational interviewing as a brief intervention for excessive drinking: A meta-analytic review. *Alcohol and Alcoholism, 41*(3), 328–335.

Vijay, G. C., Wilson, E. C. F., Suhrcke, M., Hardeman, W., Sutton, S., & VBI Programme Team. (2016). Are brief interventions to increase physical activity cost-effective? A systematic review. *British Journal of Sports Medicine, 50*, 408–417.

Villarosa-Hurlocker, M. C., O'Sickey, A. J., Houck,

J. M., & Moyers, T. B. (2019). Examining the influence of active ingredients of motivational interviewing on client change talk. *Journal of Substance Abuse Treatment, 96*, 39–45.

Waldron, H. B., Miller, W. R., & Tonigan, J. S. (2001). Client anger as a predictor of differential response to treatment. In R. Longabaugh & P. W. Wirtz (Eds.), *Project MATCH hypotheses: Results and causal chain analyses* (Vol. 8, pp. 134–148). Bethesda, MD: National Institute on Alcohol Abuse and Alcoholism.

Walthers, J., Janssen, T., Mastroleo, N. R., Hoadley, A., Barnett, N. P., Colby, S. M., & Magill, M. (2019). A sequential analysis of clinician skills and client change statements in a brief motivational intervention for young adult heavy drinking. *Behavior Therapy, 50*(4), 732–742.

Wampold, B. E. (2015). How important are the common factors in psychotherapy?: An update. *World Psychiatry, 14*(3), 270–277.

Wampold, B. E., & Bolt, D. M. (2006). Therapist effects: Clever ways to make them (and everything else) disappear. *Psychotherapy Research, 16*(2), 184–187.

Wampold, B. E., & Brown, G. S. (2005). Estimating variability in outcomes attributable to therapists: A naturalistic study of outcomes in managed care. *Journal of Consulting and Clinical Psychology, 73*(5), 914–923.

Wampold, B. E., & Imel, Z. E. (2015). *The great psychotherapy debate: The evidence for what makes psychotherapy work* (2nd ed.). New York: Routledge.

Wampold, B. E., Minami, T., Tierney, S. C., Baskin, T. W., & Bhati, K. S. (2005). The placebo is powerful: Estimating placebo effects in medicine and psychotherapy from randomized clinical trials. *Journal of Clinical Psychology, 61*(7), 835–854.

Wampold, B. E., & Ulvenes, P. G. (2019). Integration of common factors and specific ingredients. In J. C. Norcross & M. R. Goldfried (Eds.), *Handook of psychotherapy integration* (3rd ed., pp. 69–87). New York: Oxford University Press.

Watson, J. C., & Bedard, D. L. (2006). Clients' emotional processing in psychotherapy: A comparison between cognitive-behavioral and process-experiential therapies. *Journal of Consulting and Clinical Psychology, 74*(1), 152–159.

Watson, J. C., & Greenberg, L. S. (1996). Pathways to change in the psychotherapy of depression: Relating process to session change and outcome. *Psychotherapy, 33*, 262–274.

Watson, J. C., Greenberg, L. S., & Lietaer, G. (1998). The experiential paradigm unfolding: Relationships and experiencing in psychotherapy. In L. S. Greenberg, J. C. Watson, & G. Lietaer (Eds.), *Handbook of experiential psychotherapy* (pp. 3–27). New York: Guilford Press.

Watson, J. C., McMullen, E. J., Rodrigues, A., & Prosser, M. C. (2020). Examining the role of therapists' empathy and clients' attachment styles on changes in clients' affect regulation and outcome in the treatment of depression. *Psychotherapy Research, 30*(6), 693–705.

Webb, C. A., DeRubeis, R. J., & Barber, J. P. (2010). Therapist adherence/competence and treatment outcome: A meta-analytic review. *Journal of Consulting and Clinical Psychology, 78*(2), 200–211.

Weiner, B. (2018). The legacy of an attribution approach to motivation and emotion: A no-crisis zone. *Motivation Science, 4*(1), 4–14.

Weinraub, S. (2018). Presence: The fourth condition. In M. Bazzano (Ed.), *Revisioning person-centred therapy: Theory and practice of a radical paradigm* (pp. 300–314). London: Routledge.

Wells, E. A., Saxon, A. J., Calsyn, D. A., Jackson, T. R., & Donovan, D. M. (2010). Study results from the Clinical Trials Network's first 10 years: Where do they lead? *Journal of Substance Abuse Treatment, 38*(Suppl. 1), S14–S30.

Westerberg, V. S., Miller, W. R., & Tonigan, J. S. (2000). Comparison of outcomes for clients in randomized versus open trials of treatment for alcohol use disorders. *Journal of Studies on Alcohol, 61,* 720–727.

Westermann, R., Spies, K., Stahl, G., & Hesse, F. W. (1996). Relative effectiveness and validity of mood induction procedures: A meta-analysis. *European Journal of Social Psychology, 26*(4), 557–580.

Westra, H. A., Norouzian, N., Poulin, L., Coyne, A., Constantino, M. J., Hara, K., ··· Antony, M. M. (in press). Testing a deliberate practice workshop for developing appropriate responsivity to resistance markers. *Psychotherapy*.

White, W. L., & Miller, W. R. (2007). The use of confrontation in addiction treatment: History, science, and time for a change. *The Counselor, 8*(4), 12–30.

Whitehorn, J. C., & Betz, B. J. (1954, November). A study of psychotherapeutic relationships between physicians and schizophrenic patients. *American Journal of Psychiatry, 111*, 321–331.

Wilkins, P. (2000). Unconditional positive regard reconsidered. *British Journal of Guidance and Counseling, 28*(1), 23–36.

Williams, S. L., & French, D. P. (2011). What are the most effective intervention techniques for changing physical activity self-efficacy and physical activity behaviour—and are they the same? *Health Education Research, 26*(2), 308–322.

Wilson, H. M. N., Davies, J. S., & Weatherhead, S. (2016). Trainee therapists' experiences of supervision during training: A meta-analysis. *Clinical Psychology and Psychotherapy, 23*, 340–351.

Wiser, S. G., & Goldfried, M. R. (1998). Therapist interventions and client emotional experiencing in expert psychodynamic–interpersonal and cognitivebehavioral therapies. *Journal of Consulting and Clinical Psychology, 66*(4), 634–640.

Witkiewitz, K., Bowen, S., Douglas, H., & Hsu, S. H. (2013). Mindfulness-based relapse prevention for substance craving. *Addictive Behaviors, 38*(2), 1563–1571.

Witkiewitz, K., Bowen, S., Harrop, E. N., Douglas, H., Enkema, M., & Sedgwick, C. (2014). Mindfulness-based treatment to prevent addictive behavior relapse: Theoretical models and hypothesized mechanisms of change. *Substance Use and Misuse, 49*(5), 513–524.

Witkiewitz, K., Lustyk, M. K., & Bowen, S. (2013). Retraining the addicted brain: A review of hypothesized neurobiological mechanisms of mindfulness-based relapse prevention. *Psychology of Addictive Behaviors: Journal of the Society of Psychologists in Addictive Behaviors, 27*(2), 351–365.

Witkiewitz, K., & Marlatt, G. A. (2004). Relapse prevention for alcohol and drug problems: That was Zen, this is Tao. *American Psychologist, 59*(4), 224–235.

Witteman, C. L. M., Weiss, D. J., & Metzmacher, M. (2012). Assessing diagnostic expertise of counselors using the Cochran–Weiss–Shanteau (CWS) Index. *Journal of Counseling and Development, 90*(1), 30–34.

Wolf, A. W., Goldfried, M. R., & Muran, J. C. (2017). Therapist negative reactions: How to transform toxic experiences. In L. G. Castonguay & C. Hill (Eds.), *How and why some therapists are better than others: Understanding therapist effects* (pp. 175–192). Washington, DC: American Psychological Association.

Wood, R. E., Mento, A. J., & Locke, E. A. (1987). Task complexity as a moderator of goal effects: A meta-analysis. *Journal of Applied Psychology, 72*(3), 416–425.

Yahne, C. E., & Miller, W. R. (1999). Evoking hope. In W. R. Miller (Ed.), *Integrating spirituality into treatment: Resources for practitioners* (pp. 217–233). Washington, DC: American Psychological Association.

Yalom, I. D. (2002). *The gift of therapy: An open letter to a new generation of therapists and their patients.* New York: HarperCollins.

Zickgraf, H. F., Chambless, D. L., McCarthy,

K. S., Gallop, R., Sharpless, B. A., Milrod, B. L., & Barber, J. P. (2016). Interpersonal factors are associated with lower therapist adherence in cognitive-behavioral therapy for panic disorder. *Clinical Psychology and Psychotherapy, 23*(3), 272–284.

Zuroff, D. C., Kelly, A. C., Leybman, M. J., Blatt, S. J., & Wampold, B. E. (2010). Between-therapist and within-therapist differences in the quality of the therapeutic relationship: Effects on maladjustment and self-critical perfectionism. *Journal of Clinical Psychology, 66*(7), 681–697.

찾아보기

인명

내용

ㅅ

ㅇ

ㅈ

저자 소개

William R. Miller, Ph.D.

뉴멕시코대학교 심리학과 및 정신건강의학과 명예 · 석좌 교수이다. 특히 변화심리에 깊은 관심을 가져온 동기면담Motivational Interviewing: MI의 공동 개발자이다. 알코올과 약물 문제를 가진 내담자를 위하여 보다 효과적인 치료를 개발하고 검증하는 연구에 집중해 왔다. 밀러 박사는 『동기면담(3판)Motivational Interviewing, Third Edition』『당신의 음주 조절하기(2판)Controlling Your Drinking, Second Edition』를 포함해 400편이 넘는 학술논문, 도서 챕터, 60권의 도서를 저술하였다. 그는 국제 젤넥 기념상을 수상했고, 미국심리학회로부터 업적을 높이 평가받아 상을 2회 수상했다. 또한 로버트 우드 존슨 재단에서 수여하는 물질남용 분야에서의 혁신자상을 비롯한 다양한 수상 경력이 있다. 미국과학정보연구소Institute for Scientific Information는 밀러 박사를 세계에서 가장 많이 인용된 연구자 중 한 명으로 기재하고 있다.

Theresa B. Moyers, Ph.D.

뉴멕시코대학교 심리학과 부교수이며, 동기면담 기반 중독행동치료를 연구하고 있다. 주된 관심은 동기면담의 활성 요소active ingredients와 중독 현장에 동기면담 보급을 위한 최적의 방법을 확인하는 데 있다. 그녀는 35편 이상의 피어리뷰peer-review 논문을 게재했으며, 16개 국가에서 동기면담과 중독치료에 대해 발표했다. 동기면담훈련가 네트워크Motivational Interviewing Network of Trainers 회원이다. 그녀는 학문 활동에 전념할 뿐만 아니라 도그 스포츠의 일종인 도그 어질리티dog agility(역주: 반려견이 반려인과 함께 뛰면서 여러 개의 장애물을 통과하는 일종의 장애물 달리기)에 그녀의 반려견 보더 콜리와 함께 훈련하며 대회에 나가고 있다.

역자 소개

임성철(Lim Sung Chul)

경희대학교 대학원 교육학과 상담심리전공 박사
동기면담훈련가(MINT 회원), 의료사회복지사, 당뇨병교육자
현 경희대학교병원 사회사업팀 파트장

<주요 역서>
『동기면담과 인지행동치료: 치료효과 극대화를 위한 통합 전략』(공역, 학지사, 2022), 『당뇨병 관리와 동기면담』(공역, 군자출판사, 2017), 『의료현장과 동기면담: 임상가를 위한 동기면담 지침서』(공역, 학지사, 2017), 『동기면담과 사회복지실천』(공역, 학지사, 2014)

조성희(Cho Sung Hee)

미국 미주리대학교 대학원 교육 및 상담심리학 박사
동기면담훈련가(MINT 회원), 임상심리전문가, 상담심리전문가, 전문상담사
현 백석대학교 상담학 교수

<주요 저서 및 역서>
『동기면담: 변화와 성장을 돕는 사람들(제4판)』(역, 시그마프레스, 2024), 『알기 쉬운 동기면담』(공저, 학지사, 2016), 『중독과 동기면담의 실제』(공저, 시그마프레스, 2015), 『건강관리에서의 동기면담』(공역, 시그마프레스, 2009), 『심리적 문제 치료에서의 동기면담』(공역, 시그마프레스, 2009), 『동기면담 전문가 훈련 핸드북』(공저, 시그마프레스, 2008)

유능한 심리치료사

- 치료 효과를 증진시키는 대인관계 임상 기술과 태도 -

Effective Psychotherapists

- Clinical Skills that Improve Client Outcomes -

2024년 8월 20일 1판 1쇄 인쇄
2024년 8월 30일 1판 1쇄 발행

지은이 • William R. Miller · Theresa B. Moyers
옮긴이 • 임성철 · 조성희
펴낸이 • 김진환
펴낸곳 • (주) 학지사
04031 서울특별시 마포구 양화로 15길 20 마인드월드빌딩 4층
대 표 전 화 • 02)330-5114 팩스 • 02)324-2345
등 록 번 호 • 제313-2006-000265호

홈 페 이 지 • http://www.hakjisa.co.kr
인스타그램 • https://www.instagram.com/hakjisabook

ISBN 978-89-997-3186-0 93180

정가 19,000원